区域经济、实体经济与金融支持

杨德勇　等著

中国财经出版传媒集团

经济科学出版社
Economic Science Press

图书在版编目（CIP）数据

区域经济、实体经济与金融支持/杨德勇等著. —北京：经济科学出版社，2021.8
ISBN 978 - 7 - 5218 - 2813 - 9

Ⅰ.①区…　Ⅱ.①杨…　Ⅲ.①金融 - 商业服务 - 关系 - 中国经济 - 经济发展 - 研究　Ⅳ.①F832②F124

中国版本图书馆 CIP 数据核字（2021）第 174910 号

责任编辑：于　源　冯　蓉
责任校对：靳玉环
责任印制：范　艳　张佳裕

区域经济、实体经济与金融支持

杨德勇　等著

经济科学出版社出版、发行　新华书店经销
社址：北京市海淀区阜成路甲 28 号　邮编：100142
总编部电话：010 - 88191217　发行部电话：010 - 88191522
网址：www. esp. com. cn
电子邮箱：esp@ esp. com. cn
天猫网店：经济科学出版社旗舰店
网址：http://jjkxcbs. tmall. com
北京密兴印刷有限公司印装
710×1000　16 开　14.75 印张　260000 字
2021 年 8 月第 1 版　2021 年 8 月第 1 次印刷
ISBN 978 - 7 - 5218 - 2813 - 9　定价：60.00 元
（图书出现印装问题，本社负责调换。电话：010 - 88191510）
（版权所有　侵权必究　打击盗版　举报热线：010 - 88191661
QQ：2242791300　营销中心电话：010 - 88191537
电子邮箱：dbts@ esp. com. cn）

本书为"2018 年度教育部哲学社会科学研究后期资助重大项目"《区域经济协同发展战略视角的金融服务实体经济研究》（项目编号：2018013）的最终成果

▶ 前 言 ◀

改革开放 40 多年以来,中国经济获得了高速增长,经济总量迅速扩张,从经济增长质量上看,经过"十三五"期间举国上下的努力,脱贫攻坚工作也取得了举世瞩目的成绩,可以说为完成中华民族伟大复兴的使命奠定了雄厚的基础。与此同时我们也应该看到,在经济增长中存在的两个问题还时时困扰着经济增长的质量,增加了经济增长的不确定性和不稳定性,这就是区域间经济发展的差距问题和经济运行脱实向虚问题,如何解决好这两个问题,就成为摆在中国经济理论界和政府面前的两大任务。

本书认为,区域经济协同发展问题和经济运行脱实向虚问题,看上去是两个互不相关的问题,但实际上它们之间存在着明显的内在的逻辑关系,即区域经济未能协同发展,是经济运行脱实向虚产生的一个重要原因。从总量上看,我国 GDP 总量已经成为世界经济第二,仅次于美国;但从人均来看,我们还不到 1 万美元,还处于中低收入国家之列。在这个发展水平阶段,我国经济发展中存在的主要问题就是两个不平衡:一是区域间发展不平衡,二是人群间收入分配不平衡。人群间收入不平衡和再分配问题涉及社会公平与公正,本书关注的是区域间发展不平衡带来的经济社会可持续发展问题,并就此问题展开论述。

在人均收入水平不高的情况下,资金向特定地区过度流动,导致其他地区的发展能力受到极大削弱,在这种情况下,资金的流入地区由于没有欠发达地区均衡发展的支撑,表现为经济运行的脱实向虚,资金空转,泡沫出现,区域性金融风险也开始积聚。但是在另一些地区资金流入严重不足,区域经济发展得不到资金支持,因此,从这个意义上讲,我国经济运行脱实向虚问题,从一定程度上可以说是区域金融发展不平衡,是区域资金流动不合理造成的,这也是本书整个逻辑思路的起点和提出解决问题对策的依据,本书认为,如果解决了区域间经济金融发展不平衡问题,在很大程度上也就解决了我国经济运行的脱实向虚问题,这是本书的逻辑起点和逻辑终点。

区域经济协同发展问题理论界已经研究多年,本书认为,解决我国区域经济协同发展问题，固然有很多工作要做，但其核心就是要做好目前已经提出的六大国家区域经济协同发展战略及倡议。随着海南自由贸易港建设上升为国家战略，我国在区域发展上形成了以京津冀协同发展、长江经济带发展、粤港澳大湾区建设、长三角一体化发展、黄河流域生态保护和高质量发展和海南自由贸易港建设六大国家战略以及"一带一路"国家级顶层合作倡议为引领的区域协同发展新格局。在发展区域上，体系日益完善，各部分之间优势互补，连南衔北、承东启西，未来将齐头并进，共同支撑国家经济发展。

我国区域经济协同发展的金融对策问题，具体到某个区域，经济金融政策的重点实际上是不同的，但总的来说，以下几点应成为各区域协同发展战略制定都应该重视的基本原则：一是金融政策制定的因地制宜问题。我国金融政策的制定权高度集中在中央，地方政府在这方面的权力和作用有限，因此，具体到某一个区域制定发展战略，要想做得更好，就应该在金融政策的制定上，能够结合当地的情况，进行政策上的某种创新，以适应当地的具体经济发展环境。二是金融产品的创新问题。我国多数金融机构都是全国性金融机构，好多金融产品，都是总部研发的金融产品，具体到某个地区是否适用就具有了不确定性，因此要赋予基层金融机构根据当地金融环境创新金融产品的自主权，才能形成当地经济金融协同发展的局面。三是地方金融自主权的问题。地方经济要想持续健康发展，一定的金融环境是必须的，因此地方政府在运用金融政策支持本地经济发展方面要拥有一定的自主权，要有一定的渠道和手段，比如，能够根据当地的需要，设计产业引导基金、担保公司、小贷公司，在风险可控的情况下，用好当地的各类金融机构和金融产品。四是区域性金融发展战略顶层设计问题。制约区域性经济发展的因素是多方面的，在具体制定某一区域发展战略时，应根据不同区域发展战略的特点，综合考虑经济、文化、法律和社会环境，制定适合本地区的区域金融发展战略，顶层设计和前瞻性是金融发展战略的精髓。五是区域性金融发展战略配套措施问题。区域性经济金融发展战略要想获得成功，当地的经济环境和金融环境是必须要考虑的因素，特别是当地的经济发展水平、产业特点、产业结构、企业结构、产品结构、产业链状况等都是影响当地金融配套措施的重要方面，当地政府必须予以综合考虑。

在这个大背景下，笔者带领团队承担下教育部的后期资助重大课题。团队在多年实践的基础上，进行了两年半的研究，终于取得今天的研究成果。

该成果得到了北京工商大学栗书茵教授、张正平教授、中国人民银行纪敏主任、国家发展和改革委员会杨荫凯主任和亚投行殷丽海的热情帮助与指导。硕士生同学郝辞寒协助负责第一章的编写，贾丰源协助负责第二章的编写，韩恺同协助负责第三章的编写，崔莹协助负责第四章的编写，袁弘贝协助负责第五章的编写，博士生同学文雅协助对全书进行核对与整理。在此对以上老师、专家与同学的付出谨表谢意。

此外，本书还在各地进行过实践，得到过验证，有一定的实践基础和理论基础。但是由于研究时间的限制，无法对我国六大战略及倡议涉及的具体地区进行更深入的调研，因此所提出的具体对策针对性还不够强，这也是课题组和研究团队，计划下一步针对每一个具体国家区域发展战略，提出具体金融发展对策的研究构想。时间紧迫，错谬在所难免，敬请各位读者批评指正。

笔者

2021 年 8 月 28 日

▶ 目　录 ◀

第一章　金融服务实体经济与金融支持区域经济协同发展的历史逻辑和理论逻辑分析

第一节　金融服务实体经济的历史和理论逻辑分析

近年来，我国经济金融领域出现了一系列重要现象，传统产业的转型升级与科技创新不断发展；机构投资者占比逐渐扩大、IPO 发行速度明显加快，债券市场已成为仅次于信贷市场的第二大融资渠道；互联网金融、股权众筹等新的金融业态不断涌现。

"2019～2020 中国经济年会"于 2019 年 12 月 14 日在北京召开，会议提出围绕服务实体经济推进金融体制改革，保持宏观杠杆率和金融体系整体健康稳定，做好小微企业和"三农"金融服务以及金融风险有效防控等重大任务。这既凸显了防范当前国际国内虚拟经济过度膨胀、部分产业空心化的紧迫性，也体现了金融必须服务我国"稳增长、调结构"经济建设主线的要求。

实体经济是金融的根基。如果脱离了实体，金融业发展就成为无本之木、无源之水。纵然能够实现短期的快速发展，但长期看，脱离实体经济的金融业将不可避免地偏离健康发展的轨道，导致金融风险滋生蔓延，进而冲击到实体经济的正常发展。2008 年爆发的国际金融危机，很大程度上就是金融业脱离实体经济发展的不好结果。因此，金融业的发展必须服务实体经济发展，建立在实体经济的基础之上。

一、金融服务实体经济的内在逻辑

1. 经济发展是金融发展的基础

国内经济学者白钦先认为金融有四个功能：基础功能（服务与中介功

能)、核心功能(资源配置功能)、扩展功能(经济调节功能和风险规避功能)和衍生功能(微观风险管理功能和宏观调节功能)。从金融功能的演进轨迹的历史考察中认识经济发展的现实需求对金融发展所起到的基础作用。

人类社会初始,随着社会分工的出现和生产力水平的提高,出现了用交换来解决剩余物质财富的需要。首先出现的是物物交换。由于在物物交换中,双方只能处于相近地域并同时产生交换某物品的需求交换才可能成功,因此不需要统一的交换媒介。随着交换中商品形式的不断演化,最终诞生了货币这一商品媒介。起初货币只具备价值尺度、流通手段等功职能,之后为了满足不同时空的交易需求,产生了一系列的中介职能。

而作为二者的中间环节,金融市场体系是实体经济获取金融服务的基本场所,也是金融服务实体经济的关键环节。经济发展作为金融发展的基础,其两大表现陈述如下:

(1)企业扩大再生产的需求促进金融发展。企业扩大再生产需要资金的支持,而融资的方式有内源融资与外源融资两种。在企业处于发展初期时,由于留存收益少,以其自留资金完全支撑融资需求是几乎不可能的。此时企业需要借助债权融资与股权融资,通过借入资金扩大杠杆或发行股票筹集资金。这就促使了以贷款业务为主要盈利来源的金融中介机构以及股票市场的发展。

(2)政府弥补财政赤字的需要。经济的发展规模和发展方向离不开政府的把控,政府每年需要将大量库存投入社会福利项目、实施宏观经济政策等领域。而弥补赤字无外乎增加税率、向央行贷款以及发放国债三个途径。增加税率会造成消费缩水、企业扩大再生产意愿下降等不良影响。向央行贷款相当于向市场投放基础货币,造成通货膨胀压力。发放国债则不存在众多弊端,且在政府信誉下可视为无风险资产,成为风险规避者管理财富的优良选择。除此之外,国债作为官方背书的金融工具,还往往用于质押与抵押,增加了社会融资规模。

近年来随着经济蓬勃发展,我国金融市场也出现了不少变化。首先,国内将区域内、产业内的资金有效整合,发挥股权投资龙头企业引领作用,鼓励大型金融机构组建本土金融控股集团,通过地方性金融控股公司充分发挥资源共享和规模经济效用。其次,我国不断健全多层次区域性资本市场。积极支持中小企业在新三板、票据市场直接融资,加大对在新三板成功挂牌的企业奖励力度。加快票据市场建设,在政策允许的条件下鼓励发行中小微企业债权基金，以及开展集合债券、集合票据和集合信托等票据业务，引导创投公司缩短资金链条、简化交易结构、降低企业融资成本。

随着经济的发展提出量性和质性的要求，金融各种功能逐步扩展以促进经济的进一步发展。有时会产生独立于实体经济需求之外的金融功能，例如投机与套利，但二者又会促进均衡价格的发现并保障套期保值者规避风险。因此，在金融功能随着经济的不断发展而完善的过程中，又会通过健全金融市场、设计多样化金融工具等方式进一步促进经济的发展。

2. 经济变迁是金融变迁的基础

金融变迁主要体现在金融体系结构性的变迁，具体内容主要包括不同时点上金融系统各要素、子系统等方面发生的变化，如新要素的诞生与旧要素的消失，要素之间比例的变化等。经济变迁指的是经济结构的整体性、根本性变迁，如结构转换和机制转换等。

从国际视角来看，大部分国家在经济发展初期都会采取低利率等限制措施，而随着经济市场化与发展，限制措施已无法满足经济增长的需求。在20世纪80年代，西方发达国家纷纷开始了市场化改革，取消了政府对市场的过度干预，放权给市场以实现市场均衡和资源配置效率最大化。催生了金融创新，如货币市场互惠基金和各种新型的可转让存单能够提高存款的流动性；电脑、电信通信新技术在国际银行、金融界的应用，可以提高信息处理效率，降低交易成本，促进全球性金融市场的形成。

从我国经济发展历程来看，我国改革开放以来，借助发达国家梯次转移的契机与自身的廉价劳动力等优势成为"世界工厂"。特别是2004年加入WTO后，国内低端制造业得以迅猛发展。这个阶段经济特点可以大致概括为：（1）实体经济的主要构成部分为资本密集型企业；（2）"土地财政"现象普遍存在；（3）低端制造业为制造业主体。逐一来看，首先资本密集型企业具有稳定的经营性现金流与可用于抵押贷款的资产，故满足银行的贷款偏好，得到银行大部分贷款。其次"政府信用"与"土地信用"无形中为房地产行业提供了保障，引导银行将资金贷给以房产为抵押、质押的资本密集型企业。以上种种特点决定了在"世界工厂"时代，银行在市场体系中一支独大，催生出的金融特点：国内资本市场以信贷融资为主。

随着经济转型升级的推进，在低端制造业独占鳌头之时，新的产业尤其是科技、信息产业由于具有较高的风险而难以向银行借款。处于成长期与成熟期的企业能够解决与之对口的融资需求，而处于创业期的企业与夕阳产业则难以获得外源融资。这个时期所对应的金融特点为：（1）债权融资为市场上的主要融资方式,而股权融资文化还不够兴盛,使得创业期企业难以通过股权融资扩大规模;(2)由于债务融资中银行贷款占主体因此增大了银行体系的脆弱性。整体经济的财务风险加大,一旦债务主体由于自身原因或政策环境的改变而经营不善,则会增加银行的违约风险,进而造成经济波动。从国内外的发展经验可得,经济变迁是金融变迁的基础。

3. 经济特点是金融特点的基础

后金融危机时代全球经济增长的特点大致可以概括为以下三点:

其一,政府干预减少,市场自发调节占主导。如学者江娟丽、徐梅(2012)所阐述,后金融危机时期,随着大多数扩张性宏观经济政策措施的不断退出,市场需求与供给成为影响世界经济增长的主要因素,世界经济将逐渐回归到由市场激励机制主导的经济增长模式。出现了如下三方面的新特点:(1)发达国家通过财政政策、货币政策干预市场的意愿下降;(2)以中国、印度等为代表的大规模新兴经济体受国际金融危机的冲击相对较小,市场供求力量始终是促进经济增长的主导力量;(3)广大发展中国家和地区经济进一步融入了国际经济体系,全球市场力量成为这些国家和地区经济增长的主要推动力。

其二,世界经济增长的不确定性增强,波动性更为显著。在后金融危机时期,世界经济增长的不稳定性与不确定性表现在五个方面:(1)美国经济复苏态势不稳定,失业率居高不下,美国经济增长面临着较大的不确定性;(2)欧元区经济复苏面临较为复杂的局面,爱尔兰、希腊、葡萄牙、西班牙和意大利的政府财政赤字问题仍然将成为影响该经济区复苏的最大的不确定性因素;(3)日本大地震、海啸与核事故对日本经济增长的消极性影响很难在短时期内消除,日本的老龄化和人口减少因素也影响到该国的经济复苏与增长;(4)全球性流动性过剩与通货膨胀也给以中国、俄罗斯、印度和巴西为代表的新兴经济大国的经济增长带来不确定性;(5)大多数发展中国家和发达小规模经济体的经济增长基础并不稳定。

其三,世界经济发展的不平衡与分化将更为显著,推动世界经济发展的核心区域转移速度加快。国际金融危机对政治、经济格局的冲击与后续影响将在未来长期存在,不同国家受到的冲击和影响具有较大差异,以美国、欧盟和日本为代表的西方发达经济体受到的冲击和影响较大,经济复苏与增长面临的障碍和不确定性更为明显,以中国、俄罗斯、印度和巴西为代表的新兴经济体受到的冲击和影响相对有限,经济复苏与增长的势头更为强劲。推动世界经济发展的核心区域由美欧日向以中国为代表的新兴经济体转移速度加快趋势。从国际货币基金组织对世界经济增长速度的预测差异可看出，在后金融危机时期，新兴经济体和大多数发展中经济体的经济增长速度相对较高。

后金融危机时代中全球金融的特点大致可以概括为以下三点：

其一，金融市场体系完善，民间资本涌入市场。后金融危机时代，政府放权给市场，创新型企业通过股权融资能够快速收获第一桶金用以扩大生产。政府部门主导和实施了一系列刺激经济发展的计划以鼓励民间资本参与经济建设。由于民间资本具有自主学习力强与逐利动机高的特点，因此民间资本的加入能够及时纠正市场中的定价偏离行为，保障市场的效率。

其二，利率和汇率市场化，提升金融市场的波动性。在 2008 年金融危机后，各国都逐步放开了对利率的管制，而外汇市场随着境外外汇衍生品的发展也进入了新的阶段。以我国为例，虽然利率变化表现出的持续下行趋势，增加了债券市场盈利效率的提升，但是随着利率的逐渐市场化以及重大风险案件发生频率的持续提升，债券市场的波动幅度较之以往也更加的剧烈。利率和汇率作为市场化的价格指标，其变动将在很大程度上影响企业的贷款行为与套期保值或进出口贸易。

其三，竞争日渐复杂化，不同产业与企业的融资能力有所分化。经济的不确定性反映在金融市场中的不确定会因为各种新生力量的加入以及市场主体的逐利性而被放大。例如，2020 年在新冠肺炎疫情的冲击与沙特和俄罗斯的石油战争背景下，美国出现"黑天鹅"事件：美国东部时间 2020 年 3 月 18 日，标准普尔 500 指数跌破 7% 导致美股触发熔断机制，这是美股自 2020 年 3 月以来第四次触发熔断，也是史上第五次触发熔断，严重程度前所未有。股市的剧烈波动不仅存在"一人抛售万人跟抛"的行为，保险公司看准时机，借助于自身实力雄厚，在市场进入萧条时进入市场大举收购目标公司股票等利益行为也成为增加市场波动性的原因。

二、金融服务实体经济的历史必然

1. 农业社会金融服务实体经济的情况

金融服务实体经济的作用机制有三个层次：第一个层次，金融对实体经济的基本作用，即金融为实体经济提供诸如保存、交易、结算以及中介等服务；第二个层次，金融对实体经济的核心功能，即金融系统自发地实现资源有效配置，从而推动实体产业扩大再生产或将货币和生产要素分配到效率较高的行业中；第三个层次，金融对实体经济的衍生功能，即经济调节、风险管理、信息传递。

农业经济也称自然经济。其特征主要以衣食等基本生活必需品的生产能够自给自足、满足需求。在农业经济社会，人们主要凭借直接经验从事农业生产。农业生产的第一次飞跃源于人们学会了使用铁犁牛耕而进行精耕细作。在产量增加，有多余粮食可用于相互交换的大背景下，为了便捷不同地点、大量的物品交换，货币便应运而生。货币私人借贷行为继其后产生，在这个过程中借方通过支付利息而获取货币的使用权利，而贷方通过放弃当下的消费机会而获得利息收益。银行体系并不健全，农业生产的闲散资金无法通过银行等金融中介聚集并用于投资，反而民间借贷更为盛行。由于民间借贷具有风险高、收益高的特点，因此在农业社会中更需要加强对民间资本的监管。农业经济时代的自给自足和低生产力使得经济对货币金融的需求十分有限，金融的基本功能受到了一定程度上的限制，其核心功能与衍生功能更是难以显现。

2. 工业时代金融服务实体经济的情况

工业革命初期出现的技术创新大多早在工业革命开始之前就已存在，但工业时代前的作坊经济并未能走上钢铁生产、铁路等工业化模式。之所以并未能带动经济增长，主要原因为技术创新出来却缺乏长期资金的投资与之匹配的金融市场，导致"工业革命不得不等候金融革命"。工业革命的新兴产业工业原料成本、人力成本、设备成本巨大，且多为密集型行业，需要大量劳动力的支持。英国光荣革命后建立了自上而下垂直征税体系，相比以往的税制更加透明，减少了新兴工业企业的赋税负担。英国长期公债利率一路降至3%，银行利率更低，为企业贷款与投资者的闲置资本开辟途径，促进了实体企业的扩大再生产。在国债市场兴起后英国又发展了股票市场、成立伦敦证券交易所进一步为工业革命提供养料。

至此，金融的核心功能开始发展。金融一方面利用储蓄功能通过金融中介聚集了社会众多闲散资金，另一方面又将吸收的资金运用出去，投向资金利用率更高的产业或企业中。而实体企业出于融资的需要会发行股票、债券等有价证券，为了规避经济运行中的各种风险，金融部门开发设计了金融衍生产品来为投资者实现套期保值。

3. 后工业社会金融服务实体经济的情况

美国社会学家丹尼尔·贝尔在20世纪70年代从五个方面介绍了后工业时代社会的特征：一是经济方面从产品生产经济转变为服务性经济；二是职

业分布中专业与技术人员阶级处于主导地位；三是中轴原理即理论知识处于中心地位；四是未来的方向是控制技术发展，对技术进行鉴定；五是制定决策即创造新的智能技术。

第一，后工业社会的商品结构及其特殊性。与工业社会的商品相比，后工业社会的商品其内涵和生产形态都发生了重大变化。从内涵上看，工业社会商品的价值在现实生活中指向其实用性，人们关心的是商品的物的有用性。而在后工业社会，人们对商品的关注转向了物的背后的社会象征意义。因此在后工业时代，相比传统的产品运营，企业更注重产品的符号化——创造符号、引入人们视野、维持符号在消费者社会活动中的意义，这关系到产品能否成功推广。因此企业会借助债权与股权融资投入大量资金到企业形象、广告等领域。

第二，后工业社会的财富结构及其特殊性。在以美元为中心货币的后工业时代，由于美联储可以自主印刷美元来使得其贬值或升值，使得持有货币的风险增加。钱在今天只是获取财富的媒介而不再是财富本身，只有在流动中才能避险，只有在流动中才能实现财富的增长。这促进了对冲与套利的活跃，尤其是美元的贸易或投资活动更需借助资本市场来实现套期保值。

以后工业时代中的东南亚国家为例，其经济发展采取的粗放式的工业发展模式。正如王鸿（2000）提出的在此发展模式下首先是靠国内资金，一旦国内资金告急，引进外资则成当务之急。由于东南亚国家具有廉价劳动力、低租金等诱人条件，很快吸引了后工业国家例如美国、德国等国家的国际直接投资。

当社会中的闲散资金得以充分利用时，经济发展过程中的市场失灵等问题逐步显现，这就促进了金融的经济调节功能和风险规避功能的诞生。在20世纪频繁发生的经济危机中人们开始意识到利用金融手段调节经济、分散风险的重要性。如筹资者可以利用股票在众多投资者中分散集资。票据承兑、信用证等金融工具的出现更是金融风险规避功能的体现。

4. 大数据时代金融服务实体经济的情况

20世纪末网络技术的普遍应用与金融全球化的进展为大数据金融提供了可能性。大数据时代金融服务实体经济的四点表现为：

（1）企业优化主业来增加融资需求，对此金融部门应给予支持，反之通过炒房炒股来保壳的企业的融资需求应得到控制。对转型产业的并购重组设计与对不同企业的资金用途进行分析与甄别，是大数据时代金融功能的优势。

（2）在进入大数据时代后，许多新兴企业继起，而政府通过担保行为扶持新兴企业必然会扰动市场机制，因此利用大数据云计算技术对不同层次的新兴企业盈利能力进行定位与测评能够帮助闲散资金迅速找到生息场所。

（3）保险行业作为经济的保护壳，需要大量数据与测算作为产品设计、客户定位的基础。而大数据应用于风险管理、客户信息分析等方面能够减少金融风险、维护经济平稳运行。

（4）在财务管理方面引入大数据技术，能够获得大量金融产品的交易信息，且噪声低、可获得性强。对不同的股票与债券交易进行分析，可以提前预测股市债市的大致走向，帮助企业规避投资失误，降低其财务风险。

此时衍生出了微观风险管理这一金融功能，即通过风险交易、公司治理等方法解决信息不对称问题来提高市场效率。随着金融功能的演进，为风险爱好者提供了投机机会，整个金融体系的系统性风险增加。投机尤其是外汇投机会影响国家的安全与稳定，由此催生了金融的宏观调节功能。同时金融的财富再分配、区域协同功能可以缓解经济发展程度不均衡现象。

第二节　金融"脱实向虚"的内在逻辑分析与历史必然

一、金融"脱实向虚"的内在逻辑分析

马克思的货币理论为阐释"脱实向虚"提供了理论基础。一方面，货币是商品经济内在矛盾发展的产物，是商品矛盾运动中价值形式发展的必然结果。随着商品交换的发展，货币的职能不断拓展，从最基本的价值尺度和流通手段职能，衍生出支付手段、世界货币等职能，尤其是货币执行支付手段的职能，把商品交换从现金交换中解放出来，扩大和方便商品的流通，为商品经济的运行创造条件；另一方面，货币发展了商品经济的内在矛盾，在信用制度下，货币支付手段所形成的债务链条一旦被打破，会导致商品生产、经营无法顺利进行。此外，货币资本的过剩会驱使生产过程突破界限产生流动性过剩、信用过剩和生产过剩。

（一）信用货币时代中"脱实向虚"的基础

1. 信用工具的发展

货币的支付手段职能是信用产生的基础，在此基础上当经济体出现交易

与交割发生时间与地点的分离，在此刻交易却可以在彼时支付款项时，赊购和赊销的买卖方式便产生了。此时交易双方的关系为债权债务关系，债权人即为授信人，而债务人为受信任。在小农生产占优势的时期，在实物借贷中信用的形式主要为民间高利贷，而在社会化大生产为背景下的现代信用中则体现为货币的借贷。高利贷主要用于生活性消费，而货币借贷则主要服务于企业的生产。

社会化大生产下，信用工具作为资金供给者和需求者之间进行资金融通时签订的、证明债权债务关系的合法凭证，可以大致分为商业信用工具与银行信用工具两大类。前者包括商业票据、商业本票、商业汇票，不但能够为购入生产要素的企业提供延期支付与资金周转，还能够通过背书或贴现进行流通转让。后者包括银行本票与银行汇票、信用证、信用卡以及大额可转让定期存单等。通过世界各地的银行体系账内转移可以便捷地完成支付结算，通过结算头寸，银行体系只需要用一小部分准备金就可以支撑票据的承兑与贴现。信用卡业务又促进了消费者在固定资产和奢侈品上的提前消费，在拉动总需求上涨的同时又埋下过度消费的隐患。

20 世纪 70 年代布雷顿森林体系解体以来，美元与黄金脱钩，金融自由化和经济全球化的浪潮席卷全球。利率、汇率频繁波动，增大了金融市场的价格风险。汇率方面，以美国为代表的西方国家不断通过本币贬值，试图在世界贸易市场上获取优势，投入流通领域中的过多的美元很快导致美房价的上升和反映在股市中的兴盛。但此番情景并没有以诸如劳动生产率提高、技术革新的支撑，一旦发生黑天鹅事件，如大量投机者进入市场做空，就会强制使金融回归实体。利率方面，西方货币学派的兴起促使众多领导人以货币供应量取代利率作为货币政策的中介目标，从而放松了对利率的管制致使其波动剧烈。市场上规避风险的意愿强烈。在技术方面，通信与电子计算机处理技术大大降低了金融的交易成本，为运用金融衍生工具在短时间内对价格作出调整以保值增值提供了可能。金融机构方面，随着竞争的日益激烈，以商业银行为首的各金融机构纷纷开发设计出创新产品，远期、期权、期货以及互换应运而生。

金融衍生工具的设计初衷为规避风险与监管，但如今期货以及期权市场却成为海外投机者的主战场，虽然大量的相关交易都不以实物交割为目的，完全脱离于实体经济而获取收益与财富，但如果没有投机与套利行为，市场效率与套期保值者的利益就无从保证。

2. 消费和生产矛盾的扩大

随着生产力的发展，当经济中的杠杆率愈发加大，货币环境较为宽松时，大量货币会以追加投资的形式注入经济中。由于牟利的天然正义性，生产会有继续扩张的需求，但消费相对疲软，会出现产能过剩的现象。

例如，我国2010～2015年，基建产业繁荣，居民多购置房屋或进行粉刷装修等。2015～2019年，居民对衣、食、彩电等传统制造业的需求显著下降，反之教育品多样化与奢侈化、娱乐需求的攀升使得教育、娱乐与旅游等支出所占比例上升。根据恩格尔定律，随着居民收入的增加，"吃、穿、用"等方面的支出在居民总支出中所占比重呈下降走势，"住、行、学"等消费支出呈现上升趋势，如图1-1所示。

图1-1 2010～2019年"吃、穿、用"与"住、行、学"等项支出在居民各项支出中所占比重

资料来源：2010～2020年《中国统计年鉴》。

虽然我国制造业投资的增长率始终高于全社会固定资产投资增长率，但在"住、行、学"方面的消费性投资只有个别部门在个别年份高于全社会固定资产投资增长率。这一投资的严重不足，是引致"住、行、学"市场严重供不应求的根本成因，也导致了消费和生产矛盾不断扩大，形成了结构性产能过剩。

同时资本有机构成的提高使资金充裕的大企业增加固定资本投资，以更快的速度更换高效的新设备，而小企业则被迫尝试投机、信用欺诈、股票投机等活动来筹资，这也加速了经济的"脱实向虚"。

（二）信用经济中"脱实向虚"的内在动力

1. 虚拟经济具有"高利润"的特点

马克思主义经济学揭示了市场经济的利润率趋向下降的规律，与经济学中的资本收益递减规律不谋而合，即随着实体经济部门资本存量的增加，多投入一单位资本，投资收益就会减少。这预示着随着实体经济发展到一定规模，越发展就会越困难。那么资本必然会考虑新的投资方向来保证利润不被侵蚀，虚拟经济不失为一剂良方。

之所以虚拟经济看似与实体经济的发展规律有所偏离，利润率更高，是因为，一方面，如刘骏民教授所言，是因为"流入虚拟经济的货币量越是增加、交易越活跃，虚拟经济活动创造的货币收入就越多，其中被计入GDP 的工资和利润数额就越大"。另一方面，金融工具的交易成本低于现货交易，且存在无风险套利者，故投资者买卖金融资产更加快捷、频发，导致金融资产价格上升幅度大于现货资产价格上涨幅度，虚拟经济发达。

由于市场信息不对称的存在，企业在通过间接融资渠道进行融资时，因信息不对称产生的道德风险与逆向选择会降低银行的贷款意愿。而为了获取贷款，企业需要提高估值或增加可用于抵押贷款的固定资产。而在实际情况中，公司为了获取贷款并非通过提高盈利能力，而是通过炒卖金融资产或将资金用于房地产投资。增加经济"脱实向虚"的动力。

2. 信用货币时代货币贬值预期促进经济"脱实向虚"

在货币贬值预期较高时人们相比持有货币更喜欢投资资产，以追求保值增值。当这种行为集中出现并成为趋势时，实体经济得不到支持，金融发展会出现"脱实向虚"的倾向。而造成货币贬值较强的原因可能是虚发过度，如政府为了熨平经济周期，摆脱经济危机而实施的量化宽松货币政策。也可能是由于体制的原因，例如民间企业得不到贷款支持，造成的经济下行，银行为了保住利润而促进资金的"脱实向虚"。

其中银行促进"脱实向虚"主要有两种情况：①当贷款需求较小时，银行可能会增加证券市场的投资来保持利润率。②当贷款公司出现运营不良时，为了减少自己的不良贷款记录，保持资产面貌良好，一些银行会选择继续贷款给盈利能力大幅下降的企业。此时，其贷款并没有直接拉动居民消费，而是具备虚拟资本的特点。

（三）发达的金融市场下金融的"脱实向虚"

在金融市场初见雏形时，金融资产的价格在很大程度上取决于相关实体企业或融资团体的经营能力与还款能力。在其发展过程中很快便有投机者看中盈利机会，炒卖资产来割取收益，此时人们对金融资产的买卖决策将更被市场预期所引导，经济体中的风险事件也相应累加。当金融市场体系完备、发展程度高时，投资者对未来具有更高的预期，使虚拟资产价格偏离了实物价格基础。持有金融资产正头寸的投资者财富增加，用于其他金融资产购买的资金更多，催使虚拟经济泡沫化不断严重。此外，在发达的金融市场中，信用急速发展，投资工具日益翻新，企业创新层出不穷。随着信用的发展加剧了金融全球化的趋势，不同国家之间的货币体系与金融市场关系紧密，国际贸易频繁便捷。资金在全球范围内都得以筹集、流动，欧洲货币市场得以形成、发展。此时投资于金融工具的手续费等降低，收益上升，颇受投资者青睐。

以我国为例，自 2005 年金融市场迅速发展，虚拟经济规模与日俱增。根据中国人民银行网站公布数据，金融机构各项贷款总额从 2006 年的 225 347 亿元，一路飙升至 2020 年 1 727 000 亿元，增长 6 倍有余。股票成交额由 2006 年的 90 469 亿元上涨至 2020 年的 1 274 158 亿元，上涨超 13 倍。证券投资基金成交额自 2006 年的 2 003 亿元增至 2020 年的 91 679 亿元成交额，上涨近 45 倍。金融产品交易规模庞大构成金融"脱实向虚"的潜在成因。

而经济虚拟化的程度并非与金融市场的发展程度正相关，例如我国经济出现"脱实向虚"现象的根本原因并非金融市场过于发达，相反，恰恰是因为市场并未发挥决定性的作用。我国金融市场发展程度低，政府对市场干预严重，导致投资者投入金融市场的资金并不能有效流向实体经济。

（四）发达的金融市场下金融"脱实向虚"的内在动力

理性投资人在对闲置资金进行投资时，具有明确的逐利倾向。当实体企业的资产边际收益率高于市场利率时，投资者，包括实体企业都会将资金投向实业；而当市场利率高于实体企业资产边际收益率时，大量资金则会停留在金融市场中空转。此时，无论是企业的资产边际收益率变动还是利率的变动都会引导投资方向的改变。

如果实体企业的资产边际收益率波动较大，那么难以吸引资金。在经营成本不变的情况下，销售价格增长率增大则意味着资产利润率的提升。而自 2012 年以来，工业生产者价格指数（PPI）的增长率起伏不定，表明投资风险难以把控，市场上资金有流向投机、套利的动力，企业融资困难。

从金融机构的角度来看，在发达的金融市场下，利差收窄使得银行盈利空间较少。一是非银行资管业务得以发展。伴随着非银行金融机构的资管业务运作能力不断增强，其将追逐更多项目与资金。非银行金融机构将在业务链条中发挥更多的作用，使得资管业务规模增大，也更为复杂。二是银行在存贷监管下成本较高。为了保障安全性，银行一直以来都有交存法定存款准备金以及满足资本充足率等监管规定。为了降低过高的成本，银行将寻求非银行金融机构作为通道来变相把资金推向监管范围以外的项目，这会促使其资金在金融机构内自我循环。以上两点使得金融体系自我循环严重，银行有动力规避监管寻找低成本新的利润点，这将直接促进金融发展脱离实体经济。

二、金融"脱实向虚"的历史轨迹、社会危害

帕特里克（Patrick，1996）将金融发展和经济增长的关系归纳为两种模式：供给引导和需求跟进。在经济发展的早期阶段，供给引导型的金融发展能促进创新型投资的发展；随着经济水平的提高，供给型金融驱动的作用开始居于次要，并随着经济的发展逐渐消失，让位于需求跟进型的金融发展。两种作用模式的形成和经济环境、规则制度以及经济主体的行为密切相关。

在需求跟进型金融发展中，市场需求往往大于供给。股市走高表现为多头力量大过空头力量，虚拟资本之所以能够具备价格并升值主要依赖于高涨的需求，如炒卖、投机等行为的支持，而许多金融危机的导火索是大量虚拟资本的做空导致的泡沫破裂。这表明在需求引导下金融市场的欣欣向荣并不能独立存在，一旦背离实体经济到达一定程度，一定会通过恶性事件才得以强制修正，例如金融危机。

根据新型金融加速器理论，当企业受到经济冲击时，通过信贷市场的作用冲击的影响被放大，因此金融业的过度繁荣往往会成为经济危机爆发的导火索。

（一）世界金融"脱实向虚"的历史轨迹

1. 荷兰郁金香泡沫

1593 年克卢修斯将郁金香带入荷兰，由于郁金香在当时的荷兰属于稀有花卉，广受上流社会的青睐。投机商发现商机购入郁金香球茎，以高价倒卖给权贵获得利润。很快郁金香生意吸引了其他行业的工作者，人们丢弃手头的工作，不惜以高价买进一颗郁金香球茎来获取倒手利润。由于郁金香需要漫长的成长期且不便手对手直接交易，交易所便成立了合同制，卖者以当下市价卖给买者郁金香球茎的所有权。很快，境外许多商贩同样加入了这场如火如荼的郁金香买卖中，这股郁金香热风持续了将近 30 年。

1637 年年初，郁金香的期货合同已经被炒到了最高点，人们开始思考，到了 2 月，逐渐接近期货交货的时间，一旦球茎种入土壤，转手便成了难事。没人知道球茎开出的郁金香能值多少钱。市场信心在这两个月内动摇着，一些人愿意少赚一点也要把期货合同卖出去。1637 年 2 月 4 日，在阿姆斯特丹的交易所内，突然有交易者开始做空郁金香球茎合同，无数郁金香的狂热者为了减少损失开始了争先恐后的清仓。一天之内，郁金香球茎的价格下跌近一万倍，无数人因此血本无归，无数企业因此倒闭，荷兰成为一个追债与躲债的炼狱，历史上第一个金融泡沫就此破裂。同年 4 月，荷兰政府不得不出面终止所有的郁金香球茎期货合同，试图引导经济回归正轨。

2. 1929～1933 年世界经济危机

1929 年 6 月，美国的工业生产指数达到了 126，比 1925 年高出将近 26，而股票市场更是一片繁荣景象。美国的主要经济学家与政治家认为市场的信心会继续维持，然而就在 1929 年 10 月 29 日，华尔街股价暴跌，无数人因此而破产、工厂宣布倒闭、失业人数空前加剧，史称"黑色星期二"。1929 年 10 月 29～31 日蒸发掉的财富相当于美国在第一次世界大战中的总开支，之后是世界范围内长达 10 年的经济萧条。

究其原因，主要是经济不均衡所致。第一次世界大战后美国的国际贸易长期保持顺差，对外投资较多。但债务国在债务到期时偿债压力加大，不得不减少对美国的进口，使得国内企业受创、金融公司拖欠债务。1929 年美国日趋繁荣的经济中有将近 72% 的国民生产总值来源于个人消费。1929～1939 年，投资者和消费者的支出减少了约 150 亿美元，直接使国民生产总值锐减。消费以及投资支出之所以会减少，首先是美国主要的消费群体是工农群体，而农业始终未从战后的萧条中恢复，且工人工资并没有得到实质上的提高，工人的消费水平得不到很好的保障。其次是 20 世纪 20 年代工业生产的进步主要依赖于工厂和固定资产的投资，一旦工商业投资减少，就会出现大量的工人失业、产品生产停滞等现象。生产资料部门工人的失业将会导致消费品支出减少，进而使得生产消费品的工厂停滞与工人失业。罗斯福总统上台后推行了新政，放弃了金本位制，推出社会保险与工资制度，在基建与本币贬值中寻找新生。

3. 日本泡沫经济

20 世纪 80～90 年代，日本街头充斥着各种理财书籍，市盈率高达 80 倍，几乎一半的日本人手中都持有股票。地价更是飞速飙升，居民住宅价格上升 30 个百分点，而商业用地更是上升 40 个百分点。在泡沫破裂之前，日本的股市与地产正创造着新一代神话。日本政府在 1989 年为了控制潜在的经济危机，在同年 5 月加息三次，共上涨 3.5 个百分点。在 1990 年第一个交易日，日经指数暴跌，日本股市从此陷入长达十年的熊市。1991 年房屋和住宅罕见成交，新建成的高楼无人居住成为常态。此时政府出台"地价税"，要求土地持有者纳税，在房市繁荣期间大量购买房屋的投资者见状开始抛售房产。这次房产泡沫中，住宅价格下降 40 个百分点，几乎回到 1985 年的水平。1991 年富士银行的虚假储蓄证明被曝光，由此引出东海银行等大量银行被揭露丑闻。没有一个银行能够顺利渡过"挤兑"的难关，很快便纷纷倒闭，日本的信用危机空前严重。房产企业因需求大幅下滑而无法申请贷款或继续发行债券，在其高额负债后，非银行金融机构作为房地产投机主要参与人握有大量不良债权，很快相继破产。最终将风险转移到为非银行金融机构提供资金支持的系统重要性银行中，此时经济危机全面爆发。

日本经济危机形成的原因大致可以归纳为以下两点：

（1）日元升值与美、日货币政策差异。日本经济在 20 世纪 80 年代得到了很好的发展，摩托、家用彩电等在国际市场上受消费者欢迎。日本逐渐成为主要出口大国，在 1986 年出口创汇 827.4 亿美元成为世界第一大贸易顺差国。就在日本经济欣欣向荣之时，美、英、法、德、日签署了《广场协议》，意在便于美国干预外汇市场对主要国货币贬值。此后美国在日本的出口贸易上不断阻挠，最终迫使日本采取了对美国出口的自动限制措施，诱导日本在二年中完成一系列升值，使日元翻倍。国际资本看准时期进入日本国内市场，在房地产、股票等领域炒卖获利，进一步加强了日元升值的压力。

（2）宽松的国内货币环境。首先，美国诱导日本采取宽松的货币政策来刺激内需，在 1987 年 10 月 19 日美股暴跌后更是要求日本降低利率来防止资金流入日本。其次，随着贸易顺差的增加，采取"钉住美元"汇率制度的日本增加银行体系内的资金进而为市场提供了流动性。最后，由于日元升值将不利于出口贸易，降低相关企业收入，政府采取了量化宽松的货币政策来进行对冲。

对于此次危机，日本政府采取的措施为通过日本银行和大藏省储蓄部对产业部门进行融资，惠及部门有银行部门、证券业、制铜业、制铁业和制糖业。其中得到扶持的实体企业只有少数几个行业中的企业，且未涉及金融制度的转变，并未起到釜底抽薪的作用。

4. 1997 年亚洲金融危机

20 世纪 80 年代末，东南亚国家为了培育稳健的金融市场、稳定汇兑环境而选择了固定汇率制。而在 90 年代初其国际竞争力下降，本币被严重高估。实施固定汇率制使得东南亚国家外储流失严重，进一步削弱了自身的国际地位，此时东南亚国家开放了资本账户，便促使大量短期跨境资本进入还未发展成熟的资本市场。

1991 年日本为了避免通货紧缩和经济萧条而开始下调利率，以期打破日元持续升值的压力。而 1994 年美联储为了降低通胀压力开始新一轮的美元加息后，日本依旧采取降息政策，促使日美基准利率差值达到 5%，为外汇套利提供了机会。1995 年日本利率接近零点，一方面为房市泡沫与信贷危机埋下祸根，另一方面为对东南亚的资本冲击提供套利原料。

随着 1997 年大投机商利用对冲基金将矛头指向了过于自信、制度安排严重背离经济基本面的泰国，拉响 1997 年亚洲金融危机第一炮的泰铢危机便开始了。泰国政府起初还努力以大量外汇储备购买泰铢来试图钉住固定汇率，但在两个月后因无力招架投机者的猛烈攻势，泰国从固定汇率制变成了浮动汇率制。之后亚洲各国为了减少经济损失不得不同样采取浮动汇率，促使本币贬值，最终引发整个东南亚地区的多米诺骨牌效应，印度尼西亚、菲律宾、马来西亚等国相继遭受货币危机的重创，股市也一度低迷。

正如美国经济学家克鲁格曼所言，一方面，亚洲多国经济飞速发展的神话主要源于快速增长的劳动力与资本投入，而劳动生产率并未显著提升。职工培训的缺乏与技术更新缓慢，一旦工人工资相对较高，其出口就会被其他劳动力更加低廉的国家所挤出。另一方面，由于 20 世纪 90 年代中期美元开始升值，钉住美元的东南亚多国也相应升值，阻挠了其出口发展，并为外汇投机者创造机会。

马来西亚进入浮动汇率制后出台了"内部安全法令"，指责协助外汇投机做空的交易所，而这只会影响海内外投资者的信心，造成股市进一步下跌与外汇投机。印度在这场危机中采取了紧缩的货币政策，但银根调高只会加剧企业困局。简而言之，东南亚各国政府在危机中并未采取准确的措施，使该地区经济长期处于通货膨胀与消费疲软的状态中。

5. 2008 年美国次贷危机

从 19 世纪下半叶金融市场国际化后，国与国之间出现了一定规模的虚拟经济交易。20 世纪 30 年代初美国的大萧条，最初是由脱离了实体经济的股票市场出现非理性繁荣引发，逐步加重最终导致股票市场崩盘。加之美联储货币政策管理失当形成流动性干涸，使得实体经济衰退最终演化为经济萧条，并严重影响到世界其他国家。第二次世界大战后建立的布雷顿森林体系恢复了金融市场的互联互通，与实体经济的进一步背离为金融危机制造了机会。

大背景下美国次贷危机引起的华尔街风暴，蔓延成为全球金融危机的过程，可以分为三个阶段：

（1）债务危机。美国的房地产市场可以划分为三个层次：一是住房抵押贷款市场，即人们通过抵押手中的合格房产来获取贷款使用权；二是资产证券化市场，即将住房抵押贷款的债务通过证券化用于市场流通、交易，此时的风险还未超过债券收益率；三是信用衍生产品市场，即中介机构通过将债务人的次级信用包装成高级信用通过举债购入房产。当利率提高时次级信用的购房人可能会发生违约行为。由于美国对于中介金融机构的监管不力，在房价上涨与购房需求增大的同时金融机构向次级信用购房者发放贷款，投资银行打包信用低下的抵押贷款，评级机构在风险管控时没有做到"火眼金睛"，最终导致不合格投资产品上市交易。而在信贷危机来临之时政府的利率上调收紧。房价涨幅降低，还款成本上升，信用等级低的贷款者纷纷违约，债务危机开始发酵。

（2）流动性危机。债务危机导致次级债 MBS 评级下调、资产价格下降。而承销 MBS 的投资银行其信用衍生产品 CDO 估值下降、对冲基金因此亏损巨大。与之相关的依赖于对冲基金的保险行业随之遭受冲击。在金融机构被大面积波及时，回购抵押指数的"减损指数"快速上升，导致流动率下降、市场恐慌。

（3）信用危机。在房价下滑造成抵押贷款损失后，贷款人不愿在贷款到期后对企业进行再投资，而企业一旦不能发行新债，就只能靠项目发起人支持或者出售资产。这时候就需要赞助商来救助企业，此时许多 MMF 需要银行作为保荐人来增加自身信用度。赞助商的救助使人们产生了货币市场基金总是能得到赞助商支持的预期，于是处于逐利目的而继续投资于信用被高估的企业，由此产生了道德风险。而风险也并未消失而是转移给了银行系统。当房价进一步下滑，投资者层面的道德风险进一步上升时，银行再也无法承担债务压力，直到著名的"雷曼兄弟申请破产"事件发生，人们才意识到了危机的逼近。

在危机发生后，美政府采取了一系列救市行动：

2007 年夏季，布什总统颁布联邦住房管理局担保计划来帮助那些因抵押贷款利率大幅上扬而陷入困境的借款人。

2007 年秋季，由美国财长保尔森提议的超级流动性增级管道救援计划，由于规模过小，不及联邦房贷系统规模 1/10，因此成效甚微，之后此项计划被取消。

2007 年美国证券化论坛提出一系列浮动利率抵押贷款的调整标准，但额度不到联邦存款保险公司担保额度的 1%。

2008 年 2 月，布什政府推出了"生命线工程"，为即将丧失抵押赎回权的房屋业主延长还贷期限 30 天，对于危机下的债务人的支持可谓九牛一毛。以上措施全部是临时性措施，并没有房地产市场制度上的转变措施。

（二）我国金融"脱实向虚"的历史轨迹

与前文金融"脱实向虚"内在逻辑分析小节对应，我国金融"脱实向虚"的历史轨迹主要分成以下三个方面阐述：

1. 经济金融化

我国货币供应量（M2）增长率一直维持在 8% 以上（显著高于美国的 5% 左右的增长率），货币投放规模从 2015 年的 12.26 万亿元迅速扩大到 2020 年的 110.65 万亿元，累计扩大了 9 倍。这也导致我国货币供应量与 GDP 占比达到 200% 左右，而同期美国占比为 66%（以 2015 年为例）。M2/GDP 指标用于测评经济金融化程度，如图 1-2 所示，无论是该指标缓慢增长的美国还是加速上升的我国，两国都表现出了金融化增强的趋势。尤其是我国 2015 年的指标值几乎要达到 1990 年的 3 倍，但这些还不足以说明一国经济的"脱实向虚"。

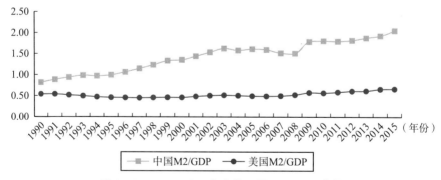

图 1-2　1990~2015 年中美两国 M2/GDP 变化

不可否认经济金融化在这 25 年内趋势明显，但对实体经济而言，是否利大于弊呢？我国快速增长的 M2 又有多少真正流入实体经济促进企业扩大再生产呢？对此，可以从分析我国社会融资规模与上市公司的财务状况入手。

宏观方面，2010 年底中央经济工作会议提出社会融资规模这一指标，是一定时期内（每月、每季或每年）实体经济从金融体系获得的全部资金总额，全面反映金融与经济关系，以及金融对实体经济资金支持的增量概念。如图 1-3 所示，历年来社会融资规模与 M2 数值堆积图，可以浅析金融对实体经济的支持作用。

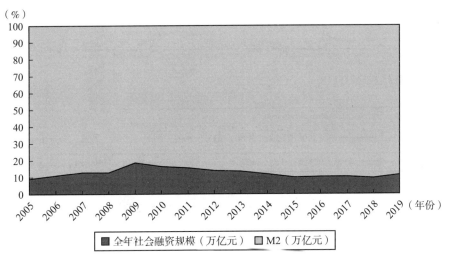

图 1-3　2005～2019 年全年社会融资规模与 M2 的面积

全年社会融资规模增量与 M2 比值始终位于 20% 以下，并在 2009 年后呈下降趋势，表明社会资金流向实体经济少之又少，不足两成。

微观方面，正如王晋斌在《中国金融部门和实体经济的分离：原因，可能的结果与对策》中所论证的，从我国上市公司来看，1994 年以来企业流动性比例基本是逐步下降的。1994 年所有上市公司的流动比例为 1.979%，而到了 2005 年则下降为 1.462%；1994 年所有上市公司的速动性比例为 1.467%，而到了 2005 年下降到 1.145%。这两项指标表明了在总体上中国上市公司的财务流动性是下降的，但历年流动比例的均值达到 1.73；同时，在 1994～2005 年的速动比率年度均值为 1.305，这表明上市公司总体上财务的流动性处于比较稳健的状态。从股改后的 2006 年的情况来看，上市公司的流动比例和速动比例均有不同程度的上升，但由于股份制改革导致的相互投资行为可能带来了流动性的上升，因此，总体上可以认为中国上市的流动性是逐步下降的。另一项调查统计表明，尽管 5 000 家工业企业的财务流动性比例是逐步上升的，但上升的比率在 1997 年后也显著低于 FA/GDP 的年增长率。（如图 1-4 所示）宏观流动性的快速增长并没有表现在企业财务流动性的显著改善上，中国金融部门与实体经济之间存在明显的分离。

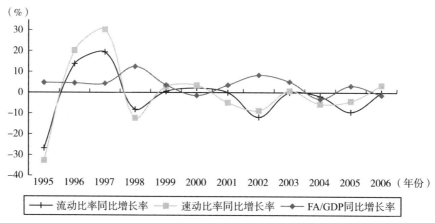

图 1-4 1995~2006 年我国上市公司流动性比率、速动比率的
同比增长率与 FA/GDP 同比增长率变化

2. 经济信用化

经济信用化指的是信用活动在经济交易中所占比重的增大，经济中的生产、分配、交易等一系列的行为逐渐摆脱经济主体自身的积累，转向于依赖外部融资。经济信用化程度的提高主要表现为信用规模的增长超过了经济规模的增长，经济主体主要采用信用手段进行支付结算以及融入资金，一言蔽之即信用对经济的贡献增大。

国际清算银行曾提出通过信贷/GDP 等指标来判断一国信贷扩张程度并进行国家之间的比较，体现各国金融与实体经济的关系。现将我国该项指标与美国、日本进行横向对比，如图 1-5 所示，可见三个国家在 1980~2012 这 30 多年间信贷/GDP 指标出现一致攀升，勾画出经济信用化的历史趋势。

日本作为高储蓄率高信贷规模的国家，信贷/GDP 居于较高位。而我国同样作为高储蓄率国家却面临较小的信贷危机压力，这是因为我国间接融资始终是融资的主要形式，且大企业去杠杆伴随中小微企业与个人的低负债率，都将信贷规模约束在较合理的范围内。

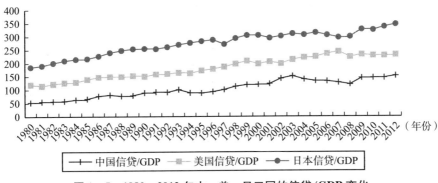

图 1 - 5　1980 ~ 2012 年中、美、日三国的信贷/GDP 变化

随着我国资本市场的发展、理财产品的创新、中小微企业融资环境的优化，可以预见在未来，即便我们拥有高规模的 GDP，但信贷/GDP 的数值仍会攀升，这也是经济创新的必经之路。

3. 实体经济增速放缓

改革开放 40 多年来，中国已基本形成功能互补、交易场所多层次、交易产品多样化的金融市场体系，金融市场已经涵盖了货币、股票、债券、基金、期货、保险、外汇和黄金等多个领域，配置资源和服务实体经济的能力不断增强。正是不断发展完善的金融市场，对减弱国际金融危机对中国形成负面影响做出了巨大贡献。

然而必须看到，我国实体经济日渐萎靡，而房地产去库存加速、部分城市过热、房价节节攀升，金融亦是朝气蓬勃，即互联网金融风起云涌，P2P、众筹、区块链等蜂拥而至，支付宝、微信支付等正逐步取代现金成为日常生活的常态。一冷一热，经济运行越发失衡。此消彼长之下，大量资金错配，逐渐远离实体经济而流向房地产等金融属性强的领域，进行投机套利活动。"脱实向虚"似乎成为资本的一种自然选择。资本的逐利性使企业转型与否难以抉择，是"脱实向虚"还是坚守主业？与其指责实体企业"不务正业"、金融机构助纣为虐，不如反思资产价格增速缘何远高于实业利润。

如图 1 - 6 所示，上证综指稳中带涨的振动模式虽在 2010 年 5 月表现出与设备器具购置、固定资产投资、房地产投资下行的趋势相背离，勾勒出金融背离实体经济的大走向。但其增幅在 2009 年上涨近 80%，而 2016 年却始终低迷，有小幅波动爬行趋势且波动较小。房地产投资明显冷却，其增速从 2010 年 7 月的 37.2% 骤减至 2016 年 5 月的 7%，房地产泡沫得以有力控制。

固定资产投资由 2009 年 6 月的 32.2% 降低到 2016 年 12 月的 2.1%，表明企业的扩大再生产过程受阻。我国近年来虽在一定程度上控制了房价、股市与债市，实体经济对金融表现出了支撑作用，但实体经济依旧不能快速发展。

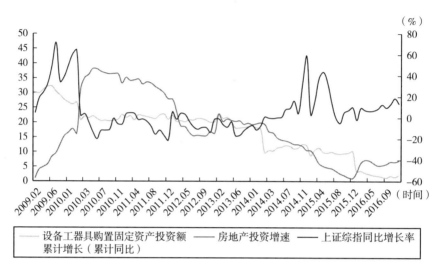

图 1-6 2009 年 2 月至 2016 年 9 月我国设备工器具购置固定资产投资额增速、房地产投资增速与上证综指增速

　　而企业尤其是中小企业的投资渠道不畅，背后的重要原因在于生产成本较高。如图 1-7 所示，2017 年 1 月至 2020 年 1 月，制造业 PMI 总体呈现下行趋势，再也未达到最高点 52%，在 2018 年 12 月~2019 年 2 月跌破荣枯线后，于 2020 年 2 月更是创历史新低 35.7%，并在 2020 年第一、第二季度徘徊于荣枯线。可看出近年来我国经济下行压力较大，制造业不景气。但对比同期非制造业商务活动指数除 2020 年 2 月的数值外均在荣枯线以上并于 2020 年 6 月回归 54%。相比于制造业，非制造业平均高出约 3 个百分点，非制造业的繁荣发展主要归功于服务业的业绩飙升。而服务业相悖于制造业的繁荣，在一定程度上表明金融有较强的"脱实向虚"的趋势。

　　虽然国内金融市场结构还有待发展，但随着支付宝、微信以及理财产品的发展等，在 2014 年末，虚拟经济的市值已高达 70 万亿元，不仅显示出其在国民经济体系中的地位，也体现了我国的经济虚拟化趋势。经济虚拟化指虚拟经济所占比重越来越大，一般而言经济虚拟化与衍生金融市场相辅相成。尽管我国虚拟经济所创造的 GDP 逐年上升，但实体经济依旧占主导地位。1993~2014 年以来我国的国际收支几乎始终呈现出"双顺差"的态势。

背后的原因如鲁晓琳提到的我国采取出口导向型战略目标以及未完全开放资本项目时高增长吸引了大量外资。虚拟经济所提供的就业率也紧随服务业之后，拉动了消费，为实体经济发展做出了贡献。因此，目前虚拟经济并未对实体企业产生不良影响。实体经济增速放缓另有他因。

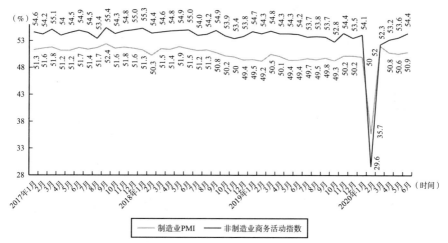

图 1 - 7　我国制造业 PMI 与非制造业商务活动指数

如近年来实体经济受创的重要原因不乏中美关系恶化与 2020 年开年世界所遭受的新冠病毒影响。2018 年中美关系恶化以来，美方不断高筑的贸易壁垒，对我国企业尤其是大型进出口企业造成严重创伤。

从微观方面来看，以最先受到美方限制的华为企业为例，如图 1 - 8 所示，2018 年其同比收入增长率还有所回升，但随着其 2019 年财务的公布，可看出面对两国关系恶化的挑战，其收入增长率无力继续回升。

图 1 - 8　2015 ~ 2019 年华为同比收入增长率

如图 1－9 所示，华为 19.08% 的增长率看似稳定，但分析其在主要市场的销售情况可见，2019 年其在美洲销量只有本国的近 1/10，而 2018 年更是只有 479 亿元，相比之前几年显著下降。

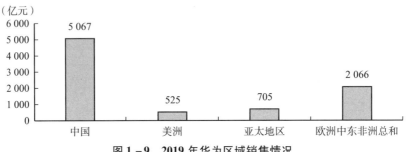

图 1－9　2019 年华为区域销售情况

从宏观方面来看，中美贸易摩擦的打响使我国的出口制造业直接受到影响。美国对我国机械、机电等行业进口依赖度低，在对我国相关制造业加征关税后，2019 年面向我国的进口额相比 2017 年下降 5 个百分点，并将相关制造业的进口逐步转向越南、墨西哥等国家。而我国对美国的出口依赖度较高，对美出口额始终高过其他任何国家和地区。

如图 1－10 所示，我国出口总值增长率从 2018 年 10 月前的平均 43% 减至 40%。PMI 新出口订单指数更是明显降低，在 2020 年 4 月、5 月创历史最低。4 月出口数据大幅增长，是因为当时海外疫情态势加重，而我国已经

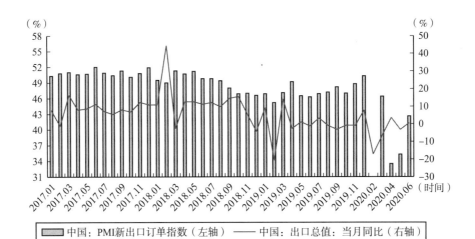

图 1－10　我国 PMI 新出口订单指数与出口总值同比数值

进入全力复工复产的阶段，两者出现了错位发展。大量国家在封锁期间出现生产停顿，但是刚性的需求依然存在，因此中国对其他国家的生产起到了替代作用，导致出口有所增加。

商务部国际贸易经济合作研究院原院长、中国世界贸易组织研究会副会长霍建国称："4月的数据有所回落，说明我们面临的外部环境仍然较为艰难，特别是4月之后一些国家和地区采取了限制性措施，对我们的进出口造成了一定影响"。目前看来，影响我国进出口的主要矛盾是海外市场的变化。

特朗普任总统期间，美国对华加征关税、转移产业链、封锁华为、限制中国企业发展等一系列令人大跌眼镜的操作，不仅破坏了双方一直以来的合作，更是伤敌一千自损八百的不明智之举。我国虽有所损失，但也不失为本土企业开发市场、国货升级与产业转移的一次机遇。例如我国2019年独角兽五百强企业的估值总额达到了约5 960亿美元，相比2018年的4 953.35亿美元提升近20个百分点，有飞跃式增长，用事实证明美国对我们关闭大门并不会对我国成熟的大企业造成显著危害。两国企业之间的联系与合作，也并不会因为一方政府的"作祟"而彻底瓦解。

两国关系虽在短期内紧张，但长远来看依旧要回归合作共赢的正轨。而2020年7月份我国PMI指数全面回暖、GDP稳健上升，标志着我国实体经济发展向好。

（三）国内资本"脱实向虚"的社会危害

1. 就业增长缓慢

第一产业就业人数一直在减少，从2002年的36 640万人减少到2018年的20 258万人，减少了16 382万人。第二产业就业人数先增加后下降，从2002年的15 681.9万人先增加到2012年最高时的23 241万人，后降低到2018年的21 390万。第三产业就业人数一直在增加，从2002年的20 958.1万人，增加到35 938万人，增加了14 979.9万人。我国总体就业增长率2002~2017年内为正，且自2011年以来一直在下降，2018年时为负。[①]

究其成因，第三产业未能充分吸纳第一产业与第二产业中的剩余劳动力。由于我国国民经济生产部门中有85%都是中小企业，它们造就了近75%的就业岗位。而这些中小企业又大部分属于劳动密集型产业。由边际产

---

① 资料来源：国家统计局官网。

量递减规律可知，其他条件不改变，每增加一单位劳动力边际产量都会递减，故要提高边际产量应该加大投资来提高劳动生产率。而我国中小企业想要取得资金用以增加固定资产投资十分困难。

金融业的迅猛发展不免积累金融风险，近年来频频引爆金融危机。在危机中大量中小企业难以存活以至在经济下行时期裁员降薪，随着一些企业的倒闭破产，就业岗位减少。发展中国家的实体经济尤其是出口企业的雇员多为教育程度较低，劳动生产力不高的员工。那么在危机中发达国家劳动生产力较高的失业人员会自发向发展中国家聚集，导致发展中国家的失业情况更为严重。

2. 对实体企业的资金产生虹吸效应，造成实体经济增长乏力，产业空心化

随着 M2 的增长与土地财政的兴盛，房价高企，投资于房产和众多金融资产的收益要远高于搞实业的收益。当大量资金流入金融业，杠杆加大时，便助长了社会的浮躁心理。很多实体企业多年的苦心经营也不如加入炒房的行列买卖几套房产的收入高，故现代实体企业的固定资产中多有房地产投资。部分上市公司甚至出现了出售房屋以保壳、创收的现象。随着经济"脱实向虚"的趋势加剧，资产价格的上涨不断抬高着实体经济的运营成本。如房价上扬增加了厂房租金等方面的成本，对其原本打算用于创新或更新设备科技的资金造成了挤压。并且资金在金融业内部循环，或加长资金链条或进行套利，经过中介费用不断加码，最后才能到达实体经济。实体经济成本增高，必然会提高产品的价格，进而影响相应产品的国际竞争力。当人才、舆论和资金转向资本炒作时，资本市场泡沫加大并不断强化，实业萧条，即产业空心化。

3. 社会分配不均

虚拟经济虽然不直接创造财富，只是参与社会财富的分配，但其收益却高过实体经济，如实体产业含辛茹苦多年所创造的财富可能还不如短期炒房收获多，另外股市的欣欣向荣也使得手握大量资本的投资者可以更快"以钱生钱"，拉大了财富差距。金融业更是加强了自身循环，银银合作、银保合作、银证合作等成为新潮流，资金流入实体企业本就困难，大企业尤其还会将申请到的贷款加息转手给无法申请到贷款的小企业，进一步挤压新型实体经济的利润。结果必然导致创造真实财富的实体经济日渐萎缩，无法支撑虚拟经济的需求与发展。而发达国家之所以能够支撑高占比的虚拟经济高速发展，原因是其在国际分工中的"食物链顶端"的控制，即对发展中国家实体经济部门的剥削。不利于实现发展中国家的"中等收入陷阱"。

其中收入分配不均现象最为直观，金融领域工资水平高于实体产业所提供的的工资水平。在虚拟经济蓬勃发展之时，虚拟经济平均工资增长率从2003年13.82%上涨到2013年的16.25%，实体经济平均工资增长率则始终稳定在14.16%左右。由于虚拟经济相较于实体经济所需的就业人员要具备更高的文化水平和学术素养，因此其从业人员需要更大的教育投入，这就对社会阶层提出了要求，并且吸引了更多的资源用于虚拟经济领域的人才培养。相比之下实体企业就业门槛低，能够提高不同文化层次上的就业率，对缩小收入差距具有正向作用。

4. 系统性金融风险迅速增强

系统性金融风险指的是一个或几个重要金融机构失败引发的一系列金融机构的破产倒闭，进而引发公众恐慌、泡沫破裂甚至导致经济危机的风险。系统性金融风险的成因首先是金融机构间的紧密联系，例如银行常通过银行间市场拆入、拆出资金来调剂头寸或应对临时资金需求。这使得当一家银行面临"挤兑"等风险时，与之有密切资金往来的其他银行也会相应受到波及。其次是金融机构的杠杆率较高。例如银行体系的利润来源主要是贷方资金，而并非随时随刻都有充足的准备金用于满足合格贷款人的需求，因此通常需要借入资金。由于债务融资到期需要偿还，因此本身就具有较高的风险。一旦债务人因经营状况的恶化等原因无力偿还贷款，有投资银行信誉担保的相关债务工具便需要银行体系消化，蔓延形成系统性金融风险。最后衍生金融工具因具有表外性，故不需要大量资产覆盖，因此广受金融机构青睐。而在其操作中，往往因一方无法对冲而影响另一方的套期保值操作，易引发连锁反应。

虚拟经济的主要成分是金融证券业，金融本应为实体经济服务，为其提供安全与便利，但现今金融业挤占了实体经济的利润空间并不断在扩展。尤其是我国的资本市场在改革开放后才真正得以形成发展，监管并不完善，风险较高容易积累隐患。一方面，虚拟经济快速发展，虚拟资产价格非理性上涨将吸引众多投机者跟进，进一步拉升虚拟资产价格。另一方面，大量资金涌入虚拟经济市场，造成并强化了通货膨胀预期，造成本币的贬值压力。国外投机者在市场中获利后换回外币顺利跳出国内市场。当撤离的外资达到一定规模后，虚拟经济市场中的流通货币不再能支持其过高的价格，导致虚拟资产价格暴跌，进一步引发金融危机。

第三节 国外治理金融"脱实向虚"的经验与启示

一、日本：信贷狂飙背后的"脱实向虚"

日本和中国的许多方面皆有相似，例如两国都是间接融资为主，其中又以大银行的信贷为主，同时也呈现出社会老龄化的趋势。将两国的信贷兴盛时期情况进行对比。中国的信贷/GDP 指标在 2016 年第二季度达到209.4%，已接近日本泡沫时期最高水平 214.4%，且仍在快速上升。而从另一个指标即信贷/GDP 缺口看，2016 年第二季度中国的数值为28.8%，超出了日本泡沫时期最高值23.7%近 5 个百分点，且仍在加速偏离长期趋势。上述两项指标都显示，中国目前的信贷扩张及繁荣程度已接近日本 1990 年前后泡沫经济时期。虽然这并不意味着中国一定会重蹈次贷危机时日本的覆辙，但也为我们拉响警钟：要避免信贷的过度兴盛。

日本经济泡沫带给我国的三点启示：

（1）避免企业经营目标转变时出现的产业空心化现象。在经济危机后日本企业的经营策略从"利润最大化"转变为"兼顾债务最小化"。这样日本企业便会在市场繁荣期采取"利润最大化"策略，在资产价值快速下跌时把利润用于归还债务以适度保持财务杠杆。因此我国企业要注重在市场繁荣期的融资策略，避免过高的债务比例。

（2）建立有效的区域货币联动机制。区域货币联动机制落实在我国即为现行的浮动汇率制。即将一揽子主要国货币作为本国货币汇率参考的主要对象，以共同的升降来减轻外汇热钱对本币的冲击，并且有利于稳定出口额。

（3）建立现代财政制度。财政政策往往不能在场期内有效带动经济增长，一方面由于财政政策造成的赤字影响其持续性，另一方面是投资的公共项目具有效率低下与社会资源浪费两个普遍缺陷。当资金总需求过小，市场上借贷双方交易额减小时，如果用量化宽松来刺激投资效果只是资产价格的虚高。此时政府若以财政资金替代企业投资减少的规模，那么资金总需求上则表现为财政支出和企业支出之间的替代，因此政府需要建立现代财政制度来更好地应对经济危机、引导资金总需求。

二、东南亚：盲目开放资本账户加剧"脱实向虚"

根据学者杨盼盼与唐雪坤的《两次危机的"脱实向虚"与"脱虚向实"》，我们认为引发金融危机"脱实向虚"的因素，可从内、外两个方面进行解读。内部来看，国内资金"脱实向虚"，即金融部门加杠杆带来的不稳定性上升。东南亚多国采取了金融业优先发展的战略，同时本国仍然存在较为严重的金融抑制，金融监管缺失严重，导致金融市场投机严重。根据国际清算银行的信贷统计，1997 年前夕，印度尼西亚、马来西亚和泰国的银行对私人非金融部门信贷的规模占 GDP 的比重均处于峰值，特别是马来西亚和泰国，这项比重最高时达到 160% ~ 170%。大量大型银行信贷快速扩张可能导致银行杠杆过高，当经济走向发生重大逆转后，呆坏账迅速累积，加大了金融危机隐患。

外部方面，外债规模有所上升，但对国内经济的促进作用较小。东南亚大多数国家选择开放资本账户，在金融系统尚不成熟和固定汇率体系下，从而造成资本不序流动，资本逃亡压力增加和外债累积的情况。同时，开放资本账户带来的是短期投机资金，而不是促进长期发展的外商直接投资，外来资金"脱实向虚"的性质非常显著。以泰国为例，在国际市场上以低利率筹集短期资金，然后回到长期市场用高利率贷放出去资金，这些资金又最终流向国内股票市场和房地产市场等高投机部门，形成期限错配、货币错配，以及标的资产风险大的"脱实向虚"资金闭环，为危机埋下了祸根。

东南亚金融危机对我国危机预防、治理的启示大致可概括为三点：

（1）强调生产创新。我国与东南亚国家极为类似的一点是相当长的一段时间内都采取了"粗放式"的增长模式，依靠高储蓄与高投资来获得经济高速增长，同时依据人口优势在国际市场上以低成本获取优势，但这种发展前景是不可持续的。首先国内工资上 2014 ~ 2019 年保持着 10% 以上的增长率，其次广东等地区皆出现了"民工荒"的社会现象表明廉价劳动力时代已开始离去。最后越南、老挝等国家的劳动力相较国内更为低廉，这些国家也终将会取代中国"世界工厂"的地位。中国的企业在国际竞争中能否保住优势，完成生产的创新，以其他的竞争力弥补人力成本优势的丧失应是我们关注的问题。

（2）避免政府过度干预、浪费社会资源。一些东南亚国家在危机爆发前主要是以政府的经济政策为导向的而非以市场需求为导向进行资源分配。以泰国为例，在危机爆发前为了配合政府吸引外资，金融机构将大量资金用于基础设施建设来增加外资的流入，这些投资项目本就效率偏低，在投机的冲击下泰国很快面临抛售本币买入外汇的恶性循环。而印度尼西亚的银行系统内存在着严重的政府寻租行为，主要表现为关税寻租和出口配额的寻租。寻租行为引导资金流向效率并非最高的行业和项目，造成社会资源的浪费，在很大程度上阻碍了金融市场的发展。改革开放以来，中国坚持市场经济体制，政府简政放权，但一些地方政府依旧和当地企业存在"官商勾结"的现象。

（3）引进外资需重点关注短期资本占比。尤其要关注资产价格波动率高的行业，如对房产、证券行业中的国际短期资本流动规模进行监控，在资本市场不够发达时谨慎开放对外依存度高的业务，以避免投机者入侵、重蹈泰国经济危机的覆辙。

三、美国：房地产价格预期引来"脱实向虚"高潮

1. 减少土地财政来源、控制房价攀升

从大背景来看，自2001年科技泡沫破裂以来，美联储一直在逐步下调联邦基金利率，并将其保持在低水平，形成长期的资金宽松环境，导致流动性过剩。如居民部门信贷在21世纪后次贷危机前发生了大幅增长，远超了政府和非金融企业部门的信贷规模。而这些资金实体企业也并未用于生产、投资，而是跟风在金融市场和房市上牟取利润增长。此时美国金融的"向虚"主要体现为房地产市场以及住房抵押贷款市场的非理性繁荣。

从发达国家近40年的经验看，房价与房租的背离可能蕴含着较大的金融风险，值得高度关注。如图1-11所示，美国2003~2005年曾发生过一次房价与房租的背离——从2003年起，美国房价进入快速上行通道，至2005年中时OFHEO房价同比涨幅达到12.0%，美国大中城市房价同比涨幅达到16.6%。虽然楼市经历了连续两年多的牛市，但同期美国PCE房租却在低位徘徊，同比增速维持在2.0%~2.5%区间，直到2006年全球经济迈入过热通道后，PCE房租才开始增长并形成有效突破。2003~2005年美国房价与房租的背离反映出同期美国楼市的金融属性被过度挖掘。股市、楼市价格一度疯狂上涨，伴随系统性风险积累，最终引爆2007年次贷危机。

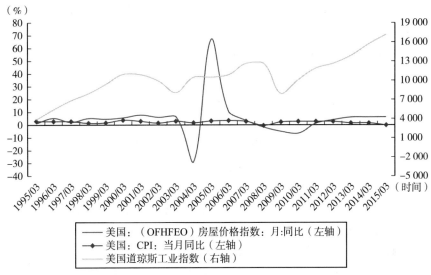

图 1-11 1995~2015 年美国当月同比 CPI 指数、当月同比房屋价格指数与美国道琼斯工业指数折线图

对比中国近几年的股市、楼价也相继出现阶段性高峰期（见图 1-12）。其中值得注意的一点是，在两国资产市场价格疯狂波动上涨的同时，两国 CPI 的同比增速却较为平稳，上述两类价格的背离也许会在很大程度上成为资金"脱实向虚"的征兆。可见，信贷的急剧增长恶化了我国经济结构。

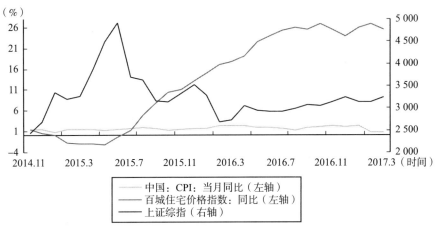

图 1-12 2014~2017 年我国当月同比 CPI 指数、当月同比百城住宅价格指数与上证综指

这一"脱实向虚"的格局本身是不可持续的，若要维系下去，需要建立房地产价格稳定上升的预期，以及利率维持在低位带来的宽松的流动性。然而，随着美联储在通胀压力下重新开启加息周期，房地产价格预期也随之急转直下，住房抵押贷款市场的再融资变得十分困难，违约和放弃抵押物的情况开始大规模出现，终结了"脱实向虚"的格局。次贷危机随之而来，并最终演变成影响较为持久的全球金融危机。

2. 明确救助成本分摊，预先设计干预方案的授权程序

在美 2008 年金融危机中，美国民众与国会政客都对政府救助贝尔斯登、接管房利美和房地美的做法持反对态度。认为政府用纳税人的税款拯救不负责任的金融机构十分欠妥，直接导致后续雷曼兄弟问题暴露后，政府在救助则引发社会舆论动荡、不救则引发风险传染的两难境地下选择退出市场，最终引发风险失控与股市暴跌。反观我国，虽然在 2015 年股灾中政府及时出台了救市计划，将损失降到最低，但直到今天人们依旧对 2015 年政府是否过度干预、浪费资源的问题争论不休。可见国内需要事先制定一套法律上的授权程序与检查机制，使得政府调整市场失灵时不会因时间紧迫而"用力过猛"，造成过度干预与舆论不满。

3. 跨部门制定综合干预措施

《1999 年金融服务现代化法案》的出台标志着美国由分业监管走向了混业监管，但事实上美国仍在很大程度上实行分业监管的监管形势。由于美国金融机构数量庞大，具有协同不灵的缺陷，造成灰色监管地带，需要跨部门的监管与相关措施出台。

在美国次贷危机早期政府并没有采取有效的干预措施例如购买问题资产，而只是违约房产赎回等问题暴露出多少，政府便被动地处理多少。这使得问题资产逐步影响到其他地产抵押支持证券甚至大部分的抵押支持债券，错失救市良机。因此在预防次贷问题的跨品种、跨市场传染时，应提前制定跨部门综合干预措施，在风险传染的各环节中对风险的传导进行严防把控。

四、危机后亚洲国家与美国"脱虚向实"的进展

如学者杨盼盼与唐雪坤在《两次危机的"脱实向虚"与"脱虚向实"》中所述，"脱虚"可以被广泛理解为政府面对金融产业的过度发展，认为有希望实现中国金融行业的资本重振。纠正国际金融行业过度快速发展即为"脱虚"，可通过观察预测到金融危机后的国际信贷市场规模。

1. 危机后亚洲国家与美国"脱虚"的进展

亚洲金融危机后，从内部来看，印度尼西亚、马来西亚和泰国银行对非金融部门的总体信贷规模在危机之后出现了显著下降，且危机爆发以来，20年信贷占GDP之比都没有再超过危机时的水平。从外部情况来看，印度尼西亚和泰国的外债在危机之后出现了显著的下降，且至今未在超过危机时的规模；马来西亚外债规模在危机之后较为平稳，2003年之后开始平稳下降；菲律宾外债基本可控，没有显著上升。可以说，内源与外源性的"脱虚"在一定程度上得以实现。

美国在次贷危机之前的"脱实向虚"，主要是居民部门的信贷规模增加，非金融企业和政府部门信贷同样呈上升趋势，但增长幅度相对缓和。危机结束后，居民部门的信贷规模出现了较大下降，非金融企业部门信贷也在2009年后开始缓慢回调，但政府部门的信贷规模却出现了明显上升。因此，相较于亚洲金融危机之后总体呈现去杠杆态势，美国次贷危机之后总体杠杆率并未下降，也就是没有明显的"脱虚"，调整主要体现在各部门之间的杠杆转移。这与大规模救助计划和量化宽松政策的实施密切有关。

2. 危机后亚洲国家和美国"向实"的进展

对危机后的结构调整，即"向实"，可以制造业作为实体经济的代表，通过考察其增加规模在危机前后GDP中的比例来进行考察。据世界银行统计，亚洲金融危机发生后的3~5年里，各国制造业占GDP比重有一定的增长，此后便维持平稳或呈减少趋势。如果没有考虑到新兴市场转型所带来的制造业比重趋势性减少，可解释如下：一方面，由于金融危机严重破坏了金融行业，因此，在危机后制造业的比例相对较高。然而实际上危机后的制造业缺乏金融支持，"脱虚"不能转化成为向实的动力，制造业也没有得到持续发展的动力。另一方面，信贷低迷所导致的资金成本上升也不利于实体经济发展，这是金融危机对实体经济的负面影响，最终表现为"脱实脱虚"的双重格局。

美国次贷危机发生后，制造业增加值占比保持相对稳定的水平，与危机前持续减少的趋势形成对比。美国生产业增长值占GDP的规模由1997年约17%连续下降，到2007年约为13%，危机前两年再次下降但随后稳定于12%左右，止住下跌的态势。危机后，美国历届政府都强调了制造业的重振，并制定了详细的战略，甚至还不惜承担着以邻为壑的恶名。因此，基于美国制造业的较大竞争优势，以及危机后各项对冲负面影响的措施，可以认为美国的"向实"在某种程度上能够实现。

第四节　理　论　应　用

一、区域经济协同发展理论的应用

区域经济协同发展源于协同理论或其应用，一个开放经济体在与它们的经济系统有交换或贸易关系的情况下，通过其自身的协同作用，在时间、空间或功能方面自发出现有序的结构，即区域经济系统的协同发展。因此，所谓区域经济协同发展，就是指区域经济系统：两个或两个以上不同的经济体系，相互合作完成一个目标达到双赢的效果。

（一）区域经济协同发展是以经济新常态为背景的区域经济发展战略

2014年5月习近平总书记在河南考察工作时首次提及新常态，其特点主要有以下几个方面：一是经济从高速增长转为中高速增长，二是经济结构不断优化升级，三是从要素驱动、投资驱动转向创新驱动。这些趋势性变化说明，我国经济正在向形态更高级、分工更复杂、结构更合理的阶段演化：经济发展方式正从规模速度型粗放增长转向质量效率型集约增长；经济结构正从增量扩能为主，转向调整存量、做优增量的深度调整；经济发展动力正从传统增长点转向新的增长点。

从新常态的内涵、特点和重点来看，新时期我国区域经济发展更加注重人口、经济、社会、资源环境等的空间均衡；更加注重区域之间的协同发展，以此缩小城乡之间、区域之间的发展差距；更加注重提高发展质量和效益，调结构与去库存并举，避免同质化产业竞争；更加注重以供给侧结构性改革促进区域间合作共赢；更加注重市场在资源配置中的决定性作用，促进要素在区域之间的合理流动；更加注重高水平双向开放在促进区域协同发展中的作用，尤其是向西开放以引领西部地区发展。

认识新常态，适应新常态，引领新常态，不仅是当前和今后一段时期我国经济发展的大逻辑，也是我国区域经济协同发展战略的大背景。当前我国区域经济发展呈现不平衡的现象，推进我国经济健康发展需要坚持共商、共建、共享的发展理念。在实践中，我国政府在坚持区域经济协同发展理念的基础上提出了"一带一路"和"长江经济带"等一系列的国家战略，发挥东部地区经济发展优势、促进中部地区崛起和振兴东北地区经济发展、提升西部地区经济发展能力，从而实现我国区域经济协同发展。

（二）区域经济协同发展是以新发展理念为指导的区域经济发展战略

党的十八届五中全会提出了创新、协同、绿色开放和共享新发展的理念，是针对我国经济发展的新常态、世界经济低迷而量订的新方法。2015年10月党的十八届五中全会通过了《中共中央关于制定国民经济和社会发展第十三个五年规划的建议》（以下简称《建议》），对贯彻新发展理念进行了全面部署，《建议》中提道："增强发展协同性，必须坚持区域协同、城乡一体、物质文明精神文明并重、经济建设国防建设融合，在协同发展中拓宽发展空间，在加强薄弱领域中增强发展后劲"，培育出一批带动区域协同发展的经济带和增长极。

以"一带一路"为引导的"三大支撑带"战略，为新的发展理念提供了实践平台。在西部大发展的基础上建设"一带一路"，为我国西部开放创造新的战略机会；"一带一路"倡议蕴含着"共享发展"理念，"一带一路"沿线各城市统筹协同谋发展、集思广益惠民生、下大力气攻坚难，解决问题利人民；"一带一路"倡议蕴含着"创新发展"理念，"一带一路"沿线国家的市场需求刺激了国内的创新发展，而国内创新性发展方式的转变，为"一带一路"倡议的实施提供了更多产品、技术、模式的借鉴。京津冀协同发展在优化产业结构和城市空间布局、有序疏解和扩展大都市功能区、推进交通一体化、扩大环境容量和生态空间、探索人口经济密集地区优化开发等方面，探索了新的模式；北京行政副中心建设为京津冀地区实施创新驱动发展战略，进行产业升级与产业转移，构建产业新体系，构建发展新体制创造了条件；北京地区的产业转移，促进了京津冀地区提高教育质量、增加就业机会、改善创业环境、完善医保制度改革、优化城市布局，促进人口资源均衡发展，践行了共享发展的理念。长江经济带的建设将为长江流域生态环境的改善提供一些成功的经验，高起点建设综合立体交通走廊，引导行业优化布局与分工合作。因此，新发展理念不仅是我国地区经济协同发展新时代的指导思想，也是我国未来区域经济协同发展的战略目标。

（三） 区域经济协同发展是以供给侧结构性改革为主导的区域经济发展战略

改革开放后，主要是通过投资的拉动，一方面使得我国经济发展突飞猛进保持经济高速增长，另一方面又使我国陷入了产能过剩困扰。钢铁、煤炭、水泥、玻璃、炼油厂等都出现了产能短缺。对于产能过剩的原因已有研究表明，产能过剩与政府扶持指数有很高的相关度，且政府扶持指数高的产业"产能过剩"更为严重。以消化过剩产能为核心的供应侧结构性改革，其实质上是通过调整经济结构来实现要素最优配置，以提高经济发展质量。我国靠要素投入来促进经济增长的年代已过去，要想保持经济中高速发展的状态，必须优化要素配置。经过40多年的发展，各地区都形成了具有独特的资源优势和产业。实施区域协同发展战略，有利于发挥各地区各产业优势和辐射带动作用，有利于在区域内形成相对合理的产业分工与协作，有利于平衡地区间的产业结构和资源优势，增强区域发展的均衡性，提升全要素生产率和供给效率。因此，供给侧结构性改革不但是新时期我国区域经济协同发展的主导方向，也是增强区域经济均衡发展和平衡区域产业结构与资源优势的重要举措。

在供给侧结构性改革的主导下，我国区域经济协同发展就是要避免以往存在的产业同质化、雷同化的恶性竞争，按照产业梯度有序承接，以形成优势互补、资源共享、运转高效的产业体系，解决目前存在的产能过剩问题，为经济的可持续发展提供新动能。自"供给侧结构性改革"概念提出以来，为适应供给侧结构性改革的要求，我国各区域在推动经济发展过程中贯彻落实创新、协同、绿色、开放、共享的新发展理念，优化区域发展格局，促进区域协同发展。以供给侧结构性改革促进区域协同发展做出了极大成效，主要表现为：第一，"四大板块"协同发展取得新成效；第二，"一带一路"拓展区域经济发展新空间；第三，自贸区扩容构筑区域对外开放新格局；第四，城市群一体化发展推动形成区域经济新增长极；第五，主体功能区建设积极探索新模式；第六，陆海统筹全面推进，力争新突破。

（四） 区域经济协同发展是以城乡一体化发展为目标的区域经济发展战略

城乡一体化发展，是我国新时期区域经济协同发展的重要内容，也是我国解决城乡二元结构问题的关键所在。新中国成立后，我国实行了优先开发重工业的赶超发展战略，由此形成泾渭分明的城乡二元结构，进一步巩固了生产要素从农村向城市转移的特征。为消除二元城乡结构对我国地区经济平衡发展的阻碍，2003 年提出的科学发展观将统筹城乡的发展排在"五个统筹"的首位。党的十七届三中全会将加快城乡经济社会发展一体化的新格局视为 2020 年农村改革发展的基础目标。党的十八届三中全会进一步提出了通过加快构建新型农业经营体系、赋予农民更多财产权利、推进城乡要素平等交换和公共资源均衡配置、健全城乡发展一体化体制机制的具体举措，以促进我国城乡一体化发展。党的十八届三中全会以来，我国城乡之间的要素流动和产业衔接进一步加深，城市对农村的辐射带动作用进一步增强。相互渗透、相互融合、高度依赖、共同繁荣的城乡一体化体系趋于形成。因此，实现城乡一体化、协同推动工业化、城镇化、农业现代化，努力打造城乡经济协同发展的新格局是我国区域经济协同发展的战略重点。

改革开放前期，我国城乡发展的主要模式是农村支援城市建设；改革开放 40 多年以来，城市发展迅速，农村发展相对滞后，城乡差距不断扩大，城乡发展模式逐渐转变为城市反哺农村发展。城乡一体化发展成为我国区域协同发展的主要课题，构建城乡区域协同发展新机制要进一步明确城乡关系，要站在全面推进中国特色社会主义发展的全局立场去思考城乡区域协同发展问题，要牢牢把握新时代中国特色社会主义阶段城乡区域协同发展的时代特征，将城乡一体化发展放在首位，形成城乡融合、区域协同的新机制。

（五）区域经济协同发展是以合作共赢为核心的区域经济发展战略

赫尔曼·哈肯在其《协同论》一书中提到，协同应包括三个方面的内容：一是协同效应，即通过复杂开放系统中大量子系统之间的相互作用而产生的整体效应或集体效应。二是伺服原理，即快变量服从慢变量。在一个系统中总有变化较快和较慢的变量同时存在，而且主导系统趋于协同的主要因素是慢变量。三是自组织原理，即系统在没有外部指令的条件下，其内部子系统之间能够按照某种规则自动形成一定的结构或功能，也就是系统内部的各个子系统存在协同的趋势，具有内在性和自生性特点。市场对资源的配置作用其实就是一个自组织系统，通过市场各个子系统之间的协同来实现资源的有效配置。

总体上看，党的十八大以前我国区域经济发展战略，是以各区域之间的竞争性发展为基础，区域子系统和经济子系统之间的协同性较低，区域之间在人才、产业、政策等方面竞争激烈，这在改革开放之初的非均衡发展时期的确起到了积极的促进作用。但竞争性的区域发展战略也带来了资源浪费、产能过剩、产业同质化、低效化、生态环境恶化等一系列问题。因此，如何实现区域之间合作共赢、优势互补的可持续发展，是新时期我国区域经济发展的关键。

党的十八大以来，中国提出打造人类命运共同体的构想，并在这一理念指引下，先后提出中国—东盟命运共同体、亚太命运共同体、亚洲命运共同体等构想。从本质而言，打造命运共同体就是在合作共赢的理念下，中国与周边国家一起打造一个政治上相互尊重、平等相待，经济上合作共赢、共同发展，文化上兼容并包、交流互鉴，安全上利益共享、风险共担的共同体。我国在原有合作机制的基础上，创建新的合作平台，提出"一带一路"倡议、成立"亚投行"、推动其他多边合作机制顺利开展。区域经济协同发展正是以区域间合作共赢为核心，注重区域间的分工协作和互利共赢，实现资源共享与优势互补、产业协同与结构协同、要素有序自由流动、主体功能约束有效、基本公共服务均等、资源环境可承载的全国一盘棋总体发展思路。

二、金融地理学的应用

（一）金融活动的区位问题——金融中心

作为经济地理学的核心理论之一，区位论对金融地理研究产生了很大的影响。先前学者从多个角度对金融行业的区位选择、金融业的集聚与扩散等问题进行了研究，而这些研究往往以金融中心作为主要讨论点。例如，金德尔伯格从金融中心所提供的功能方面，给出了金融中心的一般定义：金融中心不仅平衡个人储蓄和投资的时空关系，将金融资本从储蓄者手中转到投资者手中，而且也会影响不同地区间的交换成本。基于金德尔伯格的定义，最近的经典文献把金融中心定义为，银行和非银行金融中介的分支及其他附属机构在一定区域内的集中。

对于导致金融活动不断集中的因素，学者们分别从不同角度进行了研究。莱申（Leysen，1998）从影响金融机构进入的主要因子角度进行分析。他认为，首先，首要的因素是收入和阶层。不同的收入群体会产生不同的消费需求，促使不同的金融机构进驻。其次，表现为已有的银行分支机构及其溢出的效应。研究表明，金融业具有很强的集聚和溢出效应，一个地区存在的金融机构越多，提供的服务越多样化，这一地区越容易吸引银行等金融机构的进入。最后，居民的金融素养以及当地的金融文化。比如，人们对信用卡等金融产品的依赖程度，对银行的信赖度等。

对金融中心的影响因素进行分析，格里克指出存在着影响金融中心产生的向心因素和离心因素（Gehrig，1998）。其中，向心因素包括规模经济，即当地的经济规模、已经存在的金融业规模，包括已有的银行数，股票市场的营业额，双边贸易流动及外资量等指标。这一因素对于金融行业聚集至关重要。由于规模效应，金融业者相互间可以获得更多的信息，从而降低成本，提高效益信息溢出效应。金融机构的集中使得有效信息更容易扩散，增大了从业者间的交流，有利于新思路、新想法的产生以及增强市场的流动性。投资者往往更倾向于选择风险小的地区，而在流动性强的市场中，单独交易者对价格的影响比不流动的市场要小。因此，市场流动性强，相应的交易量也更多。离心因素则是指市场进入成本，政治上的干涉以及地方保护等。这些因素往往造成金融业进入的壁垒，不利于金融中心的形成。比如，政府行政上的干预，投资环境不完善等。

波蒂厄斯（Porteous，1995）通过研究一系列强而有力的工具去说明和解释区域金融中心的发展。比如，"路径依赖"能有效地解释为何某城市能长久地在区内维持优势而"不对称信息"理论和"信息腹地论"则能解释为何"路径依赖"优势会被改变甚或削弱。也有学者对相关研究进行了总结，认为上述理论大体上都强调"信息外在性""不对称信息""信息腹地"和"路径依赖"，这些实际上是金融中心形成的主要力量和度量某个金融中心在区内主宰能力的重要指标。

事实上，金融中心的地理转移与制造业的发展密切相关。例如，最早的国际金融中心是意大利的佛罗伦萨、热那亚和荷兰的阿姆斯特丹。但是，当英国成为"世界工厂"时，阿姆斯特丹便被英国的伦敦所取代。虽然后来英国作为"世界工厂"的地位日渐衰落，但伦敦依托欧洲大陆的经济腹地和对全球的影响力而稳固了作为国际金融中心的地位。20 世纪初，美国成为"世界工厂"，从而成就了纽约作为国际金融中心的地位。20 世纪 80 年代初，日本"世界工厂"地位的确立，使东京成为国际金融中心。1974 年，纽约、伦敦、东京三大国际金融中心占有全球市场资本的 73%，1986 年增加到 80% 以上。同样，20 世纪 60 ~ 70 年代中国香港传统工业快速发展和80 ~ 90 年代初期中国内地现代制造业和产业的强劲快速增长，也促使中国香港迅速成为一个重要国际金融中心。当然，国际金融中心形成的重要因素很多，如全球政治、地理等诸多因素，但从这个本质上看来讲，"全球制造中心"仍然是推动国际金融中心未来发展的重要战略推动者和力量。

（二）金融地理研究中的社会文化转向——金融排除

20世纪90年代以来，西方一些发达国家的金融业出现了一系列重要变化，如放松管制、信息技术的广泛应用等。这些变化给金融行业带来了新的发展空间，使金融业者开始对其内部进行一系列的重组和改革。一些银行和非银行金融机构出于降低成本、增加利润的考虑，将一些中小城市的银行分支机构纷纷关闭，从而造成这些相对落后地区缺少金融机构，由此产生了金融排除，这成为当前一个非常重要的金融地理研究议题。当然，金融排除的另一层含义指一部分消费者对金融产品的排斥。

最初，学者们主要以没有银行分支机构、几乎没有金融服务的社区，区内居民为低收入的、缺少固定资产所有权的人群为假设，来分析金融排除对社会经济空间产生的影响。随着经济地理学研究的文化与制度转向，经济地理学者越来越多地从社会文化和制度角度来分析实际的金融地理问题，包括金融排除。肯普森和怀利（Kempson & Whyley, 1999）提出的"六维度"分析方法通过六个指标对金融排除的直接承受者进行分析，指出居住在英国最贫困地区的居民，比一般人处于金融排除状态的可能性高出1倍。两位学者通过调查在不断变化的社会和空间分层中的英国的乡村金融服务，列出金融排除的经济和社会结果，以此阐述城乡间不平等的经济发展过程，以及此间金融排除所扮演的角色，从而揭示不同等级的金融部门在很大程度是所在地居民阶级和收入分化的结果。金融排除对地方经济发展的最大影响是催生了地方货币系统。地方货币系统是指地方货币生产、供应、分配、消费的循环并为当地金融提供便利服务的系统。因为存在着金融排除，而不同地区的人们又存在着各自的需求，因此地方货币系统本身具有广泛的实用性。但是，由于这种地方金融系统欠缺监管与相关法律法规的规范，比如很多地方货币系统都是以非正规渠道、非常规方式设立起来的，则往往会演变成地下钱庄，带来一定的法律和社会问题。

（三）货币地理研究

如果将银行机构比喻为一个"大动脉"系统，那么货币就是血液，是金融业不可或缺的因素之一。实际上，不仅金融地理学者关心货币地理的研究，城市地理学家、经济学家、社会学家同样关注货币地理的研究。

货币地理研究最早起源于哈维，他出版的《社会公正与城市》一书中首次提到应该对货币、空间和地点之间的关系展开研究。

当前，对货币地理的研究分为两个派别，第一种是经济学家眼中的货币地理研究。他们大多是从经济学角度研究货币乃至金融，主要探讨货币关系的空间组织形态。17 世纪的威斯特伐利亚体系创建了世界政治的最基本单元——民族国家，从此货币空间逐渐被视为发行国独立的主权范围，即出现了所谓的货币地理"威斯特伐利亚"模式。后来随着市场驱动，国家间竞争越来越激烈，政府管制与市场力量重新分配，货币管理出现放松管制的趋势，货币关系的空间组织也发生了变化，一国货币更多地在其发行国之外流通且渗透到他国的货币空间，货币空间格局不再是完全的国家地理版图，原有的"威斯特伐利亚"模式被打破。学者们需要在功能上重新定义货币地理。例如，欧元的产生及发展就是这类研究的有力例证。

第二种是地理学家、社会学家关心的货币空间性与地理性问题。相对于经济学家，地理学家更多地侧重于货币的空间性及其分布与扩散等问题，最终落在空间问题上。这类研究的大背景是货币的逐渐放松管制。尽管货币是无形的，看似自由流动，但是金融业却具有经济地理属性，因此地理学家多是从金融行业大环境下来考量货币的空间地域特性。

三、成思危的虚拟经济理论

（一）虚拟经济的定义

根据马克思在《资本论》中的虚拟资本理论，认为虚拟资本是在借贷资本和银行信用的基础上产生的，包括股票、债券、不动产抵押等。虚拟资本本身并不具价值，但可以通过循环利用产生某种剩余价值。而虚拟经济则是虚拟经济在金融系统等中循环运动的经济活动。也就是所谓的"钱生钱"。实体经济则是与实际资本的循环有关的经济活动，包括物质资料的生产、分配、交换等活动。

（二）虚拟经济的来源

根据成思危猜想，如果用 MPS（计划经济时期的物质平衡核算系统）来统计货币对实际 GDP 的贡献，货币就一定是中性的；如果用 SNA（国民经济核算体系）核算实际 GDP，货币在虚拟经济发达的条件下就是非中性的。南开大学虚拟经济与管理研究中心组织十几位博士、硕士和中青年教师，用了整整一年的时间，采集了130多个国家的数据。在反复核实重点国际文献计量研究结果的基础上，做了多种分类的计量研究，其结果完全支持"成思危猜想"。

根据SNA的核算原则，只要是提供的服务能够解决消费者需求的就会被计算入产出，如银行服务业。由于其生产要素中有货币，货币能够产生存款进而创造贷款为银行带来收入，那么这个过程中的货币就直接参与产出的创造。货币创造产出的主要途径之一是银行的中介服务。银行在发放贷款的过程中所取得的中介费就是作为一项净产出计入GDP的。另一途径为证券市场的重复交易。股票、债券的金融产品在交易过程中往往经过多手，那么交易所就可以从中重复获取手续费。此类活动在房地产市场与金融衍生产品市场也屡见不鲜。

根据美国SNA统计大约有1/4以上的GDP都属于"虚拟经济"创造。其中外汇交易中最为脱离其实体——国际贸易。虚拟经济的繁荣只是昙花一现，背后是金融危机的酝酿。

（三）虚拟经济的"介稳性"理论

成思危提出的虚拟经济"介稳性"理论，基本含义是在极端假定情况下，虚拟经济并不生产实际产品和服务，它与实体经济的互动是其能否存在下去的前提。这种互动分为两个方面：一是货币输入，二是其与实体经济的价值交流。这个理论之所以重要，是因为它不但内含了虚拟经济与实体经济的良性互动机制，还包含了金融危机的生成条件和必然性，同时也为解释世界贸易失衡提供了新的视角。

从一般均衡与自由主义经济学的角度去分析，似乎贸易失衡主要归咎于类似我国与日本高储蓄率、资本市场不发达、汇率机制不完善的国家。但成思危的"介稳性"理论指出当一个国家经济虚拟化（对应去工业化）的时候，其经济的正常运行依赖于虚拟经济的介稳性，依赖于美国经济对外输出金融资产和服务，输入制造业产品和其他相关服务。成思危的介稳性理论指出了世界贸易失衡的原因主要来自各国经济结构的差异，在这个结构中人们需要重视工业化和去工业化或经济虚拟化之间的差异，而不是简单地用储蓄—投资关系来解释。

四、金融危机理论

（一）定义与分类

金融危机定义为全部或部分金融指标——短期利率、资产（证券、房地产）价格、商业破产数和金融机构倒闭数的急剧、短暂的和超周期的恶化①。

根据 IMF 在《世界经济展望 1998》中的分类，金融危机大致可以分为以下四大类：一是货币危机。当某一国家货币汇率可能遭到外国投机性资金攻击时，该货币可能会因此持续大幅贬值。或外汇储备大幅增加所致的利率大幅上调。二是银行业危机。银行不能如期偿付债务，或迫使政府出面提供大规模援助，以便避免大额违约事件的发生。在此过程中往往会波及系统性重要银行，从而导致整个银行体系的危机。三是外债危机。指的是一国内的支付系统严重混乱，无法按期支付所欠的外债，无论是国债还是私人债务等。四是系统性金融危机。指主要的金融领域都同期出现了严重混乱，如货币危机、银行业危机、外债危机的同期或先后爆发。

（二）理论介绍

1. 货币危机理论

（1）第一代货币危机模型。

对 20 世纪 70 年代发生的拉美危机，克鲁格曼在 1979 年提出了最早的货币危机模型。扩张性的宏观经济政策通过财政赤字增加了流通中的货币。固定汇率制下如果国家不想让本币贬值只得抛出外汇储备。减少的外储引来恐慌与外汇投机活动带来的冲击，最终致使国家放弃固定汇率制或被迫贬值。第一代货币危机模型认为内外均衡的冲突、固定汇率制下不充足的外汇储备与赤字政策是不可避免的金融危机的根源。

（2）第二代货币危机模型。

茅瑞斯·奥伯斯法尔德在 1994 年提出了最具代表性的第二代货币危机模型，该模型引入了博弈论。后又有学者应用动态博弈探讨金融危机的"多重均衡"性质。该模型指出政府在制定经济政策时具有多重目标，由此

---

① 资料来源：新帕尔格雷夫经济学大词典［M］. 北京：经济科学出版社，2018.

引出"多重均衡"。第二代货币危机弥补了第一代的不足，说明了20世纪90年代英镑危机背后的成因。

外汇市场中的央行与其他投资者都会根据自己所掌握的信息以及对方的反应来策划下一步动作。这种不断修正中的博弈会形成一种自我促进的机制，而当投资者的心理预期与市场实际情况的违背不断积累到达一定程度，维持固定汇率的成本会远高于浮动汇率的成本，此时央行会选择浮动汇率制。由此一系列的反应引致货币危机。此外也有一些学者将目光聚焦在投机行为的聚集而非经济基本面，提出了行为经济、羊群效应等。

（3）第三代货币危机模型。

第三代货币危机模型是由麦金农和克鲁格曼等于1997年下半年金融危机爆发后提出的，相比之前的两个模型更加关注政府与市场的关系。尤其认为发展中国家的货币危机成因与政府对国企和大金融机构的隐形担保逃脱不了干系。正是一些政府的过度投资产生经济泡沫在破裂时引发了金融危机。

（4）第四代货币危机模型。

第四代模型建立在前三代基础上，另外认为国内企业部门的外债率越高，经济危机出现的可能性就越大。因为企业负债多，外国投资者对其具有悲观情绪进而减少投资，企业估值下降，社会融资减少，以致经济萧条。

2. 银行业危机理论

（1）金融不稳定假说。

明斯基（1963）的金融不稳定假说将市场上的借款者分为三种：首先是套期保值投资者，其预期收入在每一个时期都大于其债务额；其次是投机者，其预期收入在借款后的前一部分时段内都小于债务本息，而在后面的时段内大于债务本息；最后是蓬齐型借款者，其预期收入在之前的每一个时期内都不足以覆盖债务本息，只有到最后的时期内才能够覆盖全部本息。在经济上行、周期开始时套期保值者居多，而经济处于下行空间时预期收入降低，借款者倾向投机，当蓬齐型借款者与日俱增，市场上期限错配与借新还旧行为大幅增加时，金融风险积聚，内在的不稳定性终究会引发经济危机。

（2）银行体系关键论。

托宾（1981）提出，在企业负债率不断飙升的情况下，银行出于控制风险的意图会减少贷款或提高利率。由于融资环境的恶化使许多企业会面临资金链上的周转难题，企业避免破产会出售资产以抵债务。但这只会引起资产价格的下降与企业困境的加剧。随着破产企业增多与资产价格下跌，金融体系的脆弱性最终被引爆演变为金融危机。而通货紧缩时，债务人所拥有的资产与资产出售后的收入都随着本币升值而贬值，悲观情绪加剧，最终更多债务人会被迫提前出售资产。

（3）"金融恐慌"理论。

随着 20 世纪 80 年代西方的银行业危机在全球蔓延，国际货币基金组织于 1980 ~ 1998 年针对银行业危机进行了一系列研究，同期萨克斯（J. Sachs）、瑞斯莱特（S. Radelet）提出"金融恐慌"理论。该理论认为银行体系的脆弱性主要源自存款者提款的不确定性与其资产相对贷款匮乏。银行利用客户的存款以短贷长来增加收入，虽然根据大数定理在一段时期内总会有存款者不提取存款，但银行不免有期限错配与流动性风险的隐患，当出现突发性事件，影响存款人的信心，容易引发挤兑从而出现银行系统的崩溃。

3. 外债危机理论

（1）欧文—费雪的债务通货紧缩理论。

欧文—费雪于 1932 年提出该理论，该理论认为企业会在经济上升期时选择过度负债，这样就导致了经济下行时，企业利润减少，无力清偿贷款。此时企业选择出售资产，但企业存款的减少与银行上调贷款利率只会带来通货紧缩，物价低迷，企业资产价格下跌，进一步恶化经营环境。随着裁员降薪，个人收入减少，经济陷入萧条。而在通货紧缩的状态中，没有人愿意增加负债，而较高的实际利率和企业不良贷款的增加使得资金盈余者同样不愿贷出。

（2）"综合性"国际债务理论。

萨特（1986）认为，随着经济发展与国际借贷业务的扩张。一些资本较为充足的发达国家就会将资本转移到资本相对匮乏的发展中国家以牟取高收入。发展中国家的外债规模因此频频飙升，一旦经济落入下行区间，发展中国家的初级产品出口收入下降，以致难以偿债，最终导致债务危机。

第二章　国家战略导向区域经济协同发展的方向选择①

本书是在区域经济协同发展视角下研究金融服务实体经济，故本章主要从区域经济的角度介绍我国区域经济发展问题及趋势、现阶段采取的区域经济协同发展战略以及世界大国的历史经验，以此为我国区域经济协同发展提供经验启示。

第一节　我国区域经济发展问题及趋势

一、我国区域经济发展问题分析

（一）我国区域经济发展差异明显

由于我国疆域辽阔，东西跨度大，从东经75°向东至东经135°，横跨五个时区②，气候特征、自然资源、历史文化等方面存在很大的差异，因此在区域经济发展方面，各地区长期以来存在较大的区域经济发展差异。党的十九大报告中明确指出，我国在贯彻新发展理念，建设现代化经济体系中要将区域协同发展战略作为一项重要战略任务，并指出，"中国特色社会主义进入新时代，我国社会主要矛盾已经转化为人民日益增长的美好生活需要和不平衡、不充分的发展之间的矛盾"。也就是说我国当前所面临的主要问题是发展的不平衡与不充分，其中之一便表现在区域发展的不平衡和不充分，这制约了我国人民美好生活水平的增长。

---

① 本章若无特别标注，数据均来自国家统计局。
② 资料来源：高中地理必修1［M］. 北京：人民教育出版社，2019.

在《2019 中国区域经济高质量发展研究报告》中，课题组将我国 31 个省区市（不含港澳台地区）根据市场机制、政府作用、科技创新、生态资源、社会和谐、全球化这六个要素建立的计量模型划分为五个区域，即经济发展高质量区、中高质量区、中质量区、中低质量区和要素缺乏质量区。高质量区包括广东、江苏、浙江、上海；中高质量区包括山东、北京、福建、天津、河南、湖北；中质量区有江西、安徽、湖南、重庆、辽宁、四川、广西、河北、海南、陕西 10 个省份；经济中低质量区包括黑龙江、山西、吉林、内蒙古、宁夏 5 个省份；要素缺乏区包括贵州、云南、甘肃、新疆、西藏、青海 6 个省份。其中高质量区均为东部地区，中高质量区与中质量区里绝大部分为东部、中部地区，仅 3 个西部省市入列。而中低质量区域要素缺乏区则是西部地区占为多数（见图 2 - 1）。

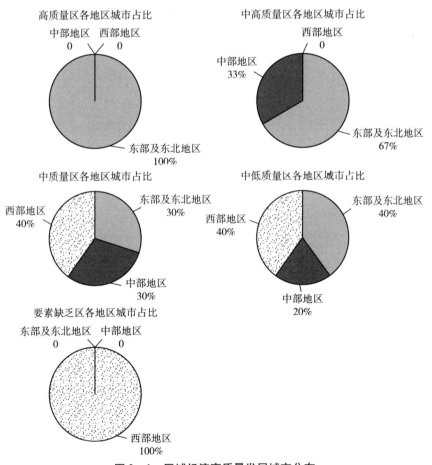

图 2 - 1　区域经济高质量发展城市分布

根据2019年各省份人均生产总值以及人均可支配收入数据可知（见表2-1），东部及东北部地区除台湾、香港、澳门以外10省市平均人均GDP为8.88万元，而中部及西部地区平均人均GDP分别是5.28万元和5.29万元，仅为东部地区的60%左右，各地区人均可支配收入存在较大差距。结合图2-1与图2-2可以明显看出我国仍存在东部与中西部区域经济发展差异较大的问题。

表2-1　　　　2019年各省份人均GDP与东、中、西部平均人均
GDP数据和人均可支配收入

东部及东北部地区	人均GDP（万元）	人均可支配收入（万元）	中部地区	人均GDP（万元）	人均可支配收入（万元）	西部地区	人均GDP（万元）	人均可支配收入（万元）
河北	4.6	2.6	山西	4.6	2.4	重庆	6.4	2.9
北京	16.4	6.8	河南	5.6	2.4	四川	5.6	2.5
天津	9.0	4.2	安徽	5.8	2.6	陕西	7.1	2.5
山东	7.1	3.2	湖北	4.6	2.8	云南	4.8	2.2
江苏	12.4	4.1	江西	5.3	2.6	贵州	4.6	2.0
上海	15.7	6.9	湖南	5.8	2.8	广西	4.3	2.3
浙江	10.8	5.0				甘肃	3.3	1.9
福建	10.7	3.6				青海	4.9	2.3
广东	9.4	3.9				宁夏	5.4	2.4
海南	5.7	2.7				西藏	4.9	2.0
辽宁	5.7	3.2				新疆	5.4	2.3
吉林	4.4	2.5				内蒙古	6.8	3.1
黑龙江	3.6	2.4						
平均人均GDP	8.88	3.9	平均人均GDP	5.28	2.6	平均人均GDP	5.29	2.4

资料来源：国家统计局。

此外，我国区域发展不平衡问题还表现在其他多个方面，如科技创新能力与发展水平、教育发展水平以及产业结构合理性等诸多领域。

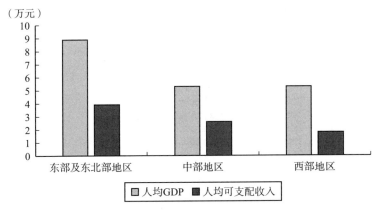

图 2-2 我国东、中、西部地区人均 GDP 和人均可支配收入对比

1. 科技创新与发展

党的十八大明确指出"科技创新是提高社会生产力和综合国力的战略支撑"。近年来，我国已进入科技创新的快车道，我国科技创新能力不断提高，取得了众多举世瞩目的科研成果，并在 2019 年，我国科创能力综合排名全球第 14 位，但在不同地区科技发展水平和创新能力还存在着极大的差距。2019 年广东、江苏、北京、浙江、上海以及山东这 6 个东部省份的研究与试验（R&D）经费均超过 1 000 亿元，其中广东以 3 098.5 亿元的研究与试验经费领跑全国。而西藏、青海和新疆的 R&D 经费仅为 4.3 亿元、20.6 亿元和 64.1 亿元，远不及东部地区，东西部科技发展水平差异过大。并且《中国区域创新能力评价报告 2019》排名显示（见图 2-3），广东区域创新能力连续三年居全国首位，北京、江苏继续保持在第 2 位和第 3 位，东部 3 省市成为我国科技创新动力引领。进入前 10 位的地区还有上海、浙江、山东、重庆、湖北、天津和安徽。仅有重庆、湖北以及安徽这 3 个中西部省市，其余均处于东部地区。同时，从全国范围来看，区域创新能力的差距不仅表现在东部与中西部地区的差距，还表现在南北地区的差距。区域创新排名前 10 的省份中，南方省份占据 7 席，在排名前 20 中占据 13 席。

2. 教育水平

当前，我国各地区之间教育水平以及教育质量存在着较大差距，东部地区的教育水平很大程度上要优于西部的教育水平，这使得社会中的人口和优质教育资源不断流向东部，最终导致西部地区学校生源不足，已有的教育资源不能得到充分利用。而东部地区在引进师资力量、扩建学校等方面存在明显的优势，从而使得教育资源分配更加不均衡，这又渐渐地拉大了东西之间教育差异。

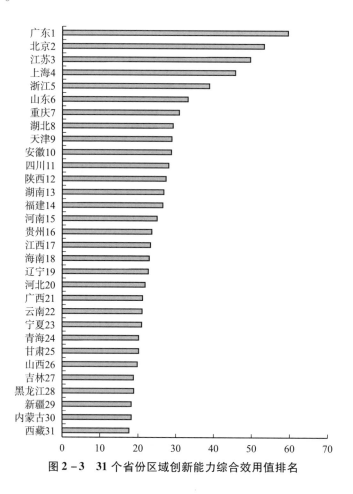

图 2 - 3　31 个省份区域创新能力综合效用值排名

第一，教育资源分配不均衡。2018 年全国一般公共预算教育经费（包括教育事业费，基建经费和教育费附加）为 31 992.73 亿元，东部地区一般公共预算教育经费共计 15 050.46 亿元，占总投入的 47%，几乎占据全国一半的比例。西部地区一般公共预算教育经费共计 8 556.86 亿元，占全国的 27%。近年来，我国东西部师资力量分配不均的问题有所改善，但仍存在着优秀的师资团队聚集在东部地区的现象，特别是在东部经济最为发达的北上广等地区云集众多优秀教师的情况并未得到有效改善。而西部地区教师投入人数不足，教育体系不够完善，缺乏对体育及美育的重视。

第二，高校建设差距大。在国家公布的 137 所首批"双一流"建设高校中，东部地区有 24 所高校入选世界一流大学建设高校名单，中部地区和西部地区各有 9 所。东部地区有 63 所高校入选世界一流学科建设高校名单，中部地区有 16 所，西部地区有 19 所。其中，北京院校上榜最多，其次是江苏和上海。而西部地区总共仅有 28 所院校上榜。整体而言，东部地区高校综合实力较强，建设水平更高。

3. 产业结构

中西部产业结构过度依赖当地资源，国家曾长期对西部地区的投入着重于资源开发，西部地区长期被当作东部地区的能源、原料供应基地。这种发展模式导致它的工业结构呈现出对资源的重度依赖，重工业占比较高。其中采掘业和原料工业所占的比重大，加工业占比小，高新技术产业也明显落后于东部地区。总体上呈现出第一产业所占比重较高，第三产业所占比重较低的现象。这种结构模式存在抵抗外部冲击能力较弱的问题，导致未来难以通过技术创新来提高技术水平，制约中西部地区发展进程，需加快产业转型的步伐。

东部地区的加工制造业和第三产业相对发达，珠三角、长三角、京津冀经济圈是我国制造业、现代服务业的主要区域。东部沿海地区注重调整产业结构，在将低端产业转移的同时，积极引入高端产业。在长江经济带和京津冀一体化发展战略的推动下，东部地区形成了较为明显的区位、交通、市场及技术等方面的优势，对资金的吸引能力进一步加强，技术密集型产业进一步向其靠拢，产业结构较为发达。

（二）我国区域经济发展不平衡的不利影响

从对债务风险角度来看，消费、投资、净出口是拉动经济的三驾马车。凯恩斯认为，随着收入的增加，消费也会增加，但消费的增加没有收入增加的多，即具有边际消费倾向递减规律，但边际储蓄倾向会随收入的增加而增加。经济发展落后地区的人民相对应的人均可支配收入必然与发达地区人均可支配收入相比低得多。2019 年我国西部地区人均可支配收入为 2.4 万元，东部地区人均可支配收入为 3.9 万元。贫富差距过大导致低收入人群边际消费倾向大，但消费基数及增长空间小。而高收入人群的边际储蓄倾向大，储蓄增加但消费增长空间减小。根据凯恩斯主义的国民收入决定理论，消费增加会引起国民经济正增长，储蓄增加会引起国民经济负增长。因此，区域经济发展不平衡不利于消费拉动经济增长。落后地区为了促进经济增长，只能更加依赖投资拉动经济，而资金又大多流向了发达地区，地方政府则需要增加举债进行融资，导致财政赤字率提高，债务风险增加。

从对国民经济的可持续发展影响来看，国家各地区经济发展差距过大，会导致优秀的资源要素向发达地区流动，特别是落后地区人口向发达地区流动，人力资源流失，资金，技术和产品也都会流向发达地区，同时一些资源又无法得到充分利用，阻碍了国民经济发展效率；经济差距过大还会导致各地区收入悬殊，社会公平原则和共同富裕目的难以实现，对于落后地区来说，难以调动人员劳动积极性，不利于激发活力；市场难以形成统一机制，加剧了全国通货膨胀率和失业率上升，阻碍社会经济发展进程和国民经济的稳定、可持续发展。

从维护社会稳定和民族团结来看，从古至今，经济发展都与社会稳定有着密不可分的联系，区域经济发展不协同影响社会和谐稳定。目前，我国东部地区和大中城市经济比较发达，西部地区、农村相对落后。由于自然、经济、战略等因素导致贫富分布两极化日益严重，长期的影响和叠加，经济发展不平衡日益加剧。这种现象长期存在，人的生存权和发展权得不到平等对待，最终会导致落后地区对这种不公平意见越来越大，社会矛盾升级，不利于社会稳定与和谐。并且，我国是一个多民族的国家，少数民族主要分布在西部及东北部地区，社会经济发展相对落后，容易激发民族矛盾，不利于各民族团结和社会稳定。

二、近期影响我国区域经济的重大事件

1. 重大突发卫生事件对我国区域经济带来的冲击

2020 年初，新冠肺炎疫情爆发。很快，武汉关闭所有离汉通道，采取"封城"措施。各地区为防止人员流动，社区采取封闭式管理，直至 5 月才陆续推动复工复产。在国内得到基本控制时，国外疫情仍然严峻，我国政府时刻保持"内防复发，外防反弹"。新冠肺炎疫情的爆发对我国区域经济造成了严重冲击。

从短期来看，全国范围的停工停产使得此次新冠疫情对我国经济的影响不仅表现在需求方面，更是影响到了供给侧。

湖北作为疫情最严重的地区，全省第一季度地区生产总值为 6 379.35 亿元，按可比价格计算，比 2019 年同期下降 39.2%。其中投资水平较同期下降了 80% 左右，全省工业增长值、进出口总额、财政支出以及社会消费品零售总额均比 2019 年同期下降一半左右。农业经济方面虽有下降，但影响稍小。截至 2020 年 10 月，湖北经济已进入全面恢复阶段，工业增长值及

进出口增长值均转负为正，固定资产投资及消费领域较上半年降幅大幅度收窄，分别收窄 24.2%、7.8%，金融市场运行平稳。① 新冠肺炎疫情虽对湖北经济带来了不小的冲击，但只是短期影响。

作为京津冀协同发展，长三角一体化发展以及粤港澳大湾区建设这三大战略的中心城市北京、上海、广州在 2020 年第一季度的地区生产总值为 7 462.2 亿元、7 856.6 亿元、5 228.8 亿元，增速 -6.6%、-6.7%、-5.1%，经济下滑，中心辐射作用减小，在一定程度上阻碍了区域经济发展战略的进程。

此次疫情对东部影响较大，西部影响相对较小，主要靠工业增长拉动经济增长的西部地区，在上半年实现了工业增速正增长，经济走势也愈加向好。而民营企业大省——浙江省由于有众多中小企业，第一季度工业累计增加值为负，全省 GDP 为 13 114 亿元，同比下降 5.6%；由于经济结构，人口分布等特点，部分中小城市在此次疫情冲击中受到相对较小的冲击，而像之前所提到的北京、上海等中心大城市，由于人口流动较大以及产业结构等原因，所遭受的影响较大。因此短期内，在一定程度内缩小了东西部以及大中小城市间的差距。

从长期来看，由于疫情对我国经济造成的影响只是短期的，即使在一定程度上改变了消费者的消费需求，但其影响对经济发展大势是微乎其微的。据统计局公布，第二季度国内生产总值同比增长 3.2%，经济走势回升，逐步克服了疫情冲击带来的不利影响，实现了经济的复苏。东部地区及中心大城市经济增长速度相对放缓的趋势逐渐改善，上半年区域生产总值排名前三的城市：广东、江苏、山东均为东部地区。可见，区域分化现象仍会进一步持续。

2. 中美贸易摩擦对我国区域经济发展的影响

自 2018 年起，特朗普政府不断对我国出口产品加征关税，并发布加征关税的商品清单，对从中国进口的约 500 亿美元商品加征 25% 的关税，其中对约 340 亿美元商品自 2018 年 7 月 6 日起实施加征关税措施，严重违反世界贸易组织规则。中国也采取相应的反制裁政策，此后，中美贸易摩擦进一步加深。中美贸易摩擦对我国最直接的冲击体现在对外贸易与高新技术产业方面。而出口企业与高新技术企业主要集中在北京以及各沿海省市，例

---

① 资料来源：湖北省统计局，http://tjj.hubei.gov.cn/tjsj/tjfx/qstjfx/202006/t20200616_2392021.shtml。

如，上海、广东、江苏、浙江，其 2019 年和 2018 年进出口增长率分别为 5.5%、0.1%、－0.2%、－0.9% 和 23.9%、5.5%、5.1%、9.5%，对比 2017 年 14.2%、9.8%、11.40%、19.10% 的进出口增速可明显看出，对外贸易增加规模有所下降。并且，2019 年我国中西部地区非公有制企业进出口增速达到 28.3% 和 22.4%，相比于东部地区 8.8% 的进出口增速，分别高出了 19.5% 和 13.6%。其中，西藏、湖南、广西和安徽位列全国增速前四，均分布在中西部地区。

此外，美国对我国高新技术产业的影响表现在对我国科技企业的制裁，如禁止中兴从美国市场进口产品，使其生产受到影响。华为也被限制进口芯片，被列入"实体清单"，致使华为收入增长放缓。还表现在对我国半导体产业和 LED 产业采取了出口限制。中兴与华为总部都位于东部沿海城市深圳，半导体、LED 企业多分布于珠三角、长三角以及北京。因此，中美贸易摩擦对我国东部地区城市经济产生影响，但笔者认为该影响是短期的，长期上我国东西部地区经济发展差距大的态势不会改变。

第二节　新时期下的我国区域经济协同发展战略

随着将海南自由贸易港建设上升为国家战略，我国在区域发展上形成了以京津冀协同发展、长江经济带发展、粤港澳大湾区建设、长三角一体化发展以及黄河流域生态保护和高质量发展等重大国家战略以及"一带一路"国家级顶层合作倡议为引领的区域协同发展新格局。战略体系日益完善，各战略之间优势互补，连南衔北、承东启西，未来将齐头并进，共同支撑国家经济发展。

一、"一带一路"建设

"一带一路"国家级顶层合作倡议（The Belt and Road，B&R）的全称为"丝绸之路经济带"和"21 世纪海上丝绸之路"，是我国古代丝绸之路在当代的体现、延续和创新。同时"一带一路"倡议又是超越古代丝绸之路的新型合作方式，它将凭借现有的、卓有成效的区域合作平台，坚定不移地走和平、发展之路，积极地与沿线各国建立多边和双边机制，促进各国之间的经济合作，共同打造命运共同体和责任共同体。

通过"一带一路"倡议，就能够分享丝绸之路沿途国家的优质产能。中国目前已经是世界经济增长的火车头，不管是在经济总量上，还是在经济增长速度上，都有着非常明显的优势，通过将自身的产能优势和技术优势，以及其他方面的优势，转化为市场与合作优势，就能够实现经济发展的全方位开放创新，通过"一带一路"倡议，就能够与沿线国家共同分享中国改革发展的红利，以及中国发展的经验，建立起一个更加平衡的全球发展伙伴关系，夯实世界经济发展的基础。

（一）"一带一路"建设特征

第一，横跨亚欧大陆，覆盖面广。"一带一路"倡议涉及东亚、西亚、南亚、中亚、独联体以及中东欧 65 个国家，拥有全球 63% 的人口，为世界各国不断输出能源资源，是必不可少的生产制造基地。并且沿线各国拥有很大的经济增长潜能，沿海国家制造业较为发达，内陆国家则自然资源丰厚，比如中蒙经济走廊所涉及国家均为资源优势型国家，各国可实现产业互补和资源共享。

第二，在国际范围展现"中国力量"。"一带一路"作为国际间的合作倡议，破除"西方经验"，是中国力量协同其他力量共同带动的。截至 2021 年 1 月 30 日，中国已经同 140 个国家和 31 个国际组织签署 205 份共建"一带一路"合作文件。在疫情期间，中欧班列稳定运行，为欧洲运输急需物品①。在 2020 年第一季度，中老铁路、匈塞铁路等大批项目均已复工复产，在此次疫情中，为相关国家给予支撑，展现了"中国力量"。

第三，"一带一路"促进文明对话。"一带一路"跨越不同文化类型的国家，通过架起一座座友谊之桥，连接亚非欧各大洲，关注安全与发展，反对保护主义。为维护和发展不同文化、不同文明之间的对话打造良好平台，推动科学、教育、人文合作，促进民间外交。同时也是中国文化对外传播，加速文化"走出去"的最佳平台。

第四，"一带一路"是一条共享之路。"共商、共建、共享"是"一带一路"的黄金法则也是建设原则，坚持共同发展，共同进步，共同繁荣。习近平总书记曾寄语："共商合作大计，共建合作平台，共享合作成果，为解决当前世界和区域经济面临的问题寻找方案，为实现联动式发展注入新能

---

① 资料来源：新华网. 中国已与 137 个国家、30 个国际组织签署 197 份"一带一路"合作文件［EB/OL］. 中国新闻网，（2019 - 11 - 15）［2021 - 02 - 01］，http：//www.chinanews.com/gn/2019/11 - 15/9008704.shtml.

量，让'一带一路'建设更好造福各国人民。"① "一带一路"不是"地缘政治工具"，更不是政治联盟，而是共同发展之路，要切切实实为沿线各国人民谋福祉，为当地社会做贡献，实现互利共赢，让"一带一路"成为共同的机遇之路和繁荣之路。

（二）"一带一路"建设面临的风险

第一，政治方面的风险，"一带一路"沿线国家共有六种政体，涉及东西方三大宗教信仰：佛教、基督教和伊斯兰教。部分地区宗教民族问题突出，国内问题严重，政局不稳定，政策易变多变，对相关经济活动构成潜在的威胁。

第二，经济方面的风险，"一带一路"沿线各国的经济发展水平以及经济发展模式都有所差异，各国 GDP 差距较大。中东欧、西亚地区经济发展水平相对较高，各国人均国内生产总值也较高，而东南亚、中亚地区人均 GDP 则较低。沿线国家有发达国家，发展中国家以及最不发达国家，其中发展中国家数量最多，经济发展水平相对落后，发展方式粗放，经济抵御外部风险冲击能力较弱，难以形成稳定的投资与商业环境。

第三，生态环境方面的风险，"一带一路"沿线地区是经过历史发展形成的人类聚集区。该地区仅占世界土地面积的 40%，人口占比却超过了70%，人口密度远超世界均值。自然水资源储备只有世界的 35.7%，但水资源开采量占比高达 66%，化肥使用率也远超世界平均水平，因此该地区面临着极为严峻的环境治理问题。同时，该区域生态环境治理也相对薄弱，绿植覆盖率不到国际均值的一半，当地的物种受威胁程度也远超世界平均水平。尽管人均生态足迹已低于世界平均水平，但也远超当地的生态承载能力。

二、京津冀协同发展战略

京津冀协同发展的核心是，北京、天津、河北作为一个整体相互协作、共同发展，竭力打造互利互惠的协同发展新格局，目的是疏解非首都核心功能，在城市空间结构、现代化交通网络体系，生态环境等方面进行调整优

---

① 资料来源：习近平：共担时代责任　共促全球发展——在世界经济论坛 2017 年年会开幕式上的主旨演讲［EB/OL］. 新华网，（2017－01－17）［2017－01－18］，http：//www. xinhuanet. com/world/2017－01/18/c_1120331545. htm.

化。三地分工协作，优化产业结构，推动区域市场一体化形成，打造现代化新型城市群，实现京津冀协同发展、创新驱动，探索适合我国的新型区域发展体制机制，是国家实现发展目标的方略需要。

（一）京津冀地区区域经济发展优势

第一，区位优势。京津冀地区位于我国华北地区，处在环渤海中心地带，接连东北、华北、西北地区。作为北方经济实力最强的地区，其优越的地理位置有利于拉动我国西部、北部、南部经济发展。同时，其区位优势也促使了该地区拥有全国最发达的交通运输网络，全国的高铁网均以北京为中心展开，北京、天津与河北各机场与陆地交通等实现衔接，在管理上不断形成统一，京津冀机场群协同高效发展，力争达到国际领先水平。港口群中有北方最大的综合性港口——天津港，2018 年货物吞吐量达 5 亿吨，居北方第一，唐山港、秦皇岛港近年来也在完善建设，货物吞吐量逐年提高，逐渐建成以天津港为核心，以河北港口为两翼的世界级港口群。

第二，资源优势。京津冀地区的资源优势主要表现在自然资源和社会资源上的优势。在自然资源上，京津冀都市圈云集了发展现代化工业所需的能源、黑色金属、有色金属、化工原料、建筑材料等矿产资源。旅游资源同样丰富，北京是历史文化古城，人文景观众多，同时北京地处华北平原与蒙古高原交界处，自然景观壮丽；天津是我国首批优秀旅游城市，有独具特色的历史与美食文化；河北是旅游资源大省，有众多世界文化遗产和国家级历史文化名城。在社会资源上，京津冀地区普通高等院校占全国高校的 10%，其中"211""985"院校占全国的 26% 左右，博士占比高达 12%，同时还有众多科研机构，例如中国科学院、社会科学院、北京航空制造工程研究所等。此外，每年国家对京津冀地区下拨的研究经费数额巨大。北京作为全国的政治、经济、文化中心，无论是在信息资源占有量还是信息资源水平上都有绝对优势，随着科技的进步，信息资源共享平台愈加完善，京津冀三地之间信息共享将会更加便捷高效。

第三，产业优势。京津冀地区是我国北方最大的产业密集区，三地企业之间拥有较低的交易成本，使得相互协作易实现双赢。三地产业层次分明，拥有具有各自特色的产业集群，为三地协同发展奠定基础。目前，北京基本建立了相对完善的产业集群，主要发展高科技产业集群、现代服务业产业集群以及现代制造业产业集群；与京冀两地相比，天津主要发展制造业产业集群。近年来，天津凭借沿海港口优势，加之国家政策的扶持，稳步推进建设了一批高水平的产业集群，涉及航天航空、新能源、生物制药、石油化工等多个领域。天津在京津冀产业协同创新发展中，可承担创新成果转化以及高端制造业发展的任务。一直以来，河北省产业发展相对滞后，第二产业占比较大，并以劳动密集型产业为主，形成了"三七三"产业格局。但 2019 年来，产业结构有所优化，第三产业占比逐年上升，并反超第二产业成为河北省的主要产业。

（二）战略挑战

第一，京津冀三地内部发展差距较大。从经济发展角度，北京、天津、河北 2019 年实现地区生产总值 35 371.3 亿元、14 104.28 亿元和 35 104.5 亿元，人均 GDP 分别达到 16.4 万元、9.03 万元以及 4.6 万元，三地相比，河北人均生产总值远不及京津两地，经济发展相对落后，形成了发达的京津与环京津的贫穷带两极分化的非均衡发展态势。从公共服务角度，京津冀三地发展条件悬殊，北京拥有大量资源，天津次之，河北最少，导致公共服务水平差距较大。《京津冀蓝皮书：京津冀发展报告（2020）》显示，北京、天津公共服务水平领跑城市群，各城市差距变异系数达到 3.41%，且近年来河北多数城市基础教育的公共服务水平呈现下降趋势。公共服务水平发展不平衡又引起优质要素向北京流动，三地差距进一步拉大，使京津冀三地协同发展陷入新的困境。

第二，中心辐射力不足。东京中心区对周边城市群的影响范围可以达到 50~80 公里，但是上海中心城区的影响能力即辐射半径仅为东京的 1/4，北京中心城区的辐射半径甚至不及上海。由于京津冀都市圈范围较大，高达 22 万平方公里，占全国面积的 2.35%，虽然北京拥有全国最发达的交通运输网络，但与国际相比，北京市郊通勤铁路仅为 290 公里[①]，三地之间交通运输基础设施建设还有待提高，所以使得北京中心辐射效力减弱，不能辐射到每一个县域城市。因此，作为京津冀协同发展的中心城市北京无论是借鉴国外成熟城市群的经验还是开辟自己的道路，都应该不断提升自身中心辐射力，带动周边城市发展，推动京津冀城市群协同发展。

第三，产业转移效率需进一步提高。如图 2-4 所示，京津冀协同发展战略的核心是疏散北京非首都职能，要在京津冀交通一体化、生态环境保

---

① 资料来源：林永然. 新时代区域协同发展与中心城市建设［J］. 江汉大学学报（社会科学版），2020（4）.

护、产业升级转移等重点领域率先取得突破，产业转移是核心。三地的产业结构有较大的差异，北京、天津是以电子通信设备、化学工业和机械设备制造业为代表的资本和技术密集型产业，产业结构主要以金融业、服务业等第三产业以及高端制造业为主，北京和天津在 2019 年和 2018 年的三大产业结构比例分别为 0.3∶16.2∶83.5 和 1.3∶35.2∶63.5 以及 0.4∶18.6∶81.0和 0.9∶40.5∶58.6。反观河北，近些年来第三产业增长幅度较大，逐渐成为主导产业，但钢铁、建材、煤炭和石油化学工业等第二产业占比仍然不小，高新技术产业、战略性新兴产业等比较滞后，产业集中度较低。2018～2019年河北三大产业比例由 10.3∶39.7∶50.0 调整为 10.0∶38.7∶51.3，第三产业仅增加 1.3%。京津在进行产业转移时，由于河北地域辽阔，市县经济发展水平不同，加之"虹吸"效应，河北大量人才、资源、文化流出，导致河北产业承接力不足，制约了产业转移效率。

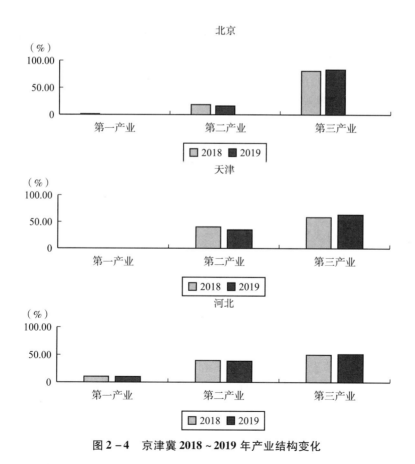

图 2－4　京津冀 2018～2019 年产业结构变化

三、长江经济带与长江三角洲区域一体化发展战略

（一）长江经济带战略

长江经济带包括上海、江苏、浙江等长江沿岸的 11 省份，涉及我国东中西部地区，面积约 205 万平方公里，占全国面积的 21%，人口以及地区 GDP 均超过全国的 40%，是我国经济发展潜力巨大，综合实力最强的地区之一。

长江经济带战略是中国新一轮改革开放转型实施新区域开放开发战略，是具有全球影响力的内河经济带、东中西互动合作的协同发展带、沿海沿江沿边全面推进的对内对外开放带，也是生态文明建设的先行示范带。

2016 年 9 月，《长江经济带发展规划纲要》颁布，确立了长江经济带"一轴、两翼、三极、多点"的发展新规划：一轴是以长江为依托，发挥上海、武汉、重庆枢纽作用。两翼是指沪瑞和沪蓉南北两大运输要道。三极是指长三角，长江中游和成渝城市圈。多点是指发挥三大城市群的关联城市的支持作用。启动该战略可以有效推动长江经济带发展，挖掘中上游光大腹地所蕴含的巨大潜力，促进经济增长。并从沿海沿江向内部进一步发展，缩小东西部差距，起到推动经济要素自由流动，使资源配置更加高效化，市场高度统一完整，促进区域经济进一步协同发展。

1. 长江经济带发展特色

一是区位优势。长江经济带地处我国中间部位，横贯东中西地区，经济辐射能力强，拥有良好自然地理基础，具有发达的交通体系网，连接东南西北各个地区，通江达海，河运能力突出。长江是我国乃至亚洲的第一长河，可承载河轮货运量比铁路大，成本低。长江沿岸共拥有 216 座城市，城市化水平较高，是我国高密度经济带。

二是资源优势。自古以来，长江流域作为我国粮食与农作物的主要产地，流域内各省份合计生产的粮棉油占全国总生产额超过 40%，聚集且丰富的农业养殖业经济奠定了长江经济带农业基础地位。与此同时，矿产资源种类丰富，储量在我国也具有优势。此外，区域内江河纵横，湖泊众多，生物多样性高，可利用的动植物资源强于其他地区。目前，长江流域拥有水生生物、内陆湿地自然保护区 119 处，其中 19 处属于国家级自然保护区。国家级水产种质资源保护区也高达 217 处，对我国生态环境意义

重大。

2. 长江经济带一体化发展面临的问题分析

由于自然环境及人文等因素导致长江经济带不同流域地区的发展水平存在很大的差距，主要表现在经济发展水平，产业结构的完备性、城市化与对外开放程度等方面，近年来各地区加强协作，其差距虽有所改善，但整体上仍存在较大差距，因此，各地区在经济发展方向、产业转型以及利益诉求等方面难以达成一致，各省市之间又在不断的相互竞争，这就为长江经济带一体化发展中带来了一些挑战。

第一，区域发展不平衡。长江经济带横跨我国东中西部，流域内部差异大、区域发展不均衡是长江经济带的重要特征。长江经济带九省两市，综合经济实力、居民生活水平存在明显的不平衡现象。从整个长江经济带范围看，下游地区，即长三角地区经济发展水平最高，中游地区次之，上游地区发展水平最低。上海市全年实现人均生产总值为 15.73 万元，而最低的贵州省仅为 4.64 万元，只有上海的 29%。

第二，城镇化水平参差不齐。《长江经济带发展规划纲要》指出要以长江三角洲城市群、长江中游城市群、成渝城市群为主体，发挥辐射带动作用，城镇化水平与城市群建设有着密切的联系。现阶段，长江流域各地区经济基础不一，城镇化与产业聚集未能实现良性联动，从而导致城市群建设步调存在较大差异，影响长江经济带一体化发展进程。

第三，产业布局不合理。长江经济带地区重化工业等基础原材料产业较为发达，在工业产值中占比较大，对生态环境带来了极大的压力，不利于长江流域地区经济可持续发展。同时，长江经济带地区产业结构相似，同质化严重。在产业经济学中，产业结构系统的相似程度一般用产业结构相似系数来衡量，相似系数介于 0 和 1 之间，越趋于 1，说明产业结构越同质化，而长江中下游地区的产业结构相似系数极为接近 1，同时上中下游地区的中心城市重庆、武汉、上海三者之间的相似系数均达到了 0.9 以上，说明长江经济带不同地区产业同质化严重。不止如此，其他地区内部产业结构也极为相似，例如长三角地区的产业结构相似系数也达到了 0.9 以上。川渝地区产业结构也明显趋同，产业大致都以电子信息业、装备制造业、能源工业和材料工业为主导。产业趋同导致恶性竞争，这不利于各地区之间的产业协作，无法形成良性的产业有机链，制约长江经济带协同发展。各地方政府应结合当地的现状，充分利用当地优势，构建适宜自身发展的产业结构，而不是单纯追求当下的收益最大化。

第四，长江资源未能得到充分合理利用。长江由于其河网密布、干流支流遍布范围广泛，水资源丰富，航运条件良好等因素，被誉为"黄金水道"，《长江经济带发展规划》中指出要以长江黄金水道为依托，促进沿岸的绿色发展。但是黄金水道的优势没有充分发挥，虽已形成了相对完备的沿线港口群和专业化运输体系，但是港口功能单一，港口运输枢纽优势没有得到体现，集疏运体系还需得到完善；部分水利枢纽规划不合理，严重影响通航效率；相关监管不到位导致船舶在航运过程中存在安全风险以及对长江流域造成生态破坏；干流航道之间没有形成高效的集合体，支流航道建设滞后，导致长江航运潜能尚能得到有效发掘。航运成本较高，信息化程度较低，政府应加大扶持，同时注重生态环境保护。

第五，区域生态环境补偿机制仍旧不够完善。目前，我国长江流域生态环境虽然有了很大的改善，但仍存在很多问题，主要表现在：长三角地区部分森林土地用于基础建设或建设公共设施、商业住宅等而导致森林覆盖率降低，土壤侵蚀情况较为严重，川渝地区的土壤侵蚀情况更是有加剧的趋势。长江经济带拥有我国四大工业基地之一的长江三角洲工业基地以及沿线众多工业城市，在其工业发展过程中重工业等高能耗、高污染产业对黄河流域的空气以及水质方面造成了十分严重的污染。此外，长江流域有众多保护区，而航运的发展在一定程度上会对自然保护区和水资源带来较大的影响，比如港口建设、建筑堤坝、船舶运行等都会对江内水质以及生物群落结构等造成不可逆的伤害。国家应继续加大生态保护力度，完善生态补偿机制，促进长江经济带绿色、协同、可持续发展。

（二）长江三角洲区域一体化发展

长江三角洲区域一体化发展简称长三角一体化发展，长三角地区涉及沪、苏、浙三省市，是我国目前经济最具活力，基础最好，最具竞争力的地区，2010 年，国务院明确对长三角地区做出发展规划，形成以上海为核心，沿沪宁和沪杭甬线、沿江、沿湾、沿海、沿宁湖杭线、沿湖、沿东陇海线、沿运河、沿温丽金衢线为发展带的"一核九带"空间格局，推动区域协同发展。2019 年发布的《长江三角洲区域一体化发展规划纲要》，将安徽省纳入其中，以上海市，江苏省、浙江省以及安徽省的 27 市作为中心辐射区，带动该区域高质量发展，以上海青浦、江苏吴江、浙江嘉善为长三角生态绿色一体化发展示范区（面积约 2 300 平方公里），示范引领长三角地区更高质量一体化发展。以上海临港等地区为中国（上海）自由贸易试验区新片区，打造与国际通行规则相衔接、更具国际市场影响力和竞争力的特殊经济功能区。

长三角区域一体化与长江经济带发展同为国家战略，两者相互促进。长江三角洲区域一体化发展战略的提出，一个重要目的就是要推动长江经济带的发展。在世界经济下行的压力下，长江经济带发展需寻求一个新的活力点，而长江下流流域的长三角地区拥有很强的经济活力，开发度高，可以通过发展长三角，来带动长江经济带地区的经济，有助于区域协同发展的深入实施。长三角区域的率先发展，为长江经济带乃至全国区域一体化发展提供了示范作用。贯彻落实长江经济带战略对长江三角洲地区的港口资源整合，发挥整体优势，实现海陆空三种运输方式统筹发展，构建综合立体交通有很大的促进作用；同时还便于长三角地区将产业向外部转移，调整优化产业结构，加快产业转型升级；各城市之间相互合作，合理分工，城市群建设效率提高，长江三角洲区域一体化战略实施加快；还有利于深化长三角对外开放；对长三角绿色发展提供了新的思路和途径。

四、粤港澳大湾区建设

粤港澳大湾区（Guangdong – HongKong – MacaoGreaterBayArea，GBA）由香港、澳门两个特别行政区和广东省广州、深圳、珠海、佛山、惠州、东莞、中山、江门、肇庆九个珠三角城市组成，是中国开放程度最高、经济活力最强的区域之一。2017年3月国务院首次明确提出粤港澳大湾区城市群发展规划。

建设粤港澳大湾区，是国家区域协同发展战略的一个重要举措，以香港、澳门、广州、深圳四大中心城市作为区域发展的核心引擎，带动周边城市的经济发展，即中心城市带动城市群，再以城市群的发展带动区域经济的发展。是建设"一带一路"的重要支撑，在"一带一路"倡议中具有重要的战略地位，二者相辅相成，相互促进。同时也是"一国两制"方针的新实践，促进内地与港澳两地深入合作。由于其"一国两制""三个关税区"的特点使得大湾区具有区域性创新市场的结构升级路径探索以及国际创新市场一体化的区域性探索这两个独特的意义。

（一）发展优势

作为中国的顶层设计之一，粤港澳大湾区是中国深化对外开放、实现经济高质量发展的战略安排在金融、制度等方面具有较好的发展优势。

第一，制度优势。粤港澳大湾区是整个中国最开放的地区，走在改革开放的最前沿，先后设立有深圳、珠海特区、广东省珠江三角洲金融试验区、前海深港合作区、横琴粤港澳深度合作示范区等改革试验区，其中广东九市是社会主义市场经济，香港和澳门都是高度自由和高度开放的自由港式的资本主义市场经济。粤港澳大湾区最大的特点是"一国两制"，多元的制度形式为大湾区带来了更多的活力，不同制度地区互补、互鉴、互促，资源共享、创造更多的发展空间。

第二，金融优势。首先，粤港澳大湾区四大中心城市之一的香港，与纽约、伦敦同为世界公认三大金融中心，是全球经济自由度最高的地方，同时还是离岸人民币结算中心，成为全球离岸人民币业务中心枢纽，拥有全球最大的离岸人民币资金池，完全可以给粤港澳大湾区提供强有力的投融资渠道和经济支持；其次，广州和深圳这两大区域金融中心，分别位列我国区域金融中心的第四位与第三位，广州建成了股权、金融资产、碳排放权、商品清算、航运五大区域金融交易平台，而深圳跻身世界金融中心前十，据《2020 年中国金融科技头部企业调研分析报告》显示，深圳金融科技独角兽企业数全国占比 22%，与香港一同优势互补，为粤港澳大湾区提供源源不断的金融和技术支持。

第三，其他优势。从地理位置来看，粤港澳大湾区所处区位具有明显优势，背靠中国内地，处大陆与南海的交汇处，据守南海交通要道，濒临海峡西岸经济区与北部湾经济区，同时又与香港、澳门相接，是我国经济最具活力，开放程度最高的地区。从货物运输能力来看，粤港澳大湾区拥有世界量级第一的港口群，共有六大亿级港口，其中全球吞吐量排名前十的港口，粤港澳大湾区就占了三位，分别是排名第四的深圳港、排名第五的广州港和排名第八的维多利亚港，2018 年全区货物吞吐量达到 17.26 亿吨，集装箱货物吞吐量 7 451 万 TEU。区内有 5 座机场，货邮吞吐量近 800 万吨①。并且，粤港澳大湾区拥有全国最密的高速公路网，港珠澳大桥、虎门二桥的建成通车，以及深中通道的落地实施，都为粤港澳大湾区实现交通基础设施的互联互通奠定基础。因此，粤港澳大湾区已具备建设成国际一流湾区的基础运输条件。

---

① 资料来源：粤港澳大湾区：打造国际一流湾区和世界级城市群［EB/OL］. 新浪财经，
［2017 - 06 - 20］，http：//finance. sina. com. cn/dav/zl/2017 - 06 - 20/doc - ifyhfnrf9366936. shtml.

（二）战略所面临的挑战

1. 制度差异：既是优势也是挑战

粤港澳大湾区涉及两种制度、三个关税区，是一个特殊的跨地区经济合作湾区，有别于纽约湾区、旧金山湾区以及东京湾区等国际湾区，"一国两制"是其独特的制度环境。

由于历史等因素，香港和澳门是我国的两个特别行政区，在政治制度上实行的是资本主义制度，制度安排与内地有很大的差异，其对外开放程度更高，受海外势力干涉的风险较高，可能会给区域协同发展带来负面影响。粤港澳三地因政治、经济制度不同，各项政策安排存在差异，可能会影响决策效率和合作进程，经济纠纷和贸易争端解决的成本较高。三地分别采用不同的货币，税收制度、财政管理体制等均有不同，不利于经济要素在各地之间自由流动，以及三地之间协同发展。

无论是从交易成本角度还是市场分析角度来看，这些制度差异都不利于区域经济的协同发展。

2. 2019 年以来香港局势制约战略发展

粤港澳大湾区涉及香港、澳门和广东地区，需三地之间加强合作与融合，2019 年 9 月 8 日，香港特区政府财政司司长陈茂波表示，受当前时势影响，8 月赴港旅客同比减少近四成，部分区域的酒店入住率远低于上年同期水平，酒店房价大肆下跌。根据香港特区政府公布的统计数据显示，排除物价波动等因素，7 月份香港零售业销货数量同比下降 13 个点，香港的经济正在受到方方面面冲击。作为粤港澳大湾区的核心动力，香港在人才引进，金融服务方面都有着推动的作用，但在此困局下，使得大湾区纲要的推动和落实处于停顿状态。这就对粤港澳大湾区战略的建设提出了新的挑战，应采取有效措施，寻求解决香港问题的出路。

五、黄河流域生态保护和高质量发展

2019 年 9 月，习近平总书记在郑州发表讲话，将黄河流域生态保护和高质量发展上升为国家战略，黄河流域是我国重要的生态屏障和重要的经济地带，是打赢脱贫攻坚战的重要区域，通过对黄河流域的生态保护，实现其经济的高质量发展。黄河流域涉及河南、四川、山西、陕西、甘肃、宁夏及中西部等地区，生态资源相对丰富，工业化进程仍在继续，具备一定的后发优势。该战略的提出，为黄河流域的经济转型提供了前瞻性的顶层设计，为北方地区向西部开放和发展描绘出了发展路线。

黄河流域从西到东横跨九个省份，相对于全国来说，经济社会发展整体相对落后，经济发展水平呈现出东部较高而西部相对较低的局面，差距较大，整体经济缺乏活力。产业结构中第一产业和第二产业占比高于全国水平，拥有我国三大主要农业生产基地，第二产业中初级加工业占比较高，矿产资源丰富，分布集中，在全国已探明的 45 种主要矿产中，黄河流域有 37 种，能矿资源采掘业产业特色明显；第三产业占比较低，且低于全国平均水平。

黄河流域是我国的重要生态屏障，由于粗犷的开发和加工方式，导致黄河流域生态环境脆弱，上流领域水源涵养能力不断减弱，草场退化，部分地区出现明显的水蚀、风蚀等荒漠化现象，水土流失加剧，工业生产造成水体污染；下游湿地规模减小，各流域生产生活低效、无序、过度用水，加上环境污染、气候变化等因素使得黄河断流现象不断出现。当前阶段黄河由于已不适宜进行大规模人类活动，产业空间布局非均衡现象较为突出，不能继续依赖自然资源发展经济，要加快黄河流域产业转型升级，创新产业模式，推动黄河流域经济高质量发展。

六、推进海南全面深化改革

2019 年 12 月，《中共中央国务院关于营造更好发展环境支持民营企业改革发展的意见》正式颁布，提出推进海南全面深化改革为我国的又一国家区域经济发展战略。习近平表示："海南要坚持开放为先，实行更加积极主动的开放战略，加快建立开放型经济新体制，推动形成全面开放新格局。"建立最高形态的开放机制，其中一个重要举措就是建设海南自由贸易试验区（简称"海南自贸区"或"海南自贸港"）。它是海南全面深化改革的试验区，是党中央、国务院着眼于国际国内发展大局，深入研究、统筹考虑、科学谋划做出的重大决策，是彰显我国扩大对外开放、积极推动经济全球化决心的战略体现。

（一）推进海南全面深化改革的机遇

从地理位置看，海南与东南亚国家隔海相望，同时处在马六甲海峡通往日本的航线上，是该国际航线的运输枢纽之一。古往今来，海南都是海上丝绸之路的必经之地，现今更是我国"一带一路"倡议的重要支撑点。正因为其优越的地理条件，使得海南在高水平开发上具有得天独厚的优势，有利于海洋经济和邮轮游艇产业的发展，打造面向世界的自由港和旅游目的地。

海南属于亚热带气候，海岸线长，风景秀丽，四季无冬，阳光充沛，空气清新，水质纯净，森林覆盖率达 60.2%[①]。如今，人们对投资环境的选择，除了基础设施之外，生态环境已日渐成为一个重要的考虑因素。海南良好的生态环境有利于集聚各种社会资源，推动技术创新、经济发展，这是海南发展的最大优势。

旅游业无疑是海南的优势产业。它拥有中国一流的世界级热带海岛、海滩与海洋旅游资源；拥有中国最佳的空气和阳光以及良好的生态环境；拥有隔海而居的、中外国际旅游者可以自由徜徉的地理环境。近年来，海南旅游人数迅速增长，旅游业发展迅猛，2018 年，海南旅游人数同比增长近 45%，但是海南旅游产业发展仍不充分，在建设自贸港背景下，可明确海南岛旅游业发展的重点方向，加快营造一流的营商环境，推动海南发展成为国际旅游消费中心。

（二）建立自贸港存在的问题

作为当今世界最高水平的开放形态，自由贸易港的建设对所在地区的经济社会发展水平、政府管理能力、金融开放程度、监管模式、人才创新等方面都有很高的要求。

第一，制度体系需得到完善。自由贸易港最主要的特点就是其采取不同的税收政策，而我国目前还没有完备的自贸港税收制度，相关经验不足，还需要进一步完善。当然，自贸港不仅仅在税收制度上不同，它还需要与之相配套的政策制度。要坚持按照党中央领导的部署，结合我国现阶段经济发展的状况，特别要结合海南的产业特色，制定适宜本国发展的市场准入制度、监管制度以及完善相关法律体系等，建立中国特色自由贸易港。

第二，金融开放程度不足。海南金融发展相比香港等其他自由港来说仍有很多不足，金融机构数量较少，金融市场不够开放，离岸金融和离岸贸易的发展受到了严重约束，资金流动不自由，资本项目可兑换水平需进一步提

[①] 资料来源：海南的生态环境和人文环境［EB/OL］. 登特尼，（2020 - 04 - 21）［2021 - 05 - 07］，http：//www. tannet - group. com/Group/455/14696/20180907032845.

高，对海外优质金融资源吸引力不足。需要寻求适合海南金融发展的制度体系以及监管模式，确保金融能够更好地服务实体经济。

第三，产业基础比较薄弱。海南的产业结构中农业占比偏大，第二产业素质偏低，第三产业具有资源优势，但不具有突出竞争力，属于资源依赖性产业，实体经济发展缓慢，根基薄弱。要加快构建现代产业体系，大力发展旅游业、现代服务业和高新技术产业，不断夯实实体经济基础，增强产业竞争力。

第四，人才匮乏。人力资源是自由贸易港建设的必要条件，世界三大成功的自由贸易港——新加坡、中国香港和迪拜，均拥有许多优质高校。此外，荷兰的鹿特丹港以及韩国的釜山港等众多世界自由贸易港均具有较高的科研教育水平，培育出大量的高素质人才。而海南当地共有普通高等学校20多所，但高水平的科研院校匮乏，优质教育资源紧缺，又不具备吸引高素质人才的能力，导致海南人才短缺，特别是旅游服务、海港科学、国际贸易等方面人才的短缺。

第五，配套设施还需进一步提高。建设自贸港必然对货物运输能力有很高的要求，世界三大自由贸易港中的新加坡港和中国香港的集装箱港口中转量排名分别为世界第一和第二，与之相比，海南港口规模较小，对标自贸港建设要求存在很大差距。海南目前已形成以海口港为全国性主要港口，洋浦港、八所港、三亚港和清澜港为地区性重要港口的分层次布局和"四方五港多港点"的发展格局。从 2019 年数据看，海南省货物、集装箱吞吐量均未进入全国前十，港口建设与物流运输能力还需进一步提升。相应的，道路交通、机场航运等基础设施建设还需得到加强。

第三节　战略成果及最近进展

一、成效显著

（一）"一带一路"倡议所取成效

"一带一路"倡议自 2013 年在习近平出访哈萨克斯坦和印度尼西亚时提出之后，已经历了七年的发展。在党中央、国务院的坚强领导下，各国凝聚思想共识，共谋合作发展之路，"一带一路"建设稳步推进，并取得了显著成效。

1. 基础设施建设日趋完备

基础设施建设是方便"一带一路"沿线各国合作交流的基础平台，是"一带一路"倡议建设的核心内容之一，也是"一带一路"建设的最佳切入点。我国目前基础设施建设的技术手段有显著进步，部分工程建设水平居世界前列。2020年1～5月，对外承包工程新签合同额在5 000万美元以上的项目319个，较上年同期增加32个，合计705.7亿美元，占新签合同总额的82.3%。在"六廊六路多国多港"建设框架思路下，新亚欧大陆桥经济走廊的中国西部—哈萨克斯坦—俄罗斯—西欧国际公路基本建成；中蒙俄经济走廊的中俄同江—下列宁斯阔耶界河铁路桥中方侧工程和中蒙俄跨境陆缆系统已完工；中国—中亚—西亚经济走廊中中国与其他各国相继签署众多基建合作协议；中国—中南半岛经济走廊的昆曼公路全线贯通，中老铁路、中泰铁路等项目稳步推进；中巴经济走廊各项重点项目开工；孟中印缅经济走廊在签署建设框架协议及合作项目中都取得重大进展。铁路、公路、港口、航空、能源、通信合作密切，各项目稳步推进，特别是中欧班列成绩喜人，最新数据显示，中欧班列运行路线达65条，已经联通了亚欧大陆16个国家的108个城市，累计开行近2万列。[①]

2. 贸易发展迅速

《中国"一带一路"贸易投资发展报告2020》指出，2020年上半年，中国与"一带一路"相关国家的经贸合作仍取得了骄人的成绩。越来越多的国家和国际组织加入共商共建共享朋友圈，截至2020年5月，中国政府已先后与138个国家、30个国际组织签署200份共建"一带一路"合作文件。贸易往来持续增长。2013～2019年，中国与"一带一路"沿线国家货物贸易进出口总额从1.04万亿美元增至1.34万亿美元。2019年，中国与138个签署"一带一路"合作文件的国家货物贸易总额达1.90万亿美元，占中国货物贸易总额的41.5%，其中，出口9 837.6亿美元，进口9 173.9亿美元。与"一带一路"沿线国家服务进出口总额1 178.8亿美元，其中出口380.6亿美元，进口798.2亿美元。在全球经济下行压力下，中国对"一带一路"沿线国家进出口总额增长率虽有所回落，但自2017年以来增速均

---

①　资料来源：中欧班列运行线路已达65条［EB/OL］. 新华通讯社，（2018 - 10 - 16）［2021 - 05 - 07］，https：//baijiahao. baidu. com/s? id = 1614480437617725069&wfr = spider&for = pc.

保持在 10% 以上，态势良好。

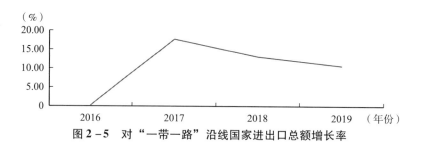

图 2-5 对"一带一路"沿线国家进出口总额增长率

3. 金融合作深化

资金融通是"一带一路"建设必不可少的部分，需要通过加强金融合作来建立良好的资金融通机制。2018 年 7 月，中欧共同投资基金正式运作；中国人民银行与多家多边开发机构开展联合融资，截至 2018 年底已累计投资 100 多个项目，覆盖 70 多个国家和地区。2017 年中国—中东欧银联体成立，2018 年中国—阿拉伯国家银行联合体、中非金融合作银行联合体成立。中国出口信用保险公司累计支持对沿线国家的出口和投资超过 6 000 亿美元。人民币跨境支付系统（CLPS）业务范围已覆盖近 40 个沿线国家和地区。2019 年 5 月 10 日，亚洲金融合作协会"一带一路"金融合作委员会在北京正式成立，旨在更好地推动"一带一路"区域的各金融行业、领域开展经验、信息共享，搭建业务交流合作的国际平台等。这些举措深化了多边金融、金融机构合作，加强了金融互联互通。

4. 农业合作成效显著

"一带一路"倡议提出以来，农业国际合作取得明显成效。2018 年，我国与"一带一路"农业合作参与国的农产品贸易成交额达到 770 亿美元。截至 2019 年 3 月，共有 80 余个国家与中国签署了"一带一路"农（渔）业领域合作文件①，同时签署《关于合作编制柬埔寨现代农业发展规划的谅解备忘录》《中国东北地区和俄罗斯远东及贝加尔地区农业发展规划》等多个中长期农业发展合作规划，这些都为推进"一带一路"农业合作奠定了坚实基础。中国与各沿线参与国达成 650 多项农业投资合作项目，投资总额

---

① 资料来源：去年我国与"一带一路"参与国农产品贸易总额超 770 亿美元［EB/OL］. 新华通讯社，（2019－07－19）［2021－05－07］，https：//baijiahao. baidu. com/s？ id＝1639484515491015452&wfr＝spider&for＝pc.

近 100 亿美元，较五年前涨幅达到 70%①。还为落后国家带来专业技能培训，与境外国家农业合作已从原先的初级农作物种植发展为多层次多环节加工业，拉动当地相关产业发展，促进落后地区就业水平的提高，改善生活水平，拉近与当地的民心距离。

（二）京津冀协同发展战略成效

2014 年 2 月 26 日，京津冀协同发展上升为国家战略。此后，京津冀一体化发展得到加速落实，三地深入贯彻《京津冀协同发展规划纲要》，紧密合作，取得了积极成效。

1. 交通一体化水平显著提高

京津冀交通一体化的建设是推动京津冀均衡发展的基础，通过交通的先导性作用，统筹考虑，通盘规划，整体推进交通、产业、城建等各个领域之间的协同，把京津冀导入协同、健康发展的轨道。2018 年《京津冀交通一体化暨雄安新区综合交通运输体系建设三年行动计划（2018 – 2020 年）》（以下简称《三年行动计划》）正式印发，三地紧紧围绕《三年行动计划》，相互合作，共同努力，在交通一体化上取得了斐然的成绩。京秦高速公路、津石高速、京沈高铁正加速建设；张大铁路、京雄城际铁路北京西站至大兴机场段已开通运营；天津北方国际航运核心区项目有序开展；北京市郊铁路和运营方式公交化进程加快；北京至雄安新区复兴号动车组建成通车；京津冀交通一卡通互联互通卡在 2020 年已覆盖全国 275 个地级以上城市。2019 年 9 月 5 日，北京大兴国际机场正式通航，它不仅是北京的机场，更是雄安新区的"空中门户"和京津冀地区的重要枢纽。相应的配套交通建设也已完成，形成大兴机场线、京雄城际铁路、京开高速、京台高速、大型国际机场高速以及大兴国际机场北线高速、廊涿城际铁路这"五纵五横"京津冀交通一体化主框架。

2. 非首都功能疏解取得实效

自 2012 年建设北京城市副中心提出以来，各部门协作部署，完成对相关城市设计和通州区总体规划制定，位于通州区的北京城市副中心行政办公区于 2018 年正式启用。截至 2018 年，共有 2 648 家一般制造业企业得到疏解，581 家台账内市场、106 个物流中心得到疏解提升。北京市累计调整疏

---

① 资料来源："一带一路"农业投资合作项目已超 650 个［EB/OL］. 央视网，（2019 – 07 – 19）［2019 – 07 – 24］，http：//fec. mofcom. gov. cn/article/fwydyl/zgzx/201907/20190702884003. shtml.

解商品交易市场 433 家、疏解物流中心 71 个，调整退出高投入、高消耗、高污染、低水平、低效益企业 1 835 家。不予办理新设立或变更登记业务累计达 2.16 万件，批发零售等限制类行业新设市场主体数量下降明显。为北京优质产业发展提供空间，为首都功能提升奠定基础。此外，北京公共服务资源不断向外辐射；北京高校教育资源河北外迁进程加快。医疗资源通过探索新型医联体模式，整合京津冀三地资源，达到了实现就医便捷的目的。

3. 产业转移特别是科技成果转化能力大幅提升

2015～2018 年北京市到津、冀投资的认缴出资额累计超过 7 000 亿元，2015～2019 年第一季度天津从北京和河北两地共引进七万多家企业，利用两地内资 6 400 多亿元，占天津实际利用内资的 40% 以上。2018 年，京企在天津投资达 443.06 亿元，内资项目资金占比达到了历史最高位。河北省引进京企 170 家，占京企外迁总数的 1/5 左右。① 目前，京津冀三地之间个别产业承接已产生规模效应。例如，河北新发地农副产品物流园在 2018 年的成交量有 800 多万吨，交易额 410 亿元，共有六千多户商家，高达两万多名人员从北京迁至河北新发地。并且科技成果在河北的转移转化成效明显：在协同创新体制机制方面，在科学技术部主导下，建立了京津冀协同创新"1+3"联动工作机制和京津冀三地科技部门定期会晤机制。深入贯彻落实"河北·京南科技成果转移转化示范区"建设，不断推进京津冀科技成果转移转化，提升河北承接力。自战略提出以来，河北与北京、天津在创新协同方面不断深入合作，这使河北省科技成果转化能力有了很大的进步。据统计，"十三五"以来河北省累计吸纳北京技术合同成交额达到 660.9 亿元，其中 2019 年吸纳北京技术合同成交额 214 亿元。

（三）长江经济带战略成效

2014 年 12 月中央经济工作会议中指出，面对经济下行压力大，结构调整受阻等经济新常态，要重点实施"一带一路"倡议、京津冀协同发展战略以及长江经济带三大战略，这是长江经济带首次成为国家重点战略。至此，经历了五年多的发展，取得了初步成效。

1. 绿色生态廊道建设加快

为了解决长江经济带生态环境所面临的问题，拟定了相应的生态环境保

---

① 资料来源：四年来北京到津冀投资的认缴出资额累计超 7 000 亿元［EB/OL］. 中国新闻网，（2019 - 01 - 18）［2021 - 05 - 07］，https：//baijiahao. baidu. com/s？ id = 1622994608658031955&wfr = spider&for = pc.

护准则，建立完善的长效监管机制，不断巩固先前取得的成效，对于非法码头、非法采砂等行为予以治理，长江经济带的生态环境得到了初步保护。针对长江经济带化工污染问题，采取了调查摸底、专项治理、完备的监管机制等方法。重点针对化工污染问题，启动入河口排污检查，饮用水水源安全检查，为长江沿岸居民的饮用水安全提供保障。组织沿江省市，完成水资源开发与利用、提高用水效率、制定水功能区限制三条红线。注重推进水环境治理，水生态修复、水资源保护等工程的实施。例如天然林保护，防护林种植、退耕还草、湿地保护等。据交通运输部的批示，截至 2020 年 7 月，13 省份已完成船舶改造 21 900 艘，10 个省份出台了相关污水设施改造补贴政策。据统计，到 2019 年底，163 个生态环境突出问题中有 115 个问题得到了解决；沿经济带各市累计搬运、整改、关闭化工企业 958 家。

2. 综合立体交通走廊建设成果丰硕

长江南京以下 12.5 米深水航道一期、二期工程，长江下流东北水道航道和安庆河段航道二期整治工程均已顺利竣工；长江干线武汉至安庆段 6 米水深航道整治工程项目稳步推进；长江口南槽航道治理一期工程整体交工运行；引江济淮航运工程顺利开展，安徽段已开工 67 个项目；这些项目建设、运行对打造长江全流域黄金水道具有十分重大的意义。沿江高速铁路、衢（州）丽（江）铁路开工建设，与沪昆（高速）铁路形成普通（高速）铁路网。沪蓉高速红安联络线开始招标，杭瑞高速全线通车，与沪渝、沪昆、沪蓉高速公路为骨架的国家高速公路网成为覆盖所有县城的普通国道网。

在长江经济带搭建交通运输带可以明显提高各方的运输服务能力和效率。智能化、绿色发展为长江经济带的发展注入了新的活力，也为长江经济带的可持续发展提供了有力保障。

二、我国区域协同发展战略最新进展

随着经济发展，我国经济出现新常态，国家出于多方面考量，为我国寻求新的开放平台和创新性发展模式，推动全球化进程，先后又提出了推动海南全面深化改革开放、粤港澳大湾区等新的区域协同发展战略，为推动我国区域协同发展做出全面布局，但这些战略提出时间较短，还需加快推进。

（一）粤港澳大湾区建设进展

自粤港澳大湾区提出以来，国家和各地区采取各项举措支持粤港澳大湾区发展。

1. 基础设施建设支撑粤港澳大湾区发展

2018 年 4 月 13 日，广东省发改委启动《粤港澳大湾区城际铁路建设规划（2020－2030 年）》编制工作，未来粤港澳大湾区有望建成"一小时城轨交通圈"。2020 年 7 月规划得到发改委批复，近期规划建设 13 个城际铁路和 5 个枢纽工程项目，总里程约 775 公里，总投资 7 471 亿元，其中深惠城际前海保税区至惠城南段、深圳机场至大亚湾城际深圳机场至坪山段、广清城际广州北至广州段、莞惠城际小金口至惠州北段、穗莞深城际南延线、广州至新塘五六线、广州至广州南联络线以及广州东站改造工程将于 2022 年以前启动建设，中南虎城际中山至塘厦段、塘厦至龙岗城际、常平至龙华城际南沙至珠海城际、佛山经广州至东莞城际、广州东至花都天贵城际、芳村至白云机场城际、广州至广州东三四线以及广州站改造工程待建设条件落实后将有序推进，形成主轴强化、区域覆盖、枢纽衔接的城际铁路网络。

2. 金融支撑粤港澳大湾区发展

2019 年 5 月 14 日，中国人民银行、中国银行保险监督管理委员会、中国证券监督管理委员会、国家外汇管理局四部门联合发布《关于金融支持粤港澳大湾区建设的意见》。《意见》按照四大原则从五大方面提出 26 条举措，有利于进一步推进金融开放创新，深化内地与港澳金融合作，提升粤港澳大湾区在国家经济发展和对外开放中的支持引领作用，为建设富有活力和国际竞争力的一流湾区和世界级城市群提供有力的金融支撑。后于 7 月 31 日，广东省地方金融监管局联合有关部门印发了《关于贯彻落实金融支持粤港澳大湾区建设意见的实施方案》，主要针对促进粤港澳大湾区跨境贸易和投融资便利化、扩大金融业对外开放、促进金融市场和金融基础设施互联互通、提升粤港澳大湾区金融服务创新水平和切实防范跨境金融风险这五大方面提出 80 条举措支持粤港澳大湾区发展。

3. 其他支撑粤港澳大湾区发展举措

2020 年 9 月 11 日，广东国际旅游产业博览会成功举办，这次大会提出以下指导意见。粤港澳大湾区的各个城市签署《粤港澳大湾区"9＋2"城市旅游市场联合监管协议书》并正式成立启动，致力于打造世界级湾区旅游区。9 月 10 日，广州市南沙区设立的粤港澳大湾区暨"一带一路"法律服务集聚区正式启动。南沙区将集中资源，融合诉讼、仲裁、公证、司法鉴定等法律服务资源，进一步向港澳的规则看齐，打造一体式涉外法律服务平台，走在粤港澳法律服务业创新的最前线。7 月 22 日，广东省商务厅印发

《广东省境外经贸合作区扶持政策》，颁布数项扶持政策。其中涉及粤港澳共同推进合作区建设，支持粤港澳企业联合新建和升级合作区，为企业间加强合作提供了纽带作用，以创立合作区为载体推进国际产能与装备指导合作。

（二）推动海南全面深化改革

1. 建设海南自贸港

建设海南自贸港，要将制度集成创新放在突出位置，全省各单位积极推进。自 2019 年以来，省委深改办分八批共颁布了 85 项制度创新案例，涉及商事制度改革、人才培养、投资服务等诸多领域。2020 年 9 月 3 日，发布了第八批共 8 项制度创新案例，分别在国际投资、国土空间用途审批、船舶证书、跨境金融服务、无线审批、临床真实世界数据药品和医疗器械注册应用、社会管理以及检察官办案机制八方面提出新的制度形式，提高办事效率，改善营商环境，为海南自贸港建设奠定了基础，提供了良好的开端。

人才匮乏是制约海南自贸港建设的原因之一，自 2018 年党中央决定支持海南全岛建设自由贸易试验区以来，全省各级人才部门认真贯彻落实人才引进政策，截至 2020 年 7 月底，全省共引进人才 11.5641 万人，同口径增长 398.5%。并于 2019 年 8 月，中央组织部等 7 各部门印发《关于支持海南开展人才发展体制机制创新的实施方案》，完善海南人才发展体制机制，从多方面保障人才引进工作开展。9 月通过《关于开展海南自由贸易港国际人才服务管理改革试点工作的实施方案》，是我国首个国际人才服务管理改革试点方案，对国际人才的引进使用以及培养评价激励机制进行创新完善。

2020 年 6 月 1 日，国务院下发了《海南自由贸易港建设总体方案》，为海南接下来的发展方向奠定方向。将旅游业，现代服务业和高新技术产业列为支柱产业；建设国际化购物消费中心，开展免税消费；推动当地旅游与文体医疗等项目的深度融合；建立三亚国际邮轮港湾，通过金融政策吸引国际公司设立区域总部；发展港口经济；建设国际设计岛，理工农医类教育创新岛；并大肆引入发展高新技术，例如，物联网技术，人工智能化，区块链技术，数字货币等信息产业链，以及新能源，自动驾驶技术等；依托地理位置优势打造文昌国际航天城，三亚深海科技城，大力发展深海深空产业；因地制宜发展生态环保，生物制药；基于国家南繁科研育种基地，建设全球性热带农业中心，建设智慧海南。

2. 积极开展国家生态文明试验区和国际旅游消费区

2018 年 4 月 13 日，习近平宣布："党中央决定，支持海南建设国家生态文明试验区，鼓励海南省走出一条人与自然和谐发展的路子，为全国生态文明建设探索经验。"此后，保护生态成为海南发展的重要任务，坚持绿色发展理念，开始对生态环境进行专项治理，着力破解现存生态环境问题；推进"多规合一"改革，明确环境治理底线：实施最严格的围填海管控和岸线开发管控，保护海洋生态等，海南通过严管严控守好生态"家底"，确保经济发展的过程中环境质量更优。

2020年6月29日，《关于开展海南离岛旅客免税购物政策的公告》颁布，针对免税额度、品种、次数多方面进行重新调整，放宽购买限制。通过释放免税政策红利，打造国际旅游消费中心。从新政实施以来，7月三亚全市景区入园人数达110万，自7月1日起，仅仅不到两个月，海南4家离岛免税店销售额突破59亿元，同比增长2.5倍，日均销售额超1亿元。

第四节　国际视角的国家战略导向区域协同发展战略启示

一、美国协同区域发展的历史经验

19世纪末，美国的国内生产总值超过英国，成为世界第一大经济体，并在20世纪，凭借两次世界大战使得美国经济高速增长，成为当今最发达的经济体。但是美国也曾面临区域发展不平衡的问题，在19世纪末，作为资本主义大国的美国充分抓住了第二次工业革命的契机，在全国范围内推动工业化进程。美国东部及北部由于是资本主义的发源地，气候较寒冷，不利于农业耕作和作物生长，但是水、煤、木材等自然资源较为丰富，而且该区域紧邻大西洋，在大西洋航运和贸易中居有利地位，使得东北部经济迅速发展；南部虽然资源丰富，但主要是以农业为主，工业发展缓慢；西部地域辽阔，人烟稀少，到处是荒野高山，交通十分不便，经济很不发达，产业结构非常单一，主要是农业和初加工业。为了改变这一情况，美国政府颁布了《土地法》《宅地法》《鼓励西部草原植树法》《沙漠土地法》和《太平洋铁路法》等鼓励"西进"，但未能实现有效的改善。因此，到20世纪30年代，在经济大萧条的背景下，美国地区差异系数达到了41%，处于区域经济极其不平衡时期，为了改变当时状况，美国政府开始以凯恩斯主义为指导，着手解决区域经济发展不协同问题，逐步重视对西部、南部等落后地区的开发。美国政府采取了比较有代表性的措施：

第一，政府运用财政手段，推动落后地区发展。为寻求新的经济增长点，美国政府开始采取财政手段，推动区域间的协同发展。主要表现在：一是在不同经济发展量的地区采取差别税收政策。从 20 世纪 30 年代开始，联邦政府对北部发达地区多征税，对西部与南部的落后地区少征税甚至不征所得税，同时消费税也有所降低，为西部与南部地区提供了良好的投资环境，也拉动了消费。二是实行合理的转移支付措施。在北部地区采取差别税收政策所多征的税收转移支付给了落后地区，同时政府主要采用专项补助，给予了大量的财政补贴，以拉动落后地区的发展。另外，美国采用分类拨款进行转移支付，大大提高了转移支付的效率。三是增加对落后地区的政府支出。政府开发了田纳西河流域工程、阿巴拉契亚区域开发工程，推动哥伦比亚的水电建设和流域开发。四是改善落后地区的投资环境。鼓励私人企业和外资企业向落后地区投资，降低或减免企业的利息，加大对教育的投资，改善了落后地区物质资本、人力资本双重匮乏的问题，推动了这些地区的发展。

第二，在落后地区发展军事工业和科技创新产业，带动区域协同发展。美国为了继续掌握世界话语权，就离不开军事工业的发展，而军事工业建设往往依托政府投资。西部地区临近太平洋，地广人稀，具有丰富的资源，因此在西部地区发展军事工业，不仅节约了军事工业发展的成本，而且还可以带动当地经济的发展。第一次世界大战结束后，美国的军事力量相对薄弱，政府开始加大在西部的军事建设，建立了空军基地、航天航空基地研究中心等。第二次世界大战时，美国政府利用该有利时机，在西部地区大规模发展军事工业，其投资达到了空前的水平，此间，共有上百家军事工厂开办，政府还在当地建设众多科研机构，此后，西部地区的军事合同以及重要军事基地数量等在全国占比都数一数二，极大地刺激了西部地区经济，吸引了大批人口涌入，使得西部地区迎来了前所未有的发展。同时，军事工业的发展离不开科研的努力，加上西部地区资源优势，这就促进了西部高新技术产业的发展。例如，美国最大的高新技术园区就是位于西部的加州"硅谷"。随着军事、国防、科研、教育之间的紧密联系，还催生了一系列电子技术等新科学的产生。这一系列的发展使得西部地区逐渐成为美国的经济、科技中心。

第三，完善相关法律法规，以法律支撑区域经济发展。美国无论是在建国后持续百余年的"西进"运动中，还是在以南部地区为重心的开发过程中，都坚持立法先行且贯穿始终。区域发展援助有法可依，保证了援助政策的稳定性和连贯性。1933 年，美国国会通过了《麻梭浅滩与田纳西河流域开发法》，并依法成立了田纳西河流域管理局，负责领导、组织和管理田纳西河流域的综合开发，把其作为开发美国 7 块集中连片的贫困落后地区的试点。1961 年颁布了《地区再开发法》，在全国范围内促进落后地区的发展。1965 年美国国会通过《阿巴拉契亚地区发展法》与《公共工程和经济发展法》，分别拨款 10.9 亿美元和 30 亿美元。1993 年 8 月还颁布了《联邦受援区和受援社区法案》。依据此法案，政府将拨款 25 亿美元用于税收优惠，拨款 10 亿美元用于贫困地区的援助，并专门成立援助执行董事机构。这些法律法规的出台，为协同落后地区发展提供了可靠的保障。

通过美国政府采取的各项有效措施，美国境内区域发展不平衡现象得到显著改善。美国南部改变以往情况，慢慢成为新的经济增长区域。至 20 世纪 70 年代，南部各州制造业的发展速度超过了北部传统制造业带，各州人均增长速度基本上高于 400%，高于全国平均水平。人均收入水平至 20 世纪 80 年代上升至全国水平的 85%。① 西部地区凭借第二次世界大战时期的有利机会，推动高技术产业发展，在 1990 年以前与太平洋国家和地区的贸易额就超过了东部地区的贸易额。

二、日本协同区域发展的经验

1955～1986 年，日本经济经历了高速增长时期与稳定增长时期，经济规模跃居世界第二，贸易规模以及工业技术水平处于世界前列。在此期间，由于日本是一个由四大岛屿以及六千多个小岛构成的岛国，受其地理特点以及资源条件所限，日本不得不依赖进口外国资源来发展经济，随着与欧美国家联系的愈加密切，太平洋沿岸城市经济迅速发展，区域经济差异逐渐扩大。同时，由于低地与台地地区人口居住密度大，加之工业的发展，使得大量的工人涌向工业发展程度高的城市，形成了东京—横滨、大阪—神户、名古屋—东海岛以及福冈—北九州四大临海工业带，随着人口与产业的不断聚集，日本区域经济不平衡趋势愈加明显，并最终形成经济发达的东京都市圈、大阪都市圈以及名古屋都市圈这三大日本核心都市圈，而距离城市圈较远的城市经济相对落后的局面。1989 年，日本经济泡沫开始破裂，经济出

---

① 资料来源：肖翔. 世界大国协同区域发展差距的实践及启示——以美国、俄罗斯、巴西为例［J］. 理论月刊，2018（1）.

现大倒退现象，日本行政机构采取一系列措施促进经济增长，最终导致资源进一步向东京聚集，东京一极化和地方过疏化问题明显加剧，区域经济发展不平衡问题需得到改善。

日本协同区域发展的措施比较全面，且有其鲜明特点。

第一，合理的财政金融政策予以支撑。在改善区域经济不均衡发展过程中，日本在财政政策方面主要采用的是变动政府支出和制定合理税收制度，即在相对落后地区增加转移支付和政府支出、降低税率或减免税收。而在金融政策方面主要是在日本开发银行中设置地方开发局，建立政策性金融机构，为特定区域开发事业服务。例如，北海道资源丰富，面积占全国的22%，但人口只有全国的5%，为了开发北海道，国家财政给予了有力支持，北海道开发事业费占全国的10%以上；所需的公共事业费，由北海道开发厅运用国家财政直接调配，无须经过中央机构，享有全国性财政税收优惠政策，且项目补助都高于其他地区。同时专门设立相应的金融机构为北海道开发提供金融服务及融资渠道，后更名为"北海道东北开发公库"，为北海道开发项目提供长期低息贷款。在财政转移制度方面，中央财政与地方财政事权划分清晰，趋于集权，具有明确科学的划拨标准，目的性强，有完善的法律体系加以保障。

第二，针对落后地区采取相应的开发政策和法律体系。第二次世界大战结束后，为了在国家层面进行综合性的空间规划、协同各地区之间发展差异，日本开始着手进行国土规划，并于1950年制定《日本国土综合开发法》以支持国土综合开发规划，此规划自1961年开始，共经历了六个阶段，第一阶段着重发展东京、大阪、名古屋及其周边城市，增强中心城市功能，以"社会开发"的形式来缩小区域间的差异。第二阶段和第三阶段分别从经济开发、社会、环境等方面来解决都市圈过密而其他城市相对稀疏问题。第四阶段则从调整产业结构角度缓解东京一极化现象。第五阶段到第六阶段从各地之间加强协作、实现均衡发展走向发挥各地优势，特色发展的趋势。在此期间，《日本国土综合开发法》经历了多次修订，还颁布了《新产业城市建设促进法》《工业建设特别地区建设促进法》和《多极分散型国土形成促进法》等法律法规。

第三，加强对落后地区的科教事业和基础设施建设。"科教兴国"，教育水平的提高可以带来更高效的生产劳动力，为经济发展奠定基础，日本政府为了加快落后地区科教事业的发展，不断增加各地区的教育投资经费并给予补助，同时还设立了国立工业开发实验所、农业实验场和公立的科研机构，并对各地的科研活动进行相关指导，这些措施在一定程度上提高了落后地区的科教水平。同样的，基础设施完备也关系到一个地区的繁荣。"北海道综合开发计划"的前两阶段的发展重点均是基础设施的建设。日本为了使落后地区与中心都市圈加强联系，其道路建设不断向偏远的落后地区延伸，并且落后地区道路建设均享有较高比例的政府补助，方便两地人员流动和产业转移，为落后地区发展打下基础。此外，日本政府还在电力、通信技术、公共卫生发展以及自然环境保护等方面进行明确规划，并建立了相关法律予以保障。

三、巴西协同区域发展的努力与经验

巴西地域辽阔，其国土面积位列世界第五，拉丁美洲第一。由于历史、地理环境、社会等多方面的因素导致巴西长期处于区域经济发展不平衡阶段，主要表现为南北经济差异悬殊。起初，巴西南北部经济发展相对均衡，主要以出口初级产品为主，但由于环境因素所限，南北地区种植作物不同，北部主要出口蔗糖和棉花，南部主要出口咖啡。后来，市场对咖啡需求激增以及英国对南部地区的基础建设的扶持，东南部咖啡种植业和出口水平迅速增长，南部经济日益繁荣，经济重心开始南移，南部产业不断聚集，工业化进程也率先开始，随着社会发展，南北差距愈加明显。

20世纪80年代，东南部面积为巴西国土面积的11%，但其人口总额占全国人口的60%，地区人均收入是东北部地区的三倍，南部地区的生产总值占据全国的70%[1]。并且印第安人与跨种族人群多分布在落后地区，导致种族冲突问题明显。巴西政府不得不采取有效措施。

第一，巴西政府迁都，加强经济辐射能力。1763年，巴西定都于东南沿海港口城市里约热内卢，经过百年发展，里约热内卢成为巴西的第二大城市，拥有全国最大的进口港，是全国的经济中心和交通中心。但是随着城市规模不断扩大，人口密度不断增大，给交通、资源和环境带来了极大的压力。为了开发西北广大内陆地区，库比契克决定迁都巴西利亚。通过首都的职能，带动周边城市发展，协同中北部地区与南部地区之间的差距，促进均衡发展。经过三年时间，打造了一个现代化都市，带动全国一同发展。

① 资料来源：肖翔. 世界大国协同区域发展差距的实践及启示——以美国、俄罗斯、巴西为例 [J]. 理论月刊，2018 (1).

第二，巴西中央政府对落后地区采取优惠的税收政策和财政政策。例如，1963 年颁布的 439 号法令规定，按照东北部开发管理局所作规划，在东北落后地区投资办厂，可免除 50% 的所得税，其免缴税款必须用于东北地区的投资，全国所得税的 30% 作为开发落后地区的"全国一体化"基金，并在落后地区建立相关财政刺激部门，通过国家预算拨款来确保开发项目的顺利进行。1996 年底，为了加快巴西汽车制造业向中西部地区发展，巴西政府规定，对那些能够在北部投资的外国汽车厂商提供大幅减税优惠。

第三，建立经济特区。为了加快西北部地区经济的发展，开发和利用亚马孙地区丰富的生态资源，1957 年，巴西在玛瑙斯建立了自由免税贸易区，后于 1967 年和 1968 年不断将玛瑙斯自由贸易区扩大到亚马孙州乃至阿克雷州、朗多尼亚和罗赖马地区，以玛瑙斯为核心的自由贸易区的面积达到了 221 万平方公里，建立了免税商业区和农牧业发展区，虽远离巴西经济中心，但拥有便捷的泛美公路进行陆运和拥有强劲竞争力的产品优势，加上不断地努力，形成了良好的投资环境，工商业和旅游业优势突出，同时贸易、工业、农业也迅速发展，拉动了中西部地区的发展，为内陆地区的经济带来了活力。

第四，政府加大了基础设施投资的力度。巴西北部地区阿克里州、阿马帕州、亚马孙州、帕拉州、朗多尼亚州、罗赖马州及托坎廷斯州地广人疏，资源丰富，占巴西领土面积的 45.27%，但人口只占全国的 10% 不到。有较丰富的煤炭、石油、锰、铁矿、铝矾土矿资源，其中，亚马孙州的业马孙热带雨林是世界上最大的原始森林，木材储量估计达 500 亿立方米，由于北部广大地区基础设施落后，丰富的资源未能得到有效开发，巴西政府开始不断加强北部地区基础设施建设，建设贯穿南北的库亚巴，圣塔伦布朗库公路，同时不忘中西地区的建设，以巴西利亚为中心，自巴西利亚通往各州的高速公路干线已全面通车，通往里约热内卢、圣保罗两大城市的铁路也已建成，提高了北西部地区的运输能力，加快各地区经济融合。此外，巴西还兴修水利，重视对水资源的开发，修建大型水电站，为落后地区的发展特别是农业发展提供水力资源支持。

1949，东南部在巴西国民收入中占据了 41.8% 的份额，而北部和中西部地区则分别只占 4.1% 和 4.8%。通过巴西政府所采取的措施，至 1989 年，东南部地区的国民收入占全国的 56.2%，北部地区和中西部地区占比均有所上升，分别为 5.5% 和 5.7%，虽然落后地区的经济有所发展，但是与东南部地区仍存在着巨大的差距，成效不够显著，并且其政策在实施过程中存在以下问题：

第一，为了促进企业在落后地区投资，巴西政府不再采取统一的税率制度，将商品流通税的制定权力下放给各州，从而导致了各州之间长达几十年的"税收战"，各州纷纷通过下调税率来吸引投资，其结果是短时间的产业转移并不能从根本上改变落后地区的经济实力，甚至大批由东部转移来的企业纷纷回迁，随着税率的不断降低，政府税收也不断减少，投资吸引力逐渐减小，投资风险加大。

第二，巴西政府在开发落后地区时只注重经济的发展，而没有将环境保护放在同样重要的位置，虽然制定了相关的环境保护法，但却没有得到有效落实，使得被开发地区环境遭到了极大的破坏。不合理的矿业开采、乱砍滥伐等使得水土流失，环境污染，尤其是对作为世界"森林之肺"和"绿色心脏"的亚马孙热带雨林的不合理开发，不仅破坏了巴西生态，甚至对全球环境都造成了不利影响。

此外，还存在开发规划不合理问题，耗费大量人力、物力的基础设施建设由于执政者的更迭而未能善终，或建设完成后未能得到有效利用，造成了极大的浪费。

四、对中国的启示

实现区域协同发展是社会发展所亟待解决的问题，这会为中国经济发展提供新的发展空间与动力。根据其他国家的区域协同发展案例来看，我们可以归纳为以下几点：

一是积极引导人口向西部地区以及中小城市合理流动。人口增长对经济的影响是复杂的，人口数量在合理范围内增长可以拉动经济发展，我国西部地区有丰富的资源，地域辽阔，但是人口相对稀疏，需要大量的人力资源参与西部的开发。随着技术的进步，经济增长更离不开人口素质的提高，促进人口向西流动的同时要着重注意高素质人口的引进，避免劳动生产率低下，同时由于东部及大城市经济活力旺盛，吸引了大批中小城市人口以及高素质人才流入，导致中小城市人口素质相对偏低，政府应通过改革户籍制度或提供政策补贴，促使人口特别是高素质人才向中小城市回流。

二是加快对我国转移支付制度的改革与完善，财政政策几乎是每个国家都会采用的调节区域经济协同发展的手段，是最基础也是最重要的手段，各个国家财政转移支付制度的设立主要是为了促进各地区均衡发展。目前，我国的财政转移支付制度主要包括三个部分：税收返还、一般性转移支付、特殊转移支付。采取的是上下级政府间的和同级政府间的纵向转移支付和横向转移支付相结合的模式。虽然该制度在这二十年来不断得到完善，但仍存在着结构不合理、缺乏有效的协同机制、规范性差且不透明等问题。我国应该加快建立相关法律体系和监管机构，借鉴日本、美国经验，兼顾公平与效率，科学测算转移支付比重，调整或逐步取消税收返还制度，优化项目结构，逐步完善我国财政转移支付制度。

三是推动落后地区的基础设施建设，加快高新产业发展。研究表明，基础设施建设对拉动经济增长有着积极的影响，主要通过吸引外商投资来拉动经济增长，而且落后地区往往地旷人稀，历史上世界各大国在开发落后地区协同区域发展时，也都有借助国家有形之手，大规模修建基础设施，包括交通设施、电力、医疗、科研与技术服务等市政公用工程以及公共生活服务设施等。我国是社会主义国家，调动资源能力具有绝对优势。一直以来，我国不断在落后地区加强交通、通信、电力水利工程等方面的建设，同时还不忘把西部地区的资源优势与基础设施建设相结合，将资源优势转化为经济优势，注重信息网络方面的建设，加快产业调整，积极促进落后区域对发达地区的产业承接，促进落后地区特别是拥有丰富资源的西部地区高新技术工业的发展，不断扩大我国的有效需求，拉动投资，要注重投资项目的科学论证，有效提高投资效益，避免重蹈巴西大规模投资中浪费严重的覆辙。

四是经济开发还应当与环境保护相适应。生态环境是经济发展特别是经济可持续发展的基础，在促进经济增长的同时必须把环境保护和生态建设摆在重要的位置。巴西由于未能处理好工业开发和保护环境的协同发展，最终导致了巴西亚马孙地区生态环境破坏严重。而在我国，长期以来，东部地区经济发展较快，对环境质量的要求也不断提高，随着管制的越加严格以及西部大开发的提出，部分高污染企业逐渐转移到落后地区尤其是生态环境良好的西部地区，从而破坏了当地的生态环境。好在党和政府及时采取有力措施，积极倡导绿色发展、绿色经济、绿色金融。在开发落后地区的同时应与生态环境保护并重，加快产业升级，不应一味发展工业，还要促进当地高新技术产业、环保产业、旅游业、生态农业等绿色产业的发展，走高质量发展之路。

五是完善相关法律法规，明确发展计划。从美、日等国家的历史经验来看，拥有完备的法律体系才能为区域协同发展提供强有力的保障。目前我国区域经济法制工作薄弱，很多领域无法可依，尤其是缺乏宪法保障。虽然出台了许多区域协同发展政策文件，但是各项政策都需要在国家统一的法律法规框架下实施，需加快相关法律法规的制定，让法律成为政策实行的主导。要建立区域协同发展基本法，使之成为我国区域协同发展的稳定根基；要建立专项法，为特定区域发展提供法律保障；要制定规划法，加强对区域发展规划的约束。同时立法应以公平、资源优化配置、市场机制与政府调控相结合以及可持续发展为原则。

六是加快中心城市建设，带动周边城市发展，最终实现区域协同发展。区域协同发展是当下的重点，我国经济发展的空间结构正在发生巨变。通过中心城市的建设来引领区域协同发展能帮助政策的履行。世界上大多数区域发展都是依赖中心城市的发展。从以往经验来看，通过吸收聚集形成增长极，然后通过城市圈建设来发挥引领作用。要素的流通具有推动中心城市发展为区域"增长极"以及发挥中心城市的辐射带动作用。而市场的一体化有助于推动中心城市的聚集，并能加强中心城市的辐射能力。

第三章 我国金融服务实体经济与金融支持区域协同发展现状与问题的实证分析

本章首先根据金融体系的多个角度介绍了我国总体金融服务实体经济的现状，并分析存在的问题以及形成的原因。其次对长江经济带、京津冀区域协同发展战略、"一带一路"倡议分别介绍其现状，金融支持的重点以及目前存在的问题。最后本章分析了粤港澳与海南的经济现状，并对未来发展方向进行展望。

第一节　我国金融服务实体经济现状研究

改革开放以来，随着我国经济的快速发展，与世界各国联系日益密切，金融作为市场经济中重要的一部分，对我国实体经济的稳步发展具有重要作用。同时，伴随着市场化程度的提高，全球化的发展趋势以及我国自身经济结构的演变，实体经济也对我国金融体系提出了更高的要求与更大的挑战。

2008 年金融危机后，我国的经济增速逐渐放缓，党的十八大以及"十三五"规划都为深化金融改革提出了要求。2014 年习近平总书记提出我国经济进入新常态，处于关键的转型期。党的十九大上也提出要求金融服务实体经济。在供给侧改革的大环境下，转换增长动能，优化产业结构成为实体经济持续发展所面临的严峻挑战。与此同时，金融业在发展过程中也产生了很多问题，金融风险防控问题、金融市场监管问题，以及如何充分发挥金融对于资源合理配置作用、为实体经济服务、避免"脱实向虚"等问题。这些问题既有全国性的问题，也有区域性的问题。我国现针对全国不同情况，制定了不同的区域发展战略，在每个区域中，金融所展现出的问题也各有不同特点。

认识并解决这些问题需要我们认真分析我国金融服务实体经济的现状，从中寻找现存的问题，潜在的风险，在此基础上提出建议与解决办法，贯彻落实"稳增长，促改革，调结构，惠民生，防风险，保稳定"的方针，让金融为实体经济健康持续发展做出贡献。

一、国民经济账户视角的分析

自改革开放以来，我国的金融业已经取得了长足的发展。从党的十四大为我国确立市场经济开始，党中央、国务院在经济与金融方面做出了很多重要决策，我国的金融体系从计划经济模式，逐渐向市场化转变。随着融资工具与投资方式的快速发展，金融市场越加活跃，在服务实体经济时，具有更加重要的意义。但与此同时，如同当今世界很多发达国家一样，金融业所代表的虚拟经济与实体经济之间面临着相互分离的问题，也就是"脱实向虚"的问题。这意味着金融业在资源配置上的作用示弱，而资本在金融业中空转。体现为虚高的金融业回报率与相对较低的实体经济增长，这进一步恶化了金融与实体经济之间的关系。实体企业面临着融资难、融资贵的问题，并突出体现在中小企业上，这些都亟待解决。

从宏观的统计数据上看，2005～2015 年这十年间，金融业的发展相较于我国 GDP 更为迅速，在 2015 年达到峰值的 8.17%。伴随着"十三五"规划的出台，我国开始重点研究治理金融改革的问题，金融业对 GDP 的贡献也逐渐稳定下来。由于我国市场经济发展较晚，国内企业主要通过间接融资，即银行业进行融资活动。2008 年金融危机后，我国银行业的资产规模多年高于 GDP 增速，从 2017 年起回落到 GDP 增速以下，如图 3-1 所示。

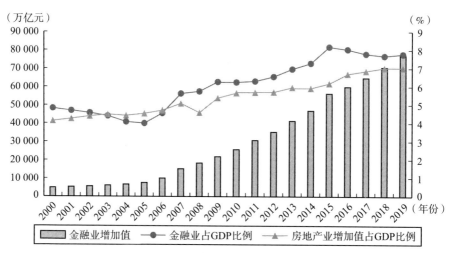

图 3-1 我国金融业发展概况

增长率在货币供给方面，由于随着金融工具与货币形式的发展演变，M1 增长率数据波动较大。从 M2 增长率来看，准货币的增速也明显多年高于我国 GDP 增速，为社会带来大量流动性，这一状况同样在 2017 年发生反转，如图 3-2 所示。

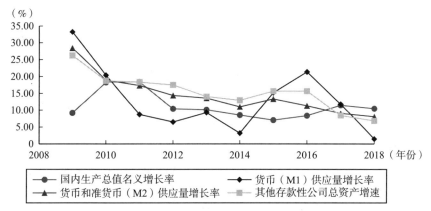

图 3-2 我国货币增速与存款性公司资产增速比较

但这种状况对于中小企业融资问题的改善有限，近些年很多中小企业在遭遇宏观经济政策变动，突发事件影响时，仍面临严峻的资金周转问题。这其中有中小企业自身风险控制能力不足的问题，也同时有流动性资金大量流入房地产业，金融业的问题。在我国的固定资产投资上，房地产企业长期占据 1/3 左右，而对于其他制造业，服务业的支持力度不足。近几年，中央发出指示要求房子应该是用来住的，而不是用来炒的，限制房地产买卖，才让房地产业发展的脚步稍稍放缓。然而考虑到我国财税制度，地方政府仍将在很长时间内依靠土地出让作为重要财政收入，这也意味着房地产价格将继续处于高位。而高房价带来的不仅限于房地产业对于其他行业的挤占，也导致我国的信贷评价模式中土地、房产一类抵押品的高价值稳定性，让不持或少量持有这类资产的企业处于不利境地。目前由于中美持续紧张，加之全球新冠疫情大流行，我国经济又面临着严峻挑战，2020 年来中国人民银行下调准备金率、再贴现率，为经济注入流动性。而这些刺激能否有效地增强实体经济，尤其是制造业的活力，避免资金在金融市场中空转仍需要密切关注。

从中小企业发展来看，中小企业目前为我国提供一半以上的税收与 GDP，提供大部分的创新，但却面临着生命周期过短，常常大量半途夭折的情况。根据《财富》杂志的统计，我国中小企业的平均寿命不到 3 年，远远低于美国与欧洲。同时我国寿命较长的企业也多为国有企业，而民营企业很难长期保持发展。我国金融制度不完善，金融服务不到位对这种现象具有重要影响。中小企业难以凭借自身的信用得到合适的资金，甚至需要通过大型国企作为融资的媒介，这意味着我国金融体系仍存在巨大缺陷。

从金融业发展来看，伴随着我国人口红利逐渐减弱，传统的劳动密集型企业利润率下降，高新制造业的发展仍未能起到挑大梁的作用，整个实体经济的投资回报率相对较低。原本衍生于实体经济生产活动收益的金融收益，反而得到追捧，资金过多地集中于资本市场上的中短期交易，而相对忽视了对实体经济的长期投资。金融业的竞争机制不健全也导致了金融业过多占有实体经济所产生的收益。传统制造业产能过剩则进一步降低了盈利能力，在制造业的平均工资常年低于金融业平均工资的一半的情况下，我国PPI在2012~2016年持续下降。随着我国金融市场的逐渐开发，直接融资渠道将进一步拓宽，投资种类日益丰富。我们看到从创业板、科创板的开设，到注册制改革的实施，以及金融衍生市场的逐渐完善，我国金融市场一定会拥有更多的资金交易活动，如何让更多的中小企业能够进入市场获得适当成本的融资，如何将庞大的资金真正用于经济的发展是对我国金融体系的全面考验。

另外，从区域发展的角度来看，既要保证资金在各区域间的合理流动，也要保证在区域内部的合理配置，目前金融的发展主要服务了一线城市的快速发展，使相对发达地区具备更大资金优势，发展新型产业与先进制造业，而相对弱势地区则难以得到丰富的金融服务，所积累的资本也多通过金融中介机构成为其他地区的发展助推。长此以往，资本将在现有较发达地区继续集聚，而经济薄弱地区则更加难以发展，陷入恶性循环。金融发展需要打破行政划分的限制，依靠市场，也要实行统筹兼顾，实现金融业与金融市场服务到全国各地的实体企业。

二、金融体系结构与功能视角的分析

实体经济的发展离不开资本的支持，而金融业作为配置资本的行业，对于实体经济的健康可持续发展具有难以估量的作用。在商业发展的早期，金融业主要以银行为主，其运营奉行"量入为出"的思维模式，具有高利率、低效的资金运用效率，其对于资本在区域内的调配能力也有限。随着银行营业模式的发展，银行的利率降低，具有了高杠杆的特性，其对于资本在区域内，以及区域之间的调配能力大幅提升。银行对于经济发展也具有了更重大的意义，不论是企业的日常经营活动，或者是投资，融资活动都离不开银行的支持。而银行由于其显著逐利性，为实体企业提供了愈加多样的金融工具以满足其多种需求，而这些工具往往更加远离现实中的实物交易，具有更高的风险性。不仅如此，地区银行之间的合作，混业制银行的兴起在提高了资本在多地区、不同业务之间流动性的同时，也加剧了潜在的连锁效应。如2008 年全球金融危机一般，次级贷款的风险传染到整个金融业，并影响了全球的经济发展。

国际上对于金融风险防控愈加重视，一个很好的例子便是从银行业的角度看，国际清算组织下的巴塞尔协议，经过几次金融风暴，对金融风险控制的要求逐步提高，也逐渐成熟。从对单一流动性风险的预防，到对潜在违约风险的预防，再到对总体性金融风险的控制，在金融业蓬勃发展的同时，政府更需要对新出现的风险进行确认和预防。

我国对金融风险的控制在与同世界一起进步时，也根据我国自身特点提出了改革要求。20 世纪末，政府对于四大国有银行进行股份制改革，降低不良贷款率，开始建立市场化金融体系。近些年，银保监会合并致力于解决交叉监管问题，资管新规致力于解决资本市场上企业扩张过快，高风险业务过多问题。但我国金融业发展较晚，很多方面仍不成熟，在继续发展市场经济的基础上，防控风险是贯彻始终的问题。2019 年开始，我国逐步开放了外资企业在我国的投资限制，允许更多国际金融机构进入我国市场。我国金融机构能否在竞争中去其糟粕、取其精华、不断学习、发挥本土优势将至关重要。只有坚持深化金融改革，稳定住金融市场，实体经济才能在一个健康稳定的环境下茁壮成长。

（一）金融服务实体经济的宗旨尚未成型

金融业是立足于实体经济发展起来的，所以金融业未来的发展，也应当回归于服务实体经济发展。只有当实体经济能够稳定健康发展时，金融才有其存在的意义。对于金融企业，不论是在扩大营业规模上，还是在丰富服务类型上，应当以服务实体经济作为方向，以为实体经济提供更好的资金配置为内容，以保护市场的健康合理有序为义务，在考虑盈利性的同时，不能放弃社会责任。计划经济时代对我国金融业具有深远的影响，我国的金融机构常依照规定指标完成业务而缺少市场化的思路。计划经济既为我国金融业奠定了基础，但同时又使得很多大型国有金融机构因缺乏竞争，而未能在市场化改革后引领我国金融业锐意进取，贯彻服务实体经济，尤其是服务非国有企业的宗旨。金融业应当深刻意识到自身对于中国经济发展的重要地位，既不能故步自封，在日新月异的金融改革大势中停滞不前，也不能过于狂飙突进，失去了对风险的谨慎与对法律法规的遵守。

（二）金融体系尚不完善

我国金融体系的改革整体相对晚于实体经济的崛起与发展，金融机构市场化改革仍有巨大潜力，金融深化不足，所运用的技术也应当随信息化时代而逐步提高。目前我国拥有完整的不同类别的金融企业。银行（中央银行、政策性银行、商业银行）、保险、证券、信托、租赁等机构充分借鉴了国际市场上金融体系的经验，能够提供基本的金融服务。但各类金融机构的服务能力仍有欠缺，尤其是非银金融的发展仍不完善，如图 3-3 所示。

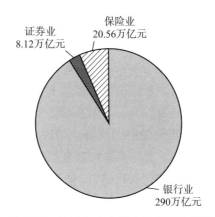

图 3-3　2019 年末金融业机构资产规模

在金融体系中，居于统领地位的中央银行——中国人民银行，为执行党中央国务院所指定的金融发展目标，制定宏观货币政策。为宏观的金融稳定与市场发展，以及微观经济中的信贷活动，提供建议与规范。我国中央银行在发展过程中，经历了无数次困难挑战，在错综复杂的国内、国际环境中逐渐成熟，成为我国经济稳中求进的旗手，中央银行的改进完善关系到宏观经济的稳定。

1. 中央银行

1978 年确立改革开放之初，中国人民银行承担了绝大部分的金融职能，既作为中央银行发行货币，又作为商业银行吸收存款、发放贷款。直到

1984 年中国工商银行成立，中央银行才脱离了商业银行业务，执行宏观经济调控功能。

20 世纪 80 年代，中国经历了两次严峻的通货膨胀，中央银行开始通过信贷手段对宏观经济进行调整，这些措施现在看来，虽然调控水平明显不足，其作用有些过于猛烈，但的确为中央银行积累了丰富的经验。央行的政策制定能力在 20 世纪 90 年代末的亚洲金融危机、2008 年的金融危机中得到进一步历练与提升，使得其对于经济的影响愈加细腻，有利于经济的稳定。近些年，货币政策工具更为丰富，在传统的准备金率、基准利率调整基础上，发展出利率通道等方式，综合利用常备借贷便利、中期借贷便利、抵押准备贷款、短期流动性等调节工具对经济进行更为精细的调整，并加强市场对经济的自然作用。当然这种调整仍然是宏观调整，面对新常态下供给侧改革、转换增长动能的艰巨任务，央行要执行的措施还不够有针对性，不够细化，政策制定上的一刀切仍然常常出现。对于目标对象，这样的政策或许能够起作用，但对于其他企业，一刀切的政策反而会恶化经营环境。近些年我国经济政策变化很大，针对面广泛，而受冲击最大的往往还是中小企业与民营企业，这对于经济的长期发展不利。不论是长三角、珠三角还是京津冀地区，区域内部的发展都不平衡，甚至省内各县市所面临的发展问题都各不相同，政策的制定以省作为基本单位显得过于粗糙。发达地区的房地产价格存在泡沫，欠发达地区则欠缺经济活力。2008 年金融危机后，我国在宏观经济刺激上有很多大手笔，这也造成了中国房地产泡沫高涨与资本市场的野蛮扩张，另外过于粗犷的刺激也间接导致地方政府债台高筑，给经济带来显著风险。进入新时代后，政策的制定改进很多，但仍需要更为谨慎，更具有针对性。要实现中国经济的长期稳定发展，中央银行政策上的改进也必须持续。

20 世纪 90 年代以来，市场化改革开始如火如荼地开展，中央银行在建立银行业市场中起到积极作用，在学习与实践中逐步尝试利率的市场化；在人民币国际市场上，央行改变了计划经济时代对人民币的大幅高估，调整了人民币汇率，有利于实体经济的出口贸易与招商引资。随着中国加入世界贸易组织，汇率的市场化进程在进一步推进。但相较西方发达国家，我国的市场化进展落后很多。这导致了金融市场的扭曲与供需不匹配，限制了资金的有效利用，与企业的良性竞争。经济的发展应由市场主导、政府辅助，而目前这种决定权总受到个别金融从业者的左右，这只会让经济运行效率低下。

金融危机前，我国经济快速增长，年平均 GDP 增速在 10% 以上，这源于出口对 GDP 的巨大作用，以及实体经济对稳定汇率的需要。我国的货币增速一直受到外汇占款的巨大影响，不得不保持更为快速的增长，物价水平因此也快速上涨。金融危机后，尤其是近三年受到中美贸易战的影响，出口对 GDP 的贡献在下降；同时随着我国金融市场的发展，金融机构在一定程度上具备为实体企业规避汇率波动风险的能力，伴随"一带一路"倡议的执行与深化，很多人认为这是我国加快汇率市场化步伐的关键期。中央银行在此时对国际形势能否进行合理判断，研究出市场化的适当方法与步骤，也是能否为未来人民币国际化的道路做好铺垫的重要问题。

在中国人民银行分离其商业银行功能的同时，其对金融行业的监督职能也在逐渐剥离。2003 年中国银行监督管理委员会的成立，标志着我国"一行三会"的金融监管体系初步成型。中央银行将具体的监管任务留给各下属委员会，而自身则起到执行党中央国务院的决策部署，统筹规划各部门运行的作用。中央银行职能的细化有利于监管，然而目前来看监管的效果未达到理想结果，这里的具体内容与分析我们到金融监管部分再展开讨论。

2. 政策性银行

在我国的金融体系中，最具有我国特色的是政策性银行，三个政策性银行为我国的基础建设与经济发展做出了突出贡献。政策性银行享受国家财政补贴，其所投资的项目，一般具有更大的社会效应，能够带动相关产业的综合发展。贷款的对象，与一般商业银行不同，更多面向不确定性较强，或者需要扶持的企业。这就意味着，政策性银行的贷款项目具有非常长的回报期，很多贷款会成为坏账。尽管我们一直对政策性银行不按照商业银行的评判方法进行绩效评价，但提高资金的效率，让开发与帮扶项目能够产生更大的正外部性始终是政策性银行应当考虑的内容。

在 2008 年，我国曾计划对政策性银行进行改革，希望其能够向商业银行转型，减弱其政策性的特点。然而到目前，中国农业发展银行、中国进出口银行仍然坚持其政策性银行的地位；国家开发银行也被定位为"开发性金融机构"。一方面，这反映了政策性银行在改革过程中的巨大阻力，政策性银行自身不愿意离开原本的舒适圈而故步自封，缺乏主动迎接市场化改革的积极性。另一方面，这种现象不完全是政策性银行对其原本情况的固守，也是金融危机后，各国逐渐意识到流行了几十年的新自由主义经济学出现了巨大的问题，政策性对于经济平稳发展常常是必要的。重要的是，我国仍将处于社会主义初级阶段，目前经济进入了新常态，发挥政策性银行的优势对于经济结构转型升级具有重要作用。

当然，还有很多问题暴露在我们面前，以国家开发银行为例，其业务的方向与商业银行多有交叉，不论是国内经济的建设，或是"一带一路"沿线经贸合作，国开行凭借其具有财政补贴的优势，在与一般商业银行的竞争中具有优势，而这种竞争往往不利于投资贷款项目的合理定价，降低了资金使用效率，徒增交易成本。如何明确政策性银行与商业银行的业务划分、促进市场公平，提高对于政策性银行的监管、提高资金效率，是目前政策性银行在服务我国实体经济中应继续改进的方向。

另外，从区域协同发展来看，政策性银行在设立时便奉行促进各地区协同发展，共同富裕的宗旨。但目前不论从项目的数量上，或是项目的覆盖范围上看，我国政策性银行所提供的资金支持是极为有限的。政策性银行在经营当中，应当与一般商业银行的模式相区分，主要关注一般商业银行难以服务的领域，尤其是自身效益低，但社会效益高的领域。但我国政策性银行在这方面缺乏系统性的服务方式，项目较为零散。考虑到我国很多贫困地区的公共设施、卫生建设依然落后，政策性银行如何调动发达地区所积累的资源，用于提高相对落后地区基础设施建设及相关产业的发展，并且找到跨行政区划性的项目模式，与地方政府协同研究区域性的协同发展模式，成为政策性银行经营的重要问题。

3. 商业银行

商业银行由于其长期存在，在各个年代都发挥了不同作用，在我国金融领域一直占据着最重要的地位。其资产规模也反映了其服务对象最多，功能最丰富的特点。商业银行从地域上分为全国性商业银行和地方性商业银行，传统上的中、农、工、建四大行拥有最大的规模，最初为我国不同类型的企业和项目贷款，为改革开放后中国经济的发展提供了支持，其增长速度在国内也名列前茅，并且凭借其超出其他行业的利润率，在21世纪促成了金融热。城市商业银行主要为当地企业提供金融服务，网点相对集中。近些年一些发展较好的银行，如北京银行、上海银行等随着自身服务水平的提高，也开始在周边区域开展业务。商业银行在保证风险控制的条件下，实现多省份的联动是实现区域经济协同发展的重要一环，这既需要全国性银行改变传统业绩评价模式，也需要有能力的地方性银行发挥自身优势，实现区域内的多赢。

我国的银行，目前大都在向着全能型银行发展，在这个过程中，旧有的贷款评价体系，已经不能适应当前经济社会的快速发展，很多新式的评价方法都未能得到有效利用。另外，银行作为企业资金信息的集中者，理应能够获得最为准确的企业信息，如果能够加强银企合作，则可以大幅减少其经营活动中的信息不对称，而这些目前做得不好。这些改进在信息技术快速发展的时代背景下，具备了更好的实践条件，网络与大数据的应用能够实现数字普惠金融方面的大发展，但商业银行目前在这些方面仍处于初级阶段，未能快速改进。只有通过综合的改革，小微企业与"三农"才能够得到足够的金融支持。

同时，我国商业银行愈加成熟，盈利能力和抗风险能力都显著提高。股份制改革初期，中央不得不建立专门对应的资产管理公司来解决不良资产问题。目前商业银行的抗风险能力较之前大幅提高，中国版的巴塞尔协议Ⅲ得到了普遍的落实。但业务的发展也伴随着问题的产生，随着民间资金管理需求的上升，银行的表外业务增长迅速，其中既包含有理财等常被划为影子银行的业务，又有大量非现金项目，如担保背书。风险隔离结构若无法完善，单一业务风险形成系统性风险就会大大增加。

理财项目里，从低风险的货币型基金，到中高风险的股票与信托，尽管收益率差别很大，但商业银行在资管新规实施以前，实际上大量采用刚性兑付以提高自身竞争力。尽管从投资者的角度来看，刚性兑付意味着更有保证的收益，但这种方式却扭曲了金融市场产品定价，带来了广泛的逆向选择问题，让投资者普遍追求高风险项目，而优质的低风险项目则不得不退出市场。同时在金融机构普遍采用刚性兑付时，会产生市场的系统性风险，金融业容易因为短期的冲击引发整个市场的危机与衰退。对于非现金类业务，由于其不反映在财务报表中，所以会低估银行可能面对的现金流流出压力。

刚性兑付问题，表外不良业务问题在近几年得到了广泛的研究与讨论，资管新规后，我们看到金融机构在这些项目上做出了大量调整，这无疑降低了系统性风险水平。当然这也是以金融业发展速度减缓为代价才达成的。资管新规实施后，银行的业务将向什么方向发展，银行在保证风险不激增的条件下，如何为实体企业提供财务上的帮助，会是未来几年银行管理者们需要思考的问题。

最后从区域性发展来看，商业银行往往不能有效促进我国各地区的协同发展。商业银行根据其自身盈利性的要求，会将自身资金投入回报率较高的项目与地区。这意味着发达地区往往能够获得更多的资金支持，从而发展得更好，进而获得更多的资金，进入良性循环的过程。而欠发达地区尽管能够得到支持，但本地区所积累的资本往往通过金融市场，助推了发达地区的快速发展，而自身却没有有效的利用，乃至当地企业在融资方面较为困难，发展受到了限制。同时，这种资金的配置不平衡同样发生在国有企业与民营企业之间，国有企业自身家底雄厚，在我国经济中长期占据重要地位，把握着经济命脉，同时又有国家政府的潜在背书，自身影响力巨大，在融资方面具有得天独厚的巨大优势，甚至往往能够得到商业银行的主动贷款。而大多数民营企业则不具备雄厚的资本实力，无法提供高价值的抵押物，或者其他大型企业的背书。尽管民营企业的创造力与活力对于我国经济结构的转型与长期健康发展具有极为重要的作用，但很难依靠其潜在的发展前景来从银行取得当前发展所必需的较低成本融资。商业银行从盈利性与风险控制的角度来看，目前这种信贷上的供需不匹配或许是可以理解的。但从长期来看，如果继续放任商业银行在贷款机制上的缺陷，最终会对我国经济产生长期不利影响。发达地区的分行缺少对欠发达地区发展支持的动力，而经济薄弱地区的分行从自身服务能力与风险控制的角度也难以有效地支持当地经济的发展。商业银行如何能够在实体经济的发展过程当中承担起应有的区域协同发展助推者作用，是商业银行改革与发展的重要议题。

4. 股票市场

股票市场是企业直接融资的重要渠道，其能够直接连通投资者与融资者，为企业提供数量更为庞大，更为灵活的资本。在美国，股票市场能够为大小不一的企业提供服务，企业上市过程相对简单，股权融资的综合成本常低于债券融资成本。在我国股票市场上，目前有主板、中小板、创业板、科创板、新三板。我国面对不同企业的规模与盈利能力，建立了不同的上市条件。这种划分其目的是利于不同企业的融资需求，然而就目前来看，股票市场与发达国家相比差距较远，其所能提供的融资效果也未达到要求。

在主板上市的企业汇集了我国大量股份制改革的国企，以及大型民营企业，其资产规模和营业规模巨大，占据我国实体经济体量的较大部分。不过主板之上，也有很多并不和谐的画面。前有中石油高价上市，之后一泻千里；现有康美药业财务造假，名誉扫地，这对于市场秩序和投资者信心都是非常大的打击。而在创业板上，财务暴雷的企业更是层出不穷，乐视的破灭、獐子岛的闹剧应当为上市规则、审计规范、退市机制带来思考与改革。股票市场应当是以市场化定价、投融资为目的的交易市场，而不是利用信息不对称赚取暴利的赌场。我国长期使用核准制上市的目的是保证上市公司质量，维护中小投资者的权益，但这种方式也并未能阻止上市企业出现财务造假等问题，反而还加大了企业通过股权融资的难度，很多资金浪费在寻租成本上。随着国有企业股份制改革的逐步完成，我国股票市场不能仍停留于为大企业服务的旧观念上，更多民营企业无法参与到股票市场是目前的一个缺陷。

近几年，随着科创板与新三板的出台，更多的中小企业有机会参与到了市场当中，更多的资金也流入了市场。但与此同时如何保证各个市场上的交易公平合法，如何协同各个板的关系，保证资金的流动仍需继续研究。2020年，注册制改革在创业板正式宣布试点，创业板作为我国第一个注册制市场，有利于更多的企业能够进入市场。但注册制的实行也会带来很多问题，我国目前对于股票市场的法律法规仍不够完善，对于问题企业的处理不够严厉，让一些人觉得违法成本低。所以确定怎样的退市机制，如何规范企业行为，避免投资者受骗都是热点问题。只有保证了市场的公平公正，投资者和上市企业才能达到双赢的局面。

另外，伴随着美国出台对外国企业的额外审查制度，我国海外上市企业正在逐渐回归。目前改革后的港股市场接纳了阿里、网易、京东等大型互联网公司的回归。在时代快速发展的大背景下，越来越多的有良好发展前景的企业需要融资渠道，但它们在各个方面都无法达到我国的上市标准，很多企业在美国上市是一种遗憾。所以如何使优质企业的发展让更多国内投资者参与也是我国证券交易市场改革进程中必须思考的问题。

5. 债券市场

1981年中国国债发行恢复，中国的债券市场拉开序幕。1996年中央托管机构的成立让债券市场进入快速发展期，市场的规模、参与度、产品类型都不断扩大。2020年7月，我国债券市场余额达到108万亿元，超过日本，位居世界第二。债券品种有国债、地方债、中央银行票据、政府支持机构票据、金融债券、企业信用债、资产支持债券、熊猫债以及同业存单，其影响到经济的各个方面。交易市场大体上可分为银行间交易市场与交易所市场，其中银行间交易占总交易规模90%以上。相关配套服务也在逐渐发展，交易系统、结算方式、担保品管理、信息披露机制等基本成型。债券市场的存在不仅为国家建设，企业发展提供了资金支持，也成为宏观经济调控的重要领域。

国债作为由国家财政提供支持的债券，一般被视为无风险债券。但在我国由于国家基础建设的长期需要，国债市场相较于发达国家流动性弱，国债在各期限上种类不平衡等原因，国债利率高于一般存款利率。一方面，这有利于我国社会主义体制下集中力量办大事的发展方式；而另一方面，在一定程度上也导致了其他债券的弱势，让公司债等失去了收益率上的优势。这种现象在中短期内不会改变，但并不说明这种现象的长期存在一定有利于我国经济发展，我们应当意识到目前政府债券种类不够丰富，市场流动性不强，这也间接导致了中央银行在宏观调控中所能使用的工具有限，所计划的经济政策不够精准。

企业债是企业直接融资的重要途径，一般具有高收益，高风险的特性。但在我国银行理财产品中，刚性兑付的非标准化债券资产长期未得到有效监管，从而大行其道。投资者在刚性兑付的保证下一定会选择更高收益的理财产品，扭曲了市场的有效配置。2018 年出台的资管新规禁止刚性兑付的理财产品发行，并对非标债务进行限制，致力于解决这类问题。但目前来看，尽管企业不再直接说明刚性兑付，但金融机构出于自身声誉的考虑，仍然主要以风险相对较低的企业债作为自身的主要项目，市场上债券的种类仍不丰富，很多投资者也缺乏对债券价格的基本认识，以及对风险与收益的理性判断。

近 10 年来，绿色发展问题受到关注，金融中的绿色债券也随之不断发行。2019 年我国绿色债券发行额达到 3 862 亿元人民币，位于全球第一，较 2018 年增长 33%，保持了快速增长的态势。其中非金融企业发行的绿色债券与金融机构发行的绿色债券各占 37%。产品广泛投资于能源、水资源、交通与废弃物等领域。地方融资平台也在积极参与发行绿色债券以解决当地污染问题，改善生活环境。绿色债券的发展意味着金融在服务实体经济的过程中，不仅仅是对制造业有利，也能促进具有强社会效应的项目。目前我国绿色债券的标准与国际仍有差距，在项目选择上的创新仍有发挥空间，信息披露上仍需要改进。如何让绿色债券成为绿色经济的助推器，而不是一些不良地方债的换皮称呼，仍需要监管部门制定更为详细的法规制度。

另外，评级机构对债券的发展也具有重要作用。在中国人民大学国际关系学院翟东升教授的《货币、权力与人》一书中，翟教授将以美国评级机构领导的评级业务称为霸权。目前我国的评级机构多为与三大评级机构的合资企业，而本土评级公司公信力不足，专业水平仍有巨大差距，大公国际等机构在资信评级上多次出现重大偏差，严重影响我国评级机构公信力。打铁还需自身硬，拥有高素质的评级机构也是提升我国债券市场的重要部分，是便利实体企业融资的重要行业。打破国际评级巨头的垄断，形成有公信力的评级机构任重而道远。

债务市场上的改革任务艰巨，继续进行监管改革，彻底解决刚性兑付问题与隐性担保问题，才能做到债务市场市场化、资金利用效率提高，把好钢用在刀刃上。

三、金融业务与服务视角的分析

（一）间接融资模式亟待改进

我国以银行为主导的间接融资是我国企业融资方式中最为重要的一部分。合理选择信贷的规模，对于微观经济的调整，经济转型具有重要作用。通过确定合理的信贷计划，满足实体经济对于资金方面的需求，维护经济稳定。

面对中小企业融资难、融资贵的问题，我国商业银行长期以来未能发展多维度信贷评价体系，比如"6C"信贷规则并不能得到有效的落实。在以现有抵押物为主导的基础上，如何综合考虑贷方的信誉与还款能力，在控制风险水平的条件下，进一步刺激资金的流动与盈利能力，增强市场活力仍是严峻的问题。由于缺乏可控制的微观信贷政策来替代部分中央银行宏观信贷政策功能，央行的大水漫灌可能带来资金利用效率低下、资金空转、"脱实向虚"等副作用，这对于企业经营的稳定非常不利。

2013年李克强总理提出通过金融促进其他行业的转型调整，减少过剩产能，鼓励高科技企业、绿色产业、加强基础设施建设。在信贷层面，则需要适当减少对僵尸企业、高污染低效率企业的支持力度，加快促进产业升级与转型。这里学者常用绿色信贷来总结这一点，即在贷款过程中制定合理的标准，确定对于不同生产环节环保水平、不同产品绿色水平的企业给予不同的贷款政策与价格，对政府绿色建设项目给予专项贷款。我们当前有一套评判绿色信贷的方法，但与欧洲方面的标准仍有差距。我们还未研究清楚什么样的标准是合理的，如何激励商业银行进行这一可能并不有利于其盈利性的行为。另外对于具有创新性潜力的绿色企业，由于其预计的还款能力与实际情况有偏差，商业银行也缺少对企业绿色程度进行甄别的能力，所以其具体实施仍面临巨大的障碍。

同时，资源在各地区之间的分布十分不平衡，在中西部地区这种不均衡体现得格外明显。如果要适当放宽盈利性要求，那么新的标准该如何制定。全国性金融机构在各地区如何与地区性金融机构合作，有针对性地培养当地的产业。从目前来看，贷款规则的问题很大，民营企业与高新企业如果没有被给予更好的融资环境，它们可能会错失重要的发展机遇，这些都是我国间接融资所面临的问题。

（二）其他直接融资工具及投资银行相关业务不发达

任何一个金融体系想要为不同情况的企业提供服务，都必须拥有多种投融资方式。目前银行贷款、债券融资、发行上市融资等方式更适合已具备一定规模的企业；对于小微企业，尤其是在新兴行业、新兴领域里的企业，直接投资业务是一项重要的工具。不论是具有商业银行、信托背景的投资银行，又或是近些年如雨后春笋般迸发的风投私募公司，都能够对个体企业进行更为细致的调查研究，并长期跟踪。同时由于投行、私募与传统银行业务相隔离，能够较好地控制被投资企业破产的风险。这种风险正是小微企业所普遍存在的问题，即成功的投资具有高回报的特征，失败的投资则可能血本无归。风投企业在保证盈利性的同时，也需要正确引导小微企业的发展，为其提供因地制宜的发展建议，提高我国企业的创新能力，发展新兴产业和与之相适应的管理模式。而市场上的风投私募公司，业务水平仍需提高，尤其是投资于一级市场的公司，常常无法有效提高被投资对象竞争力。由于私募基金属于高风险的投资类型，选择投资项目时，以及投资后的指导应当更加注意。此外，私募公司的质量也是良莠不齐，近些年暴雷跑路的新闻时常发生，说明我国对于私募公司的监管仍然不到位。

从区域发展的角度来看，要为欠发达地区注入经济活力，很大程度上需要培养当地的优势产业，从而实现地区的自给自足。而投行与私募则可以将资本有针对性地投向这些地区，目前绝大多数的被投资对象都集中于较发达一二线城市，一方面这确实是由于发达地区所积累的人力与资本更为丰富，另一方面金融企业也很少将目光投向距离遥远的地区，这种信息的阻碍对于资金的有效配置非常不利。

在大企业当中，很多对于经济稳定具有重要意义的大企业仍面临着运营效率低下，杠杆率过高的问题。投资银行能够在一定程度上帮助这些企业实现改革，提高企业活力。通过多种金融工具，如债务重组、资产证券化等手段，帮助具有良好前景的企业摆脱历史问题的困扰。通过企业收购、兼并、重组，消化现有的企业偿付风险。通过投资银行业务，改革企业的经营模式，提高经营效率，提高产品、服务水平，为实体经济发展注入新活力。在这方面，近些年受到去产能政策的影响，在资源开发与重工业领域的企业兼并重组较多。清理僵尸企业成为兼并重组的重要目标。目前我国的僵尸企业、落后产能依然存在，兼并重组依然面临着漫漫长路。

另外，对于我国目前存在的 PPP 项目、BOT 项目、REITs 项目要总结经验，很多项目的初衷是好的，希望能够调动民间资本。但从结果来看效果极为有限，最终接手的仍然是地方政府与大型国企。并且一些大型建设项目的投资回报远不如预期，这种损失对于民营企业也是难以承受的，民营企业往往没有能力去管理大型项目运营，实际上也只有大型国企能够承担，这对未来的项目没有起到好的示范作用。今后对于如何选择存在可行性的项目，选择合理的资本结构，规范政府在项目中的作用，如何控制建设与经营中的风险都是严峻的问题，如果做不好，便无法真正地引导民间资金，刺激经济发展。

（三）金融产品类型不够丰富

金融业在面对日新月异的世界形势时，应为企业提供更为专业的产品与服务。2020年是全面建设小康社会的决胜之年，也是"十三五"规划的收官之年，更是"两个一百年"计划的关键时刻。面对艰难的脱贫攻坚任务，金融业目前在"三农"问题上所做的工作是有很大发展空间的。农商行、省联社、农信社如何为各地方农业提供特色的扶持是重要的一部分，保证基本生产活动的融资需求，控制"三农"中普遍存在的到期偿付风险，如何平衡这两方面，仍然是我国农业经济发展过程中亟待解决的关键问题。基层金融机构所面临的问题是严峻的，中央的支持不可或缺，但自身尽力保证收支的平衡也具有重要意义。各级金融机构应当设计更适合不同经济活动的金融服务，解决各地区不同的问题。目前我国农村的基层金融机构存在"贷款成为捐款"或"完全不给予支持，或极少量支持"的两个极端，当下过于统一的模式与服务形式不能最为贴合地为各地农村带来经济上的提高。

在经济较发达地区，进一步拓宽金融市场是市场经济的必经之路，我国现有期货、期权等衍生品市场与发达国家的衍生品市场仍有较大差距，信息化、自动化发展程度不及国外市场，能够熟练利用金融市场对冲风险的专业人士也较为缺少。实体企业在投资活动中存在忘记最初对冲目的，导致自身在衍生品市场上大亏特亏的现象。同时，在利用地区优势，发展信息化金融，优化审批流程上，我们现有金融机构所做的仍然很浅，单纯的信息录入与实现智能化数据处理具有巨大差距。信息化能够帮助企业制定更加合理的利率水平、节省流转成本、时间成本，实现金融机构与实体企业的双赢，金融机构在弥补信息化短板上所做的努力仍是不够的。

对于国际市场，金融机构应当提供丰富的金融工具，为实体企业控制国际形势变化带来的利率、汇率风险。如果缺乏这些工具，不仅仅是我国金融机构损失了重要的国际业务市场，实体企业在国际市场中所面临的风险也会更高。但由于历史原因，我国开放较晚，金融机构与国际的交流也相对较少，又由于金融业存在"赢者通吃"的现象，我国金融机构在国际业务中与欧美发达国家存在巨大差距。目前我国正在推进汇率市场化，中央银行放松对汇率波动的管控。这意味着未来随着金融开放的进行，我国金融与世界金融市场将有更多的资金流动，各种风险挑战将随之而来，国内金融机构能否成熟地与来自全世界的金融机构竞争，并继续站稳脚跟仍有疑问。在国际贸易服务方面，我国的产品与服务同样欠缺，当下我国银行在为企业提供如福费廷、信用证、保险服务中在定价、产品种类方面都与国际银行有差距，这导致企业常常忽视了这一方面所能得到的服务。只有银行在国际中拥有完善的服务体系，企业间的贸易才能有足够的支持，只有做好国际业务服务，国际贸易才会顺畅。

四、金融监管与金融创新的分析

(一)　金融监管改革力度不足

对于金融监管问题，可以从多个角度进行分析。从中央与地方的关系上看，目前我国金融监管部门总结为"一行两会"。其中，考虑到银行业与保险业业务内容的相似性，为避免监管过程中所面临的标准不同、监管套利问题，我国在2018年将中国银行业监督管理委员会与中国保险业监督管理委员会合并，集中整合监管银行业与保险业的运营。但我国金融机构数量多、分布广，尤其对储蓄型金融机构，由于其组织形式，所属地区经济发展情况都大不相同，中国银行保险监督管理委员会在执行监管任务时很难充分考虑每个机构的情况，监管也面临一刀切的问题。城市的金融设施与农村的信用社体系大有不同，东南沿海又与西部地区的投融资规模、风险规模等大相径庭。如何在设置统一的政策方针下，保证各地方能够根据自身情况，确定不同的方式来平衡金融监管与金融发展之间的关系变得尤为重要。另外，随着混业经营模式的发展，以金融机构进行划分的监管模式，也在吸收金融功能论指导下，按经营业务进行划分的监管方式。但目前监管上的变化常常跟不上金融业的变化，从而让一些投机者总能在政策适应经济变化的几年中钻监管漏洞，如何让监管的覆盖性更强，让法治真正起到作用，我们在监管问题上仍需要面临挑战。

政策的制定若要有效，最终的执行十分关键，这意味着监管不仅要针对结果，还要针对过程。目前我国仍普遍存在"上有政策、下有对策"的问题，消极应付现象难以避免，这导致政策的初衷与最终的效果偏差较大。很多方针如果停留在喊口号上便毫无意义，如普惠金融，很多地区的基础设施不到位，所提供的金融服务价格不合理，最终必然难以真正实现普惠的目的。又比如信息化建设，很多所谓的管理监控系统、可视化系统仍然仅仅是表面工程，距离具体实施与发挥作用还有巨大差距。我们对金融业发展的监管不应仅仅是对违法乱纪、破坏市场秩序行为的制止与纠正，在过程监管与执行监管上做得不好，往往让很多问题遗留在基层。

金融的发展十分迅速，既有技术性创新，如电子银行、信息化变革、移动支付等；又有规避监管或风险巨大的创新，如影子银行、P2P平台等。而鉴于后者对于宏观经济的稳定具有的威胁在不断浮出水面，我们针对金融创新上的监管需要与时俱进。当前时代背景下，技术发展迅速，监管部门很难对新问题判断风险，并在源头掐断其生长。但不论在反应速度还是执行速度上，我们能够做得更好。以P2P平台举例，其最早在2005年便在国外出现，并发展迅速，我国在2012年也达到野蛮生长的阶段。这种借贷模式的风险是显而易见的，民间机构几乎不拥有专业的资金管理模式，在风险控制方面也是几乎为零。然而我国中央及各地监管机构真正开始处理问题却是在2018年P2P平台集体暴雷事件发生之后，这意味着期间很多投资者已经遭受了巨额损失。小额贷款与民间借贷是目前应对小微企业与自然人"贷款难、贷款贵"所自然形成的重要模式，在过去与未来的很长一段时间内，这种民间方式都会有其生存空间，但这并不意味着其不受监管，目前相关方面立法工作才刚刚开展，距离能够达到监管目标还有较远距离。随着大数据处理能力的提高，在可预期的时间里，我们应当力争具备控制微观风险并兼顾系统性风险的能力，加强利用信息化技术以提高金融监管的能力与效率，不能让问题长期持续存在。

（二）金融创新服务实体经济具有发展空间

上一部分提到金融界出现了很多的创新，从金融机构的角度来看，是以盈利性为目的发展，但是这种发展不仅改变了金融机构的运营模式，也改变了我们的生活。

互联网发展已经全面改变了我国居民的生活习惯。曾经喧闹嘈杂的证券交易市场，如今换成计算机在默默地处理着成百上千倍于过去交易量的金额。交易、转账、缴费、投资在网络上都可以快速、准确、安全地完成。多少人出门时，钱包已经不是必带之物。技术的发展对于金融机构的效率大为改善，账目核算、审查都更加清晰简洁。金融机构的信息化让其能够更为有效地服务实体经济。数字货币的话题近几年热度不断上升，日常消费中主要的电子支付渠道由阿里巴巴与腾讯两家互联网公司控制，尽管其业务也是与银行合作进行，但很多人仍然考虑缺乏统一的数字货币支付体系是否合适。2020 年 10 月，中国人民银行在深圳进行数字货币的试点工作。这几年的另一个热点——区块链，也与此相关。我们目前预测区块链技术的发展能够为日常生活带来很多改变，产权保护、信息保护等都是主要发展方向。但以比特币为代表的虚拟货币却首先进入了大众视野，比特币从一文不值到千金难换带动了交易市场的疯狂与铺天盖地的骗局。我国目前全面禁止了虚拟货币的交易，这保护了大多数百姓的财富。但从另一方面看，这次风波也让我们看到了央行发行电子货币的可能性。我国的互联网支付程度全球领先，深入研究开发区块链技术，让我们的交易更安全快捷，这也许是人民币国际化道路上的一条捷径。其具体如何应用，安全性与隐私性又如何保证也是需要考虑的问题。

创新还体现在业务流程上，改进总分行结构，改进业务办理流程，运营模式规范化，办公部门模块化，银行更加以客户为中心。其中还包括运用 6σ 等一系列模型化的评价方法。这些改进已经为我国的商业银行改革做出了贡献，让我国银行与世界各国接轨。然而这些概念的历史已经比较久远，随着时代的快速发展，我们的业务模式也要逐渐前进，更何况在很多地区，这些已经有几十年历史的模式仍未落实，只是停留在理论阶段。

另外一些创新在出现一段时间后暴露了很多问题，但我们不应该全盘否定其意义，要思考其中的原因，并吸取经验。比如上一段提到近几年大起大落的 P2P 企业，它们通过名义上的高利率从民间吸收存款，为难以取得一般贷款的居民与企业提供高利息贷款。这些企业从资金管理角度上看，难以评价贷款回收程度，应付流动性错配。从法律的角度看，这些企业甚至时常出现暴力催款、携款跑路等严重违法事件，我国严厉处置 P2P 企业是十分正确的决策。但 P2P 的出现，也确实表明我国在融资领域仍存在问题，即合理的融资需求与资金供给仍然未达到理想水平。从金融业的健康发展来看，长期让具备贷款业务的公司处于监管体系之外是异常危险的，但我国的大型金融机构又缺乏提供具备类似民间贷款灵活性的服务，这让我们在平衡融资难与金融风险高之间存在重大矛盾。从区域经济协同发展的角度来看，民间贷款所能提供的帮助是较小的，要真正实现协同发展，资金从发达地区转移到欠发达地区的任务仍必须主要由大型金融机构主导。当前这种转移主要由中央政府完成，金融机构则主要是逆向的转移过程。金融创新不能停留于民间，金融机构若是继续在为中小企业、欠发达地区等较弱势群体提供服务上创新不足，则还是会诱发各种风险问题。

（三）金融创新与金融监管的协同不当

2018 年，中国人民银行、中国银行保险监督管理委员会、中国证券监督管理委员会与国家外汇管理局联合发布《关于规范金融机构资产管理业务的指导意见》，简称"资管新规"。其对于金融机构的主要要求体现在打破刚性兑付、规范产品模式、去除多层嵌套及去杠杆四大部分。力图治理我国资管类项目长期以来存在的不规范问题，降低整体金融风险。

进入 21 世纪以来，我国的货币政策长期保持宽松，这为银行表外业务的快速增长提供了良好环境。影子银行的持续扩张不仅扭曲了市场，也为金融系统的稳定带来巨大挑战。由于我国居民理财知识较弱，但投资需求又很强烈，刚性兑付的理财产品完美迎合了投资者的需求，为商业银行吸收了大量资金。这种形式的资金由于不是传统的存款业务，名义上损益由投资者自行承担，所以不用满足资本充足率的要求。但一旦兑付出现困难，商业银行为保证其自身竞争力，均选择用其他项目的盈余来填补亏损。不仅不利于产品的合理定价与资金有效配置，也为银行带来大量不反映在财务报表上的潜在风险。资管新规的出台及时地遏制了这种趋势。但这意味着投资者将面临更大的投资风险，对于投资的金融知识水平以及投资能力都是巨大的考验。资管新规因此同样明确了合格投资者的资格，在投资经验、收入、财产总额上都做出了明确规定，防止金融机构利用投资者对金融产品知识的匮乏来达到自身盈利目的。

其次是治理资管产品不规范的问题。理财项目在发展过程中一直未得到有效监管，使得很多产品存在较大风险。资管新规对于理财产品的期限、投资对象、投资集中度、资金管理流动性与收益分配核算提出了严格要求，规范产品类型，让一般投资者的投资风险与预期收益相匹配。多层嵌套模糊了投资回报的真实收益，提高了实体企业的融资成本，并让资金在多个机构中空转而没有真正流入实体企业，同时陷入高杠杆的问题。资管新规在产品对股权、债券、衍生品的投资数量与份额做出了明确限制，限制产品的负债率，防止公开发行的理财产品风险过高。资管新规下，各类金融机构都必须在忍受损失的情况下转型。对于商业银行，应发展传统存款类业务，降低非标产品规模，将理财产品向净值化管理转型并加强自身风险控制能力。但原本计划在 2020 年结束的资管新规过渡期，最终宣布延长一年，一方面受到新冠疫情冲击，整体经济形势不好，金融业的转变非常艰难，另一方面，由于证券业长期以来在产品方面缺乏监管，自身也不愿转变，承受销售业绩的损失。到 2021 年，资管新规将最终对所有市场参与者生效，届时监管机构能否完全落实监管，实现新规设立的目的，仍存在疑问。

目前来看资管新规的实施确实降低了金融"脱实向虚"的程度。据测算 2019 年 6 月，影子银行规模较之前的最高点已经下降了 13%，但是否能够让资金从影子银行转入监管下对实体企业的投资，仍需解决融资难、融资贵的老问题。

第二节　我国区域经济协同发展战略金融支持问题研究（一）

一、长江经济带与长江三角洲区域一体化金融支持与问题研究

（一）长江经济带与长江三角洲金融发展现状

伴随着我国各个区域协同发展战略的出台，区域产业协同发展与金融协同发展得到了越来越广泛的讨论与研究。2016 年 9 月，中央出台《长江经济带发展规划纲要》，对长江经济带的发展提出了方向与要求。区域协同是政策、产业、交通、生态保护等一系列问题的协同，是有效配置资本，多地区共同发展的重要战略。在这一过程中，金融业必然要发挥重要作用，为要素配置与实体经济发展做出贡献。相比起其他产业，金融业服务跨时间、跨地域、能力强，能够带头进行区域协作。

长江经济带是我国区域战略中涉及省份最多、所占 GDP 最高的战略。改革开放以来，长江沿线各地区都取得了不同程度的发展。经济的核心也从以上海为代表的长三角地区向中游地区以及上游地区转移。目前长三角地区总体发展程度高，形成了高水平发展的城市群。武汉、长沙、重庆、成都等相对靠内陆的城市也提升了自身能力，成为周边地区的核心，成为国内一线

城市，各城市之间的联系也日益加深。1988 年长江经济带内城市的金融联系仅存在于省会城市之间，而今天商业与金融联系已经形成了"以省会城市为轴，各个县市为点"的复杂网络结构。

1. 长江三角洲发展迅速

在金融方面，位于长江三角洲的城市早期依托改革开放积累了良好的工业基础，形成了发达的工商业，这些地区金融发展也最为迅速。上海成为我国大陆的金融中心，上海证券交易所、上海期货交易所、全国银行间同业拆借中心等重要市场化平台奠定了上海在金融业中的地位。上海银行、江苏银行、宁波银行、南京银行、徽商银行与杭州银行等位于长三角的城市商业银行也快速发展，在国内城市商业银行中位列前茅。这些银行虽然规模较小，主要在其所在省份经营，但也在周边地区建立了分支机构。全国性商业银行、政策性银行与城市商业银行不仅联通了相邻省份，更通顺了长江上下游各区域之间的资金流动。

全国性银行网点遍布各省份，在资金的区域间配置中起最主要的作用。规模较大的城市银行能够在服务本城市与省内重点城市的同时，在其他重要省份、城市设立分支机构，有利于跨区域业务服务，鼓励银行间竞争。这些银行的分支机构，将金融机构总部与经济发达地区的业务与长江流域经济带内其他地区的业务连接，加强了区域间的金融联动，推进了区域间产业合作。

2. 区域内发展水平差异过大

然而，从整个区域来说金融业并没有均衡发展。商业银行的跨省份投融资业务仍受到地方监管部门的阻碍，资本流动也并不顺畅。上海的资金充裕，资本成本较低，而中上游地区缺少资金，融资成本高，甚至对于上海周边的省份，其融资成本也难以接近上海。如何让上海的资金能够为周边地区乃至中上游地区提供服务，仍是需要解决的问题。

但从世界各国的发展来看，商业银行因政策、资本实力、竞争力、成本管理等多方面条件影响，必然以少量大型全国性银行与分布于各地区的大量小型地方性银行并存为主要结构。这就意味着，企业的间接融资渠道相对固定，主要借款方为全国性银行与本地城市银行。而从非银行性金融机构的角度来看，情况则不同。位于上海的非银金融机构发展最快，形成了全面的金融业服务体系。在满足自身实体经济与交易市场所需的金融服务基础上，能够凭借其业务上的专业优势，为位于长江经济带中上游的企业提供一定服务，包括但不限于企业债券发行、上市、保险、资管、风险对冲、战略咨询。这种服务同时也由长三角以外地区如北京、广东的金融机构提供，形成积极的竞争关系。除此之外，对小微企业投资，创业投资也是经济长期发展的重要部分。新的企业带来新产品、新行业、新的经济结构。但目前金融机构所能为长江经济带整个区域提供的服务仍是不足的，金融机构愈加扎堆在上海，位于长三角地区的非银金融机构更应充分学习国家区域协同发展战略计划，扩大自身服务范围，参与长江经济带的产业发展。

（二）长江经济带与长江三角洲金融支持的重点

1. 区域内部的产业转移

长江三角洲地区在改革开放以来，自身凭借相对较好的工业基础，得天独厚的地理优势，形成了齐全的产业门类，并在很多行业形成了全供应链结构。良好的工商业基础积累了雄厚的资本，为金融业的腾飞提供了基础。反之，金融业对实体经济通过提供金融服务提高了实体企业的生产效率，也因为其超出其他行业的利润率，吸引了资金停留于金融业中，导致了"脱实向虚"。上海的第二产业占 GDP 比重从 1994 年的 57.7% 降至 2019 年的 27.0%。金融业占 GDP 的比例在 1994 年只有 10.5%，而到 2017 年已经达到 25.2%[①]。这并不意味着金融业限制了传统制造业，而是政策与市场环境下专业性分工的加强与产业的自然升级。

从区域协同发展的角度来说，金融中心不应像制造业与其他服务业一样遍布在区域内部的大多数城市。因为从世界范围看，金融中心是一个国家内部最主要交易市场所在地以及各类金融机构总部所在地，以便于金融机构之间的合作。这意味着金融中心的数量必定是很少的，但其服务范围是宽广的。由于金融业服务受到地理限制较小，区域内部拥有一个全国性金融中心主导，同时有小型地区性金融中心辅助则能够达到金融中心产生的目的。

上海的发展，鲜明地展现了产业转移与产业升级的过程。制造业从超一线城市向一线城市，再向二三线城市转移。目前主要在长三角地区的各个城市形成较大产业规模。长江下游的城市国民生产总值较中上游城市普遍较高，但产业在向西转移的趋势则不明显。位于中上游的湖南、湖北、四川、重庆在部分行业具有优势，如专用设备制造、食品加工、交通运输、采掘业等，其现代化程度明显不如下游，产业在其省内的辐射广度也相对较低。而长江更上游的云南、贵州则主要依靠具有地方特色的食品加工业、烟草行

---

① 本章若无特别标注，数据均来自国家统计局。

业。地理条件很大程度上限制了地区的发展，位于上游的省份多山、道路难建设、距离海岸线较远，航运能力也远远不如下游。上游的成渝经济带也是凭借位于四川盆地的优势与自身人口大的优势才能够发展较快。云贵高原上的横断山脉则极大限制了交通运输，我国凭借高超的架桥造路技术才逐步提高这些地区之间的运输能力。

目前长江经济带的产业结构呈现了明显的东西向不均衡。加强区域间的联系，促进中上游地区的产业发展成为金融业在服务实体经济中所应考虑的目标。产业转移具有自发性，但也需要资金的助推。金融机构应继续扩大在中上游地区的金融服务范围，为更多实体企业提供投融资等方面的服务。转变金融机构自身预期收入结构，追求长期投资回报，对不同地区制定不同的金融业务模式，从而为相关产业提供更优惠资金支持，帮助企业吸引高质量人才，不仅加速现有的产业转移，更要促进创新发展。引导区域内部的产业分工，提高规模化程度，提升生产效率，减少小而散引发的过度竞争。

2. 公共设施建设

产业的自主性转移是企业出于最大化收益的考虑所进行的过程。而在当前生产全球化与市场全球化的情况下。基础设施的建设则至关重要，对地区实体经济总体来说，顺畅的交通设施，便捷政府服务，完备的水电网络等公共产品能够明显降低全行业的营业成本与服务范围。从金融机构的角度来看，通过协助政府进行 PPP、REITs 等模式的基础设施建设，或直接参与基础设施建设投资，能为区域互联与协同发展做贡献。根据国家发改委消息，截至 2020 年 6 月，各地已签约 PPP 项目中民间投资项目 1 677 个，其中湖南、江西、贵州三省新增项目最多。不过，当前基础建设资金的主要来源仍然是中央与地方财政投入，金融业多作为辅助方协助。就算是 PPP 项目，由于部分政府的运营不规范，规则制定有问题，风险共担机制并没有很好发挥。从这方面看，不仅需要中央成立专项小组进行改进，金融也可以积极探索新业务，为地方政府项目提供帮助。

3. 金融支持生态治理与绿色发展

伴随着产业的发展，工业污染问题也越加受到重视，习近平总书记提出"绿水青山也是金山银山""良好的生活环境是人民对美好生活的要求"。我们在经济活动中，既要保护环境，又要绿色发展。目前绿色金融被广泛提及，即通过金融机构在信贷活动中对项目以绿色程度进行评价，来决定贷款计划。这其中既包括对有潜力的绿色企业提供绿色项目专项贷款，也包括对高污染企业在融资上的限制。长江流域以水相连，上游江河沿岸的污染治理关乎下游的环境水平。只有长江流域整体一心，协同保护流域的自然环境，治理才能有效。

我国绿色金融发展很快，涉及生态治理、新能源研发、环境保护等多方面项目。首先，金融机构通过为绿色企业提供资金，让生活消费品更加清洁。这其中既包含新能源汽车，可回收产品等新的最终产品；也要考虑改进生产方式，少浪费、低污染、低功耗，绿色金融可以为企业在绿色发展中的方方面面提供支持。此外，通过与地方政府合作，建设城市与农村的污水处理站、废弃物处理站，治理河道污染、提高绿化覆盖率，从各个方面改善居民生活环境。这种方式仍有很大发展空间，我国正处于经济转型期，数量庞大的旧有粗犷式生产为我国经济的起步贡献巨大，但随着产业的升级，人民对良好生活质量需求的提高，很多企业已经不适应新时代的发展。如果不能及时转型则会被时代淘汰，考虑到这种转型困难重重，企业自身面临从资金到技术上的支持，金融业能够为其提供相关服务，促其能够自我改革，逐步淘汰落后产能，制定绿色发展战略。这种转变在长江下游地区尤为重要，众多的企业都需要金融业的支持，各商业银行应从项目中汲取经验，在不同县市中合理配置资金，探索长三角地区整体的产业升级转型道路。

（三）长江经济带与长江三角洲金融支持的问题

1. 缺乏长江流域内跨省金融服务

中上游地区吸引产业落地不能仅依靠企业自身的选择，对于任何企业来说，厂址的迁移与选定都是十分重大的决策，在所需考虑的因素当中，迁入地区所能为企业提供的服务至关重要。这其中既有地方政府财政方面的支持、产业园区上的优惠，也包括相关行业，如金融业、运输业的协同；还有产业链中相关上下游企业的迁移。要实现地区经济的长期发展，企业必须能够从初期的被扶持者发展为稳定的税收与就业机会提供者。这一过程艰难而具有风险，对于目前基础薄弱的地区，如何能够尽快完成基础配套设施的建设，如何能实现从无到有，并保持数量上的增长，还需要因地制宜的研究。

而金融业在这一过程中能够贡献的，是最为重要的资金支持。即企业在当地能够获取的融资额度与所需付出的融资成本。商业银行与政策性银行能够与地方政府一道，携手吸引优质企业进驻，达到"1+1＞2"的效果。同时，这种合作应具有长远眼光与战略眼光，政府应利用金融机构在行业研究上的专业优势，认真分析企业特点，专注于培养适合当地条件与发展战略的企业与行业。不应机械模仿，要学习经验、转化吸收，再形成具有当地特点的发展战略，避免资金的浪费与坏账发生。这也需要金融机构进一步提高自身能力，不仅在金融领域有所长，更应具有多面手的特点。

2. 农村金融建设尚未解决

对于广大的中上游地区来说，尤其是非省会城市来说，鉴于其历史因素与自然因素的，二、三产业的发展是机会与挑战并存。而农业则是各个地区都必须高度重视的基础，"三农"问题是关系国计民生的根本性问题，全面建成小康社会，最突出的短板也在"三农"。习近平总书记在十三届人大二次会议中也强调，要坚持农村地区优先发展。

农村发展的问题涉及很多方面，就生活条件来说，长江中上游很多山区中的村庄公共设施欠缺，水电等重要设施尚不完备，居住的房屋危险老旧、卫生环境差，更不用说公共医疗、养老等更高级的保障。就农村收入来说，扶贫问题已经持续了多年，各地为了解决这个问题，从专项扶持、专业指导、到异地搬迁想出了各种方法。2020 年是全面建成小康社会的收官之年，既要解决最后一千多万人的贫困问题，又要做到真脱贫、不返贫。这在新冠疫情大爆发，以及 2020 年夏季长江流域特大暴雨引发全流域洪涝灾害的条件下显得更为艰难。面对严峻的挑战，金融业应主动担负起社会义务，为农业农村发展献计献策。

对广大的农村地区来说，最贴近日常生产生活活动的金融机构是农信社。农信社体系由省联社、县联社与农信社三级构成，各地农信社由农民入股组成。农信社通过对社员信用进行评价，提供贷款，长期以来为我国农村地区发展提供了重要帮助。对于农村地区来说，全国性商业银行尽管实力雄厚，但不能遍布，所以应充分发挥农信社在普惠金融中的作用。但与此同时，单独农信社规模小，信贷管理能力弱，容易产生不良贷款。同时农信社盈利能力也较弱，尽管盈利性不是金融最看重的要求，但农信社能够自负盈亏是长期良性发展的重要条件。另外，农信社作为最贴近农村生活的金融机构，应鼓励积极发展适应地方特点的信贷模式，不能因宏观的政策导致地方信贷过度宽松或收紧。省联社应当发挥综合管理的职能，因地制宜地指导农村信用社的发展。金融机构在完成自身业务时，也要宣传培养当地人民信用意识，实现农民与农信社的双赢，这也体现了扶贫也要扶志的要求。

农村商业银行也是我国农村地区的重要金融机构，由发展较好的农信社改制而来。提供业务更为丰富的信贷产品与普惠金融服务。农村商业银行的发展体现了更为规范的治理体系与营业模式。农商行与农信社一道，为农村提供金融服务。而长江经济带中的其他地区大型城市商业银行与全国性商业银行则可以借助与本地农商行的合作,将资本从长三角的发达地区,向具有发展潜力的中上游地域转移。同时为农商行提供更丰富的业务选择,农村创业基金,农村企业投资公司等都可以由大型金融机构为长江经济带中的广大农村提供。

二、京津冀协同发展中金融协同与问题研究

(一) 京津冀金融发展现状

1. 金融格局层次分明

京津冀协同发展战略是习近平总书记在 2014 年提出的区域发展战略,目的为疏解非首都功能,推动产业升级与一体化发展,建设现代都市圈。三地之间关系紧密,不论是产业分工,基础设施建设还是生态治理都需要三地的协同努力。一直以来京津冀三地发展状况大不相同,河北省经济总量与北京相近,但人均收入则远不如北京、天津,2020 年河北省贫困县才全部摘帽。近 20 年来,北京的工业制造业不断向河北地区转移,加强了河北省滨海地区的经济水平,但总体水平仍然较低,如何进一步提高发展水平,改善人民生活质量仍将是长期要解决的问题。天津作为华北地区最早对外开放的地区,拥有渤海沿岸的第二大港口与众多经济开发区与产业园区,以及扎实的制造业基础。但伴随我国经济进入新常态,天津的原有制造业面临严峻的转型压力,近 5 年经济下滑严重,亟须转换增长动能,探索新的发展模式,如图 3 - 4 所示。

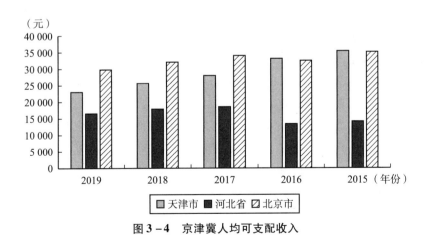

图 3 - 4　京津冀人均可支配收入

从金融业发展来看，北京作为首都，从政治意义与经济意义上对金融业具有巨大吸引力，汇聚了众多金融机构，占有京津冀地区金融业最大体量，并承载了主要的功能。中央银行、商业银行、券商、保险、信托等多种金融机构都位于北京。2019 年北京在全球金融中心（GFCI）排名中排行第七，国内排名第三，金融业增长 8.9%，占地区生产总值的 18.5%。天津与河北所用的金融机构数量与种类则相对少很多。相比北京非银金融的大放异彩，天津、河北主要仍是以商业银行作为金融业的主要参与者，如天津的金融资产交易所做得有声有色，在普惠金融方面取得了一定成果，而河北的金融基础薄弱，在商业银行方面，2020 年刚刚做到摘帽的贫困县所能通过商业银行得到的帮助都是极为有限的。

所以从区域经济发展角度谈及金融业对实体经济作用，必然主要讨论如何将北京金融业汇聚的资本优势，向周边地区辐射，带动区域整体的发展。这种带动开始于天津、河北的协同发展，并要逐渐向环渤海地区发展。在疏解北京自身非首都功能的同时，带动华北地区的全面发展。目前京津冀协同发展战略已初见成效，但距离达到充分的协同与实现京津冀一体化仍有较大距离。金融业如何支持区域内经济的健康协同发展在未来仍然必须不断研究，不断改进。

2. 金融体系较为健全

京津冀若看作一个整体，其金融体系是较为完整的。这其中北京作为我国北方重要的金融中心起到了决定性的作用。从政府性机构来说，北京拥有中国人民银行总部，财政部、商务部等各大部委都汇集在北京；政策性银行的总部，国有商业银行总部也都在北京，加上其他如中国人保等国有金融机构，北京天生拥有极强的金融基础。同时因为北京作为首都的特殊地位，中华人民共和国成立以来，人力资本大幅汇聚于此，带动了大量资本也随之集聚于北京。加上我国特有的强政策导向，这些优势也让北京的证券、信托、保险等金融机构能够有巨大的市场空间与吸引力。由于各类金融机构的全面性，其所能提供的金融服务也是丰富的。尽管如前文所述，我国金融业与发达国家仍有差距，但就产品大类来看，北京所拥有的金融机构能够为实体企业提供投融资、保险、兼并、重组、咨询等一系列的业务。单就融资途径来看，从对小企业的天使投资与创业基金，到贷款、债券投资与上市，尽管产品不够丰富，但金融服务所涵盖的种类是齐全的。

天津在改革开放以后发展同样迅速，依靠着沿海优势，天津通过接受产业转移，打下了自身的金融基础。但是由于缺乏政治方面的优势，同时自身主要以制造业企业为主，其金融发展远不如北京，近年来随着制造业的衰落，金融业整体形势更加不乐观。河北省金融业则更为单一，由于地理位置环绕北京，其基本处于为北京服务的地位，金融业基本完全由商业银行构成。所以，讨论京津冀金融体系的完整，其关键在于能不能把京津冀看作一个整体。从发展前景来看，京津冀是一定要贯彻一体化进程的。

3. 金融人才储备充分

北京作为我国高等学位最为集中的地区，在国内人才储备几乎无出其右。从金融人才来看，北京大学、清华大学、中国人民大学一类的综合性大学，中央财经大学、对外经贸大学等财经类高校都在北京，这些高校自身科研实力强大，更为我国政策制定做出了突出贡献，这种高端的学术氛围使北京拥有最强的金融业人才培养体系，每年能够培养上万名财经类人才。同时由于北京自身所拥有的巨大金融市场，很多其他地区的财经类毕业生也会选择到北京寻找发展机会。再加上天津的南开大学、天津大学同样在财经类上的优势。京津冀地区从整体来看所拥有的金融人才储备是全国最充足的。

（二）京津冀区域经济协同发展金融支持的重点

1. 京津冀区域经济协同发展的战略目标

北京作为首都，是中央政府与众多部委的办公地，具有重要的政治意义，中华人民共和国成立以来在城市建设上得到了最大力度的支持。在华北地区北京的各类制造业，工商业发展也最为迅速，吸引了全国各地的人入城工作。但随着人口的快速增长，城市规模快速扩张，随之带来了严重的城市病，交通问题、污染问题长期难以解决。2015年北京城市副中心的提案被采纳，2019年北京市政府及相关政府机构迁往通州城市副中心。2017年中共中央国务院决定在河北保定市中建立雄安新区，并出资成立一系列投资企业，用以快速建设雄安新区，并将雄安建设称为"千年大计"。京津冀区域经济协同发展是要以疏解北京非首都功能区为"牛鼻子"，调整区域经济结构与空间结构，建设城市副中心与雄安新区，为探索超大型城市治理，有效解决大城市病开发新的模式。

2. 京津冀区域经济协同发展金融支持的重点

在京津冀协同发展的过程中，产业转移是重要组成部分。在城市副中心与雄安战略之前，以首钢集团为代表的制造业企业早已开启了产业迁移的过程，这其中既出于环境保护的考量，也有明确京津冀三地产业分工的目的。近几年越来越多的企业迁出北京，唐山凭借临海优势吸引了众多企业入驻；

沧州、廊坊也凭借地理位置优势吸引了如北京汽车、北京稻香村等知名企业入驻，签约项目累计数百个；张家口依靠 2022 冬奥会的承办，重点发展冰雪项目与旅游业。以上的产业转移在未来几年仍将持续，北京第三产业的比例还将继续提高。而金融在产业转移的大潮中应有效帮助企业完成转移，并以一体化的视角继续从资金上支持转移后企业在河北的发展。

天津近年曾经优势制造业逐渐落后，尽管港口经济依然雄厚，并在滨海新区建设了中关村科技园区用以引入新企业，但转型过程较为艰难。如何培养吸引更多高附加值企业，并依托自身渤海湾自贸区优势发展贸易行业，需要地方政府制定相应政策，也需要金融机构提供更多服务。金融机构应加大对本地企业资产盘活与转型升级融资支持力度，设立普惠金融专营机构、融资租赁专营团队，积极支持天津的海河产业基金。推动天津高水平建设自贸试验区。落实金融支持自由贸易试验区建设政策，开展跨区域金融协同创新与合作，加大对租赁公司融资支持，开展平行进口汽车融资，通过跨境本外币借款、跨境电子商务、海外发债、外汇资金交易等创新业务，助推投融资和贸易便利化。推动天津港的发展与建设，依托地理优势成为国际一流海港，依托全球服务网络，发挥专项融资优势，为对外投资、产品出口、工程承包和劳务合作等"走出去"企业，提供国际结算、跨境银团贷款、出口信贷、内保外贷、跨境并购等融资服务。推进国有企业混合所有制改革。借助金融业优势，为天津国有企业改革提供全流程金融顾问服务，创新金融产品，提供直接或间接融资服务，加强国企在国际中的竞争力。加快天津产业优化升级。

雄安新区作为京津冀地区的千年大计，其城市目标不仅是产业转移，还有北京教育、医疗、金融等众多服务业的配套迁移。通过整体性的迁移，吸引北京人口转移，改变目前摊大饼式城市规划，形成以北京为中心的现代化都市圈，这种大战略不是依靠建筑业在雄安建设高楼大厦就能完成的。当前，我们看到交通、电力设施已经逐步开始建设，工商银行通过子公司工银科技，利用区块链技术为雄安的建设提供支持；建设银行也通过设立分行，提供雄安新区支持贷款为核心的多种保障服务。众多金融机构已经成为建设雄安的重要部分。但在这之后众多公共部门与产业怎么逐步迁移，迁移多少都仍需要未来的不断探索。但雄安新区作为疏解北京非首都功能的核心，金融业必然要持续提供相应的支持。并且这种支持如果参考珠海、深圳的发展历程，很可能在回报期上要远高于向其他地区的产业转移，公共项目更多需要依靠为其他产业带来的正外部性来回收成本，而雄安作为新城市，自身财政收入中短期内将无法平衡巨大的财政支出，金融机构在参与过程中应采用适当的项目评价方式，同时控制投资风险。这一过程中国家开发银行作为政策性银行与大型全国性银行已经带头进行投资，中信等国有金融机构也在积极参与雄安的建设，而众多其他金融机构以及其他资本也应配合专项投资公司共建雄安新区。

在京津冀协同发展的过程中，河北、天津作为承接地，其金融机构数量与网点无法与北京相比。而位于北京的金融机构仍然缺少以一体化视角向天津、河北发展业务的活动。在与地方政府合作方面也仅仅主要是国有企业在完成目标，产业园区如果缺乏金融业的参与，便不能称为配套设施完备，便会加大吸引合适企业进入当地的难度。同时，随着现有企业的转移，更多小微企业也将在河北、天津出现。金融机构如何及时发现，培养具有潜力的创业公司也是在未来将重点思考的问题。

（三）京津冀区域协同发展金融支持方面存在的问题

1. 跨区域金融交易还不够便利

京津冀三地实体经济发展水平差异很大，这导致三地金融服务水平存在较大差异，而这种差异甚至越来越大。目前三地的金融系统仍是各自为政，这导致资金在三地之间缺乏流动性。天津与河北的企业面临融资难、融资贵的重大问题，而北京的资金则非常充足，金融机构众多，竞争水平高，成本也因此较低。就 2018 年 12 月来看，北京、天津、河北三地卜浮利率贷款占贷款总额分别为 46.1%、17.1%、7.9%，可以看到北京的融资成本远远低于天津与河北。北京的融资成本低，资产回报率高，则抑制了资金向河北与天津的流动，让北京强者恒强，而河北陷入不利境地。在这种情况下，金融机构出于盈利性与风险控制的考虑，缺乏在多地设立分支机构与开展业务的动力，导致这种资金流动的障碍难以逾越。

2. 缺乏整体协同的战略框架与可落地的常态化协同机制

京津冀区域协同发展战略已经出台了很久，但在框架设计与协同机制落实上仍鲜有成果。这些年，三地从行政机构到金融管理机构都仍基本保持了原有的结构，其各自仍负责各自区域的管理。从监管的角度，这很容易造成监管资源的交叉浪费，或者让企业做到监管套利。从政策的角度，这种模式缺乏相互的联动与配合，尽管金融管理部门一直在推动金融机构服务当地的实体经济，但由于三地之间没有统一的方针战略，没有相互合作的框架可寻，很难利用北京的金融优势，带动天津、河北的实体经济与金融业发展。

很多情况下，各地发展模式趋同，金融支持需要更大的投入，反而浪费了金融业的资源。京津冀金融支持区域协同发展需要顶层设计，需要可落地的常态化协同机制，否则金融支持便是低效的且不具有区域性。

3. 在人才使用上也没有形成统一的市场

北京的快速发展不仅得益于政策支持，也在于其强劲的创新能力。这种能力源自北京拥有的众多知名高校，科研院所。高校每年培养硕士及博士远超天津与河北。这种强科研能力带来了经济增长的持续力，而金融业不仅应借助这种优势吸收众多高质量的从业人员，提高自身发展速度，而且也应当通过金融支持为其他行业提供吸引高新技术人才的条件。目前从北京转移到周边地区的企业若想要保持竞争力，尤其对于高新制造业来说，必须能够吸收具有强创新研发能力人才，拥有付出巨量研发支出的能力。这类企业总体上看短期内支出高，但长期看回报率也较高。北京高校能够培养大量高水平人才，但金融业如何让这些人才能够自愿前往各地服务我国的实体经济，并为高校培养的人才提供发挥空间仍需要思考。京津冀三地每年都会就人才一体化召开会议，可以看到各地区高水平人才缺口很大。这种缺口体现了我国仍需大力培养高水平人才。各地可以建立人才引进基金，只有匹配了高水平人才的需求，才能要求人才来满足自身生产研发的需求。

目前人才分布极其不均衡，高水平人才更倾向于留在一线城市工作。受制于市场分割、政策阻碍、经济发展现状等因素，三地在人才引进、培养和保留等方面，都没有形成较好的配合。而企业提供的工资等相关激励办法仍不足以吸引足够的人才在卫星城工作，这也造成产业转移过程中河北能够承接的企业多属于传统制造业，缺少高附加值产业。因此一些被转移的企业自身存在高污染以及竞争力不足等缺点，若单纯以地方生产总值作为判断地方发展的依据，则必然会造成当地生态破坏以及资源的浪费。京津冀三地之间政府与金融机构应就产业转移达成进一步协同，政府要从三地整体的角度制定评价体系，金融机构也应从整体利益角度选择合适的贷款项目，避免本应被逐步淘汰的企业仍在制造过剩产能，浪费地区发展机会。

三、"一带一路"建设中金融服务实体经济现状与问题研究

（一）国内金融机构对外业务与合作现状

"一带一路"倡议是我国当前对外业务的重中之重，"一带一路"倡议

的建设对于我国与沿线国家之间政治、经济、文化等方面的沟通交流都具有重要意义。是我国在新时期转换增长动能、促进经济高质量增长的重要途径。是为了实现我国与沿线国家经济上的双赢。截至 2021 年 1 月 30 日，我国已与"一带一路"沿线 140 个国家和 31 个国际组织达成了 205 份共建"一带一路"合作文件，对接各个国家自身发展战略①。在两届"一带一路"高峰论坛上，取得了突出的合作成果，交通设施连通建设、航运合作持续提高、能源管线铺设建成都加强了我国与"一带一路"沿线国家的关系。从贸易方面来看，尽管在 2013~2018 年，我国与沿线国家贸易总额呈现先下降，后上升的趋势，但从结果来看 2018 年贸易总额高于 2013 年，同时我国对沿线国家的直接投资额也明显提高。2020 年 RECP 的最终签署，东亚与东南亚之间贸易往来将更为丰富，这有利于我国发展国际贸易业务。

1. 国内金融机构走出去初有成果

从金融方面来看，截至 2019 年末，共有 11 家中资银行在 29 个"一带一路"沿线国家设立了 79 家一级分支机构（包括 19 家子行，47 家分行和 13 家代表处）。与此同时，已有来自 23 个"一带一路"沿线国家的 48 家银行在我国设立了金融机构（包括 7 家法人银行、17 家外国银行分行和 34 家代表处）。国有商业银行与政策性银行等在为我国企业提供国际金融服务中做出突出贡献。另外，中国出口信用保险公司累计实现保额 7 704 亿美元。人民币的国际化水平大幅提升，我国与 21 个国家实现双边本币互换，与 7 个国家建立人民币结算安排，与 35 个国家金融监管当局签署合作协议，人民币跨境支付系统（CIPS）在 60 个国家得到使用，如图 3 - 5 所示。

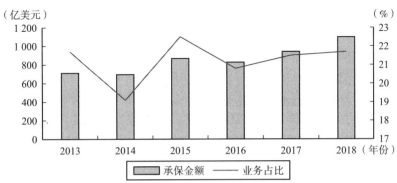

图 3 - 5　2013~2018 年中国信保支持共建"一带一路"承保金额

---

①　资料来源：中国一带一路网．我国已签署共建"一带一路"合作文件 205 份［EB/OL］. (2021 - 01 - 30)［2021 - 05 - 27］，https：//www. yidaiyilu. gov. cn/xwzx/gnxw/16324. htm.

这些数字表明了我国目前对外开放的突出成果，但也说明对外开放的程度仍需要继续提高，这是我国发展的必要过程，也是必须深入探讨的问题。在"一带一路"建设中，这种对外开放问题尤为明显，主要体现于仍存在着很多建设机制不足的问题。从融资方面来看，我国目前的金融市场难以向"一带一路"沿线项目提供较低成本下的融资，现有的专项贷款主要提供给基础建设项目的相关企业。境外企业由于法律规范与会计准则等问题则难以利用我国市场融资。外资金融机构也难以进入我国市场，从而扩展"一带一路"项目资金来源。目前外资机构主要通过合格机构直接进入内地银行间债券市场计划（CIBM）、合格境外机构投资者计划（QFII）、人民币合格境外机构投资者计划（RQFII）以及香港与内地市场互联互通进入我国金融市场。2020 年 5 月，央行取消了 QFII 与 RQFII 的额度限制，提高了我国对外开放水平，如何在进行合适的金融监管与扩大"一带一路"融资项目品种与规模之间找到平衡都需要认真思考。

我国金融机构的国际化程度目前与其他国际性银行仍有差距，在国际上竞争力弱。尽管在多个地区设立了网点，但服务能力仍有巨大欠缺。我国金融机构主要以银行授信、贷款与境外发行债券等方式服务实体企业，而缺少衍生品与其他风险控制工具的提供与创新。在投资银行业务上更落后于欧美发达金融机构，导致我国企业在海外的兼并收购业务仍主要依靠发达国家的金融机构。从产业分工的角度，短期我们可以利用外资机构，但从当前危机重重的国际形势与保障我国海外业务安全来看，我们必须提高自身金融机构在国际上的业务水平。

2. 亚投行运营步入正轨

亚洲基础设施投资银行在 2015 年正式成立，成为与"一带一路"倡议配套建立的国际性金融机构，是政府间性质的亚洲区域多边开发机构，也是首个由中国倡议设立的多边金融机构。亚投行重点支持基础设施建设，旨在促进亚洲区域的建设互联互通化和经济一体化进程，并加强中国及其他亚洲国家和地区之间的合作。截至 2019 年 7 月，亚投行已拥有 103 个成员国，在 28 个国家和地区投资项目 123 个，金额达到 24.66 亿美元[①]。项目主要集中于能源、金融、交通、电力、卫生等领域建设，2020 年亚投行还专门提供新冠疫情专项贷款来帮助亚洲各国渡过难关。亚投行虽然取得了一定成绩，但这种影响力仍是有限的，受制于政治与安全等多方条件限制，其投资

---

① 资料来源：亚洲基础建设投资银行，http：//www.aiib.org/en/projects/sunnmary/index.html。

对象与项目仍有较大局限。如何提高亚投行的业务能力，发展我国在亚洲地区基础设施投资上的优势，仍需要继续探索。

从总体形势上来看，目前我国"一带一路"建设项目多以基础建设投资为主。这必然意味着较大的投资规模、较长的投资期，以及更多难以预料的风险。我国金融机构与亚投行在"一带一路"建设当中，如何发挥好自身作用，帮助我国企业走出去，实现与沿线国家的双赢，仍需继续研究探索。

（二）"一带一路"倡议金融支持的重点

1. 实体企业国际业务中的风险控制

"一带一路"设想非常具有战略性眼光。但在具体执行的过程中，则要面临着多种类型的风险与挑战。在签订协议的140个国家中，发展状况大相径庭。一些国家拥有较好的社会环境与工业基础，拥有可以对接的计划；而一些国家基础设施匮乏，并长期处于战乱之中，难以进行投资。而在这些投资环境相对较好的国家，金融合作则面临停留于表面的贸易结算，而缺少投融资上的深入合作。如何让我国企业能够更为广泛有信心地走出去，不仅是政府之间协商的任务，金融机构也应主动提供相应金融服务。

我国在"一带一路"沿线国家多进行能源与基础建设投资，这些项目大多投资金额庞大，回报期较长且具有较高盈利不确定性。其中如机场、铁路、港口等基础设施在建成后自身具有盈利能力，尤其是对于我国周边国家，交通基础设施能够加强我国与周边国家的经济联系，具有相对稳定的投资回收能力。而一般公路、城市设施等的建设投资则主要依靠地方财政收入进行偿还，如果不考虑政治层面上的利益，在回收期内，地方经济水平、政治安全局势对本息偿还存在重大影响。再考虑到各国的政策法规不一，一些国家法律法规尚不健全。在项目监管、抵押、质押物管理等方面，我国投资企业对潜在的风险难以预料，金融机构在被投资国家进行业务时也缺乏经验。这些让我国企业在走出去的过程中难以大展身手，而金融业，尤其是保险公司则能够在这些方面降低信息不对称，并对冲企业面临的部分风险。

2. 金融创新与对外业务发展

"一带一路"建设作为具有开创性的国际合作，在具体项目落实过程中，也会面临许多以前难以预见的问题。这意味着不论是我国实体企业或是金融系统都必须在对外发展的过程中积极探索新的业务模式与发展规划。对金融系统来说，为适应我国国际化道路所要进行的改革创新更是多角度、全方位的。在深化金融产品创新、加快金融市场改革建设、提高金融机构国际化水平、优化金融治理体系等方面需要齐头并进，学习吸收国内外优秀经验，走出一条适合我国自身发展的道路。

（1）金融工具创新——"一带一路"专项债券。

"一带一路"专项债券是我国专门为"一带一路"建设发展所推出的债券。2015年6月，中国银行首次发行价值40亿美元的"一带一路"主题债券，也创造了中国在海外发行的最大规模债券。2017年，国开行在香港发行了3.5亿美金的"一带一路"专项债券。同年，俄罗斯铝业联合公司在上交所发行了首期"熊猫债券"，成为首只由"一带一路"外国企业发行的人民币债券。2020年6月，亚投行首次发行30亿元的"熊猫债券"。截至2020年6月，我国总共发行超过4 000亿元人民币的熊猫债券。

目前在"一带一路"建设中，基础设施建设项目作为首先在沿线各国开展的项目，投资期极长，且由于国际政治经济形势复杂多变，我国企业融资成为重要问题。融资难，融资贵是海外项目所不得不面临的难题。设立专项债有利于降低企业融资成本，提高资金使用期限，有利于适应基础设施建设项目投资期限长的特点。这一政策在2018年由上交所与深交所共同发布，允许融资主体以三种方式发行"一带一路"专项债券。第一种是"一带一路"沿线国家政府机构在我国交易所发行的政府债券；第二种是在"一带一路"沿线国家注册的一般企业与金融机构所发行的公司债券；第三种是境内外企业在我国交易所发行，并且所募集资金用于"一带一路"项目建设的公司债券。截至2020年本书截稿，"一带一路"债券主要仍有由我国经济主体发行，其中中国银行作为最大发行机构，累计发行价值约150亿美元的"一带一路"债券，并为超600个项目累计授信1 300亿美元①。据中国银行表示，"一带一路"债券中发行欧洲债券的欧洲投资者参与已经超过83%，大大高于首期债券36%的参与率。但我们也要看到，"一带一路"债券的国际化程度仍具有较大提升空间，如何让更多企业能够利用到专项债券，如何吸引更多投资者购买债券，如何引导境外机构在我国发行专项债都是近几年要努力解决的问题。

---

① 数据来源：中行"一带一路"主题债券规模近150亿美元［EB/OL］．中国经济网，（2019 - 04 - 16）［2021 - 05 - 27］，https：//www.jjckb.cn/2019 - 04/16/c_137980553.htm.

债券发行是发行主体、承销商、投资人以及债券市场合理协同之下才能顺利完成的融资活动。对于我国企业来说，国内市场债券发行比较成熟，但如何让我国实体企业在海外融资，又或是境外企业发行"熊猫债券"目前仍有多种问题。各国企业所遵守的法律不同，会计准则不同，在债券发行过程中，就需要金融机构具有丰富的国际业务能力，为企业提供全方位的金融服务，为实体企业打开通道。另外，国际化的加深意味着投资人对发行主体更难以取得所需信息，存在较高的信息不对称，抑制了投资者的投资意愿。这则需要完善信用评估体系与机制建设，打造我国具有公信力的评级机构体系，加强对相关项目与债券的信息披露并完善法律法规以解决国际企业纠纷与跨境违法犯罪。

（2）金融机构创新。

随着我国"走出去"战略的不断深化，我国自身原有的金融机构在积极配合国家政策，拓展海外业务，我国在 2015 年后相继带头建立了多个专门关注海外发展的机构与国际性组织以加强我国处理海外经济事物的能力，与国内现有银行等机构形成协同联动。其中如丝路基金由外汇储备、中国投资有限责任公司、国家开发银行、中国进出口银行共同出资成立，在基础设施、资源开发、产能合作、金融合作等领域支持"一带一路"建设。通过对项目股权投资、企业并购股权出资，IPO 出资、债券投资、夹层投资、与境内外金融机构设立共同基金、委托投资等方式，为"一带一路"中的各个项目提供资金支持，并进行风险控制。作为投资性企业，又兼具政治意义，丝路基金在项目选择上需要兼顾公共效益与投资风险，这也是我国机构在"走出去"过程中必须注重的问题，虽然目前投资项目的选择在信息获取，评估以及投资后的监管与风险控制上较为艰难，但也不能为了投资而投资。我国"走出去"战略要实现我国自身的长期可持续发展，应注重长期经济效益。

亚洲基础设施投资银行也是我国主导建立的国际开发银行，意在利用我国在基础设施上的一流建设能力，提高亚洲国家基础设施水平。同时通过提高建筑业、电力、水利、能源以及其他相关产业的产值，带动我国经济在"新常态"下取得增长新动能，并带动其他产业协同发展。在此过程中，必须保证亚投行健康地运行，目前标准普尔与穆迪都给予了亚投行最高的信用等级评价。作为国际性银行，"一带一路"沿线国家的主权贷款占总贷款比例的 70%，主权贷款一般没有相应的抵押物，亚投行也难以通过法律手段对违约行为予以追偿。这意味着如果信用主体国家发生重大政治事件，其偿付能力将具有巨大的不确定性。对于主权贷款，应当谨慎地估计风险，合理地制定针对性贷款政策。确保对外投资能够高效利用资金，有效带动经济发展。另外，世界上国际性银行众多，国际组织与很多，亚投行作为一家涉及上百个国家的银行，必然要与各个国际组织相联系合作。通过与世界银行、非洲开发银行以及其他地区性金融机构等合作，加强在沿线地区的金融服务水平。这也意味着亚投行必须快速提高自身在国际合作谈判，国际项目跟进中的能力。亚投行与丝路基金不同，作为银行，其可以参与到全球金融市场中，发行各类金融工具，吸引全球的投资者为"一带一路"项目投资，并通过多样化的金融产品降低风险，持续扩大自身的业务范围与影响力，参与全球金融市场与金融制度建设。

（三）"一带一路" 建设中金融服务的问题

我国能够提供综合性金融服务的企业仍欠缺。国际投资项目需要综合运用跨境资本运作、金融避险工具、国际经济形势研究、结构化融资、国际银团合作等多种类、全方面、个性化的金融服务才能较好地满足"一带一路"建设的金融需求。现阶段我国以间接融资为主的金融体系能够提供的金融产品和服务依旧以传统融资业务为主，在提供综合性金融服务方案和设计创新融资方式等方面，金融供给水平显得相对不足。

此外，由于"一带一路"沿线国家使用的货币各不相同，跨境结算对我国来说尤为重要，随着中美关系紧张局势加剧，甚至有人担心美国会将中国从 SWIFT 系统中排除。推进人民币国际化进程，加强我国自身金融机构结算能力是提高我国企业海外经营的一个方面。根据中国人民银行所发布的消息，我国与近 40 个国家和地区签订了货币互换协议，其中"一带一路"沿线国家地区占一半左右，这有利于我国企业扩大与相关国家开展贸易活动。但人民币在海外仍主要是在与我国接壤的边境地区使用。这一是由于我国目前并未开放人民币的自由兑换，使得离岸人民币市场并不发达；二也是因为以美元为主导的国际货币体系具有稳定性，美国极力反对人民币在海外的流通，我国货币现有交易规模也难以顶替原有交易货币。金融机构从银行、保险、投行到中央银行在我国企业走出去的过程中都仍需要继续协作以发挥出合力，为我国实体企业提供更好的贸易、投资环境。

第三节　我国区域经济协同发展战略
金融支持问题研究（二）

一、粤港澳大湾区中金融服务与问题研究

（一）粤港澳金融发展现状

粤港澳地区及泛珠三角地区是我国对外开放最早的地区之一，是我国面向东南亚乃至欧洲的重要门户，自古以来便承载着中华民族对外交流、贸易的重任。广东省长期是我国生产总值最高的省份，香港是国际重要的自由港与金融中心，澳门也是我国对外交流的重要门户。三地之间的良性互动为我国经济发展做出了突出贡献。

广东省是我国经济最发达的地区之一，拥有广州和深圳两大超一线城市。同时珠江三角洲内的佛山、东莞、珠海等城市也发展迅速，形成了环绕珠江口的城市群。2019 年广东省生产总值 10.76 万亿元，金融业占总值的 8.25%。广州、深圳生产总值都在 2 万亿元以上，佛山在 1 万亿元以上，东莞也已接近 1 万亿元水平。广东省以轻工业起家，凭借其制造业的快速发展，成为全世界的加工厂，并在多年发展中逐渐提高自己制造水平，在若干领域拥有完整的产业链。深圳更是凭借政策优势和与香港的密切联系，产生培养出了一大批我国重要的科技企业。截至 2020 年 5 月末，仅省会广州已累计培育境内外上市公司 187 家，总市值约 2.6 万亿元，其中境内 A 股上市公司 112 家，总市值约 1.5 万亿元；正常存续的上市公司 171 家，总市值约 2.4 万亿元；累计新三板挂牌公司 494 家，总市值约 1 045 亿元，累计募资约 160 亿元；截至 2020 年 5 月末，广州地区信用债累计发行规模约 3 000 亿元[①]。广东相较于其他省份，整体地理位置优越，但目前省内经济仍很不平衡，见表 3 - 1。广州、深圳生产总量超过 2 万亿元，佛山、东莞生产总值在 1 万亿元左右，而韶关、河源、梅州、汕尾、阳江生产总值仅仅只有 1 000 亿元出头，在体量较小的情况下，经济发展速度也不能明显高于其他

---

① 资料来源：广州市地方金融监督管理局，http：//jrjgj. gz. gov. cn/tjxx/index. html。

城市。广东省内相差巨大的经济发展水平，说明粤港澳大湾区对广东省内的地级市辐射能力较弱。如何将广州、深圳的优势产业与省内其他地区分享，形成区域协同发展，是广东在实现长期发展过程中必须要思考的问题。

表3-1 　　　　　　　　　　2019年广东省生产总值情况

地区	总量（亿元）				增长（%）			
	生产总值	第一产业	第二产业	第三产业	生产总值	第一产业	第二产业	第三产业
广州市	23 628.6	251.37	6 454	16 923.22	6.8	3.9	5.5	7.5
深圳市	26 927.09	25.2	10 495.84	16 406.06	6.7	5.2	4.9	8.1
珠海市	3 435.89	57.36	1 528.73	1 849.79	6.8	1.9	4.6	9.2
汕头市	2 694.08	120.88	1 279.7	1 293.5	6.1	3	4.1	8.7
佛山市	10 751.02	156.92	6 044.62	4 549.48	6.9	3	6.3	8.1
韶关市	1 318.41	174.41	443.41	700.59	6	5.1	4.5	7.1
河源市	1 080.03	121.17	371.81	587.04	5.5	5	5.7	5.4
梅州市	1 187.06	219.03	370.89	597.14	3.4	4.1	3	3.4
惠州市	4 177.41	205.5	2 169.12	1 802.79	4.2	1.8	2.3	6.8
汕尾市	1 080.3	152.27	403.14	524.89	6.7	5.6	6.8	7
东莞市	9 482.5	28.48	5 361.5	4 092.52	7.4	5.5	7.6	7.2
中山市	3 101.1	62.6	1 521.82	1 516.68	1.2	-2	-1.6	4.4
江门市	3 146.64	254.23	1 352.54	1 539.87	4.3	6.3	2.5	5.8
阳江市	1 292.18	247.05	446.07	599.07	8.2	2.6	14.1	4.2
湛江市	3 064.72	585.24	1 055	1 424.49	4	4.2	-0.8	8
茂名市	3 252.34	581.6	1 124.89	1 545.86	4.3	3.6	2.5	5.9
肇庆市	2 248.8	386.02	925.45	937.33	6.3	3.9	6.5	7
清远市	1 698.22	263.79	564.59	869.85	6.3	5	4.8	7.8
潮州市	1 080.94	99.03	528.35	453.56	5	5.6	4.1	6
揭阳市	2 101.77	186.62	818.89	1 096.26	3	4.4	0.3	5.5
云浮市	921.96	172.5	286.08	463.38	6.1	4.6	6.8	6.1

资料来源：广东省统计局。

深圳特区的发展更为迅速，积极的对外开拓与创新发展让深圳在40年内从渔村成为中国城市现代化进程中的标志，已经超过广州成为广东省最大城市。截至2020年5月，拥有内地注册企业204万余家，外资企业6.8万家，腾讯、华为等国内知名企业都位于这座城市，是信息化大背景下，我国高新技术发展的重要地区。深圳拥有我国重要的中小企业证券市场，为我国民营企业融资活动提供了重要渠道。近些年，随着实体经济发展所积累的资本愈加雄厚，金融业在深圳快速崛起，金融业在 2016 前增长速度多年超过 10%，是深圳市发展最快的行业。2019 年深圳金融业增加值 3 667.63 亿元，占深圳市生产总值达到 13.8%。银行领域，银行机构各项财务指标平稳运行，资产余额、存贷款规模稳居全国大中城市第三。证券领域，全年 22 家证券公司总资产 1.71 万亿元，营业收入 841.89 亿元，均位列全国第一。境内上市公司 299 家，居各省市第六；上市公司总市值 7.05 万亿，全国第二。保险领域，共有保险法人机构 27 家、分公司 77 家、中介机构 128 家，机构密度居于全国前列；全市保险市场实现保费收入 1 384.47 亿元，同比增长 16.19%。① 另外，随着深圳市员工工资、地价等生产成本的提高，制造业在逐渐向周边地区转移。惠州、汕尾、江门等市政府也在积极与深圳的企业对接，力争提高自身经济发展水平。

香港由于其独特的历史条件，在改革开放之后，一直是内地对外交流的重要渠道。香港拥有珠三角地区最发达的金融市场，我国股份制改革的大型国企很多都在港交所上市。同时，香港也是重要的贸易港口。在改革开放初期，香港在我国进出口业务上承担了重要功能。香港的制造业向内地转移，大量资本在内地投资，推动了珠三角地区的快速发展，而香港自身则向以服务业为主的产业发展，粤港澳三地形成"前店后厂"的产业区域结构。伴随着广东各地制造业能力水平不断提高，香港在制造业上已几乎毫无优势，服务业则凭借着得天独厚的地理位置与政治背景优势飞速发展，在贸易中更多承担运输服务、贸易咨询服务以及金融服务。国际资本也在这一过程中进入香港，投资香港的产业或者以香港作为进入中国的大门，投资内地产业。1994 年中国银行开始在港发行沙票，1997 年香港回归后，香港与内地的交流日益加深，2003 年 CEPA 协议进一步促进了内地金融机构开展香港方面业务。截至 2020 年 5 月，香港有 31 家在香港注册的持牌银行，132 家在非香港地区注册的持牌银行，总共约 25 万亿港元资产。同年 5 月，在新冠疫情与自 2019 年中持续以来的示威与暴乱活动的双重不利影响下，香港的股票交易市场总市值约 34 万亿港元，是世界第六大交易所②。2019 年来，随

---

① 数据来源：深圳市地方金融监督管理局，http：//jr.sz.gov.cn/sjrb/xxgk/sjtj/szjrzxtjsj/。
② 数据来源：香港金融管理局，https：//www.hkma.gov.hk/eng/data – publications – and – research/data – and – statistics/economic – financial – data – for – hong – kong/。

着中美关系不断恶化，在美上市的中资企业面临不利的审查条件，阿里、京东、网易等互联网巨头已经回港上市。香港联合交易所有限公司在我国企业无法满足沪深两市上市条件的时期，很好地满足了中资企业的重新上市需求，也为港交所自身带来了一批有活力的大企业。另外，香港仍是最重要的跨境人民币结算平台，为国际贸易以及人民币走向东南亚提供重要支持。在区域协同发展的视角下，香港如何持续发挥好自身贸易、金融服务优势，为实体企业服务，是关于自身发展与珠三角地区共同发展的关键问题。

中国澳门也是我国"一国两制"制度下的行政特区，但受制于自身面积小，历史发展也不如香港等因素，涉及澳门的话题相对较少。澳门自身主要依靠旅游博彩业与出口加工业作为经济主要支柱，金融业并非澳门的主要行业，在区域发展中并不承担独有性功能。加强澳门与其他地区的协同发展，更多是保持宏观经济稳定下，促进内地与澳门两地居民的消费。博彩业的兴衰受制于整体经济形势的好坏，波动很大。尽管澳门很难在制造业上与内地竞争，但提高澳门产业多样化是澳门地区应当注重的发展方向。

（二）金融对外开放与服务自贸区建设

经济全球化是历史大势，产业的国际分工也是近几十年的发展主题。我国自改革开放以来对外开放程度不断加深，1979 年我国就批准广东在对外贸易中采用执行特殊政策，运用灵活的方法，并在深圳珠海设立经济特区。香港、澳门由于回归前长期由外国统治，自身开放程度较高，并且与内地一同在改革开放后获得了充分发展，形成了各具特色的产业结构。目前，由于国际国内多方因素影响，我国经济进入新常态，从追求高速度增长，转为要求高质量增长。在这种大背景下，更要坚持对外开放不动摇，通过国际贸易与各国交流学习，提高自身水平，学习他国经验，推动高质量发展。

从粤港澳三地来看，广东省以制造业为优势，通过国际贸易提高自身发展水平。在对外贸易过程中，非常需要银行等金融机构给予支持。跨境支付、国际结算、银行担保、汇率风险对冲等服务都离不开金融机构。而将香港所具有的金融服务优势与广东的实体产业相结合是粤港澳协同发展的重要过程。香港的金融机构长期接触境外资金、提供贸易服务，具有丰富经验与专业知识。能够为内地企业提供充足的金融工具来规避风险。与此同时，由于香港自身面积较小，"产业空心化"明显，自身的实体经济不足以支撑规模庞大的金融业，必须进一步加强与内地的沟通，通过服务内地实体企业，实现香港自身的发展。另外，广州、深圳金融业及其他服务业的快速崛起在一定程度上削弱了香港在金融业上的优势。这其中既有深圳原发性金融机构发展的因素，又有全国性金融机构提高在深圳建设力度的因素。位于广州、深圳的金融机构与本地企业的合作更方便，也更具有政策的一致性。金融机构在深圳设立分部进行服务就减少了香港方面的参与程度，但单独就金融机构内部来说其国际业务仍可以通过与香港部门的合作得以完成。这体现了金融机构跨区域服务能力的增强，也意味着金融机构相互竞争不断增强。

近年来在粤港澳三地，自贸区建设成为重要任务。自贸区是对外开放的重要步骤，是我国为促进产业升级与经济高质量发展而提供的重要服务。广东的快速发展离不开外国直接投资的帮助，生产活动缺乏长期潜力。随着地区整体发展水平的提高，劳动力成本提高，低端制造业由我国逐渐向东南亚国家转移，我国的产业迫切需要形成自身优势，拥有创新创造能力，从而保持自身长期竞争力。自贸区内更宽松、更现代化的营商环境能提高企业在研发创新上的支出。在自贸区内，金融服务也能够有效促进企业的创新发展。为便利贸易，银行业应与自贸区内企业形成合作，方便企业实现外汇交易、国际结算、跨境电子支付等业务；保险公司应发展为自贸区企业设置的财产险、意外险等相关保险，为国际贸易提供保障。同时金融机构应通过贷款与投资参与自贸区建设，保持追求长期投资回报的理念，而不应追求短期的概念炒作。金融机构应当发展以客户为导向的服务模式，发现自贸区企业的需求，创新自身服务模式，为各个企业制定合适的产品服务，从而让自贸区内企业能够以最有利于自身的方式发展。

随着广州南沙、深圳前海、珠海横琴自贸区的建立，三地与港澳将在珠三角地区形成具有巨大规模的自由贸易海湾。相互之间若能形成良性竞争，则能大幅提高区域内整体的营商环境，进一步提高人员、资本流动，实现珠江三角洲内的协同发展，并辐射广东省其他地区的产业发展。

（三）国际湾区经济历史经验

湾区经济是一种以沿海城市群发展出的高效区域发展模式。从国际上看，美国的纽约湾区、旧金山湾区与东京湾区是世界上三大经济最发达的沿海区域。沿海城市依靠国际贸易上的便利与自身人口丰富带来的人力资本实力，天然相对于内陆地区具有发展优势。纽约、旧金山、东京的对外贸易历史悠久，自身在发展过程中都形成了成千上万的企业，在各行各业通过贸易长期以来积累了雄厚的资本。纽约、东京成为全球性金融中心，形成了数量众多的金融机构与规模宏大的金融市场；旧金山形成科技中心，引领信息时代发展。

在三个区域中，纽约历史最为久远，在美国尚未独立时，就是美洲重要的港口城市。在几百年的发展过程中，第三产业已经几乎完全取代了第一、二产业，而以华尔街为标志的金融业又是纽约最为标志性的行业。纽约的发展现状是建立于美国在全球至高无上地位条件下的，美国自身拥有全球第一位的 GDP，并且在第二次世界大战后期，通过布雷顿森林体系实际对全球金融局势形成霸权。美国的资本在世界各地进行投资，世界各国的优秀企业来到纽约上市融资。美国自身强大的政治、经济、军事实力造就了纽约如今的地位。而纽约的资本集团又通过金融霸权控制着全球经济，维护着美国自身的地位。一般认为，纽约和伦敦是仅有的两个全球金融中心，东京、新加坡、中国香港、德国法兰克福等则只是国际金融中心，服务范围主要是周边国家地区。而英国又因为自身在第二次世界大战后失去了全球领导者的地位，自身 GDP 已经被多国超越，伦敦的金融中心更像是一种历史惯性，即开放的金融中心能够在本国经济不再主导全球或地区经济的时候，仍能维持较长时间。而纽约则仍然能代表着美国自身强大的经济实力与增长潜力，并在一定程度上代表了全世界的发展成果。纽约金融的整体发展对于目前珠三角来说还过于遥远，我国在未来一段时间内仍很难模拟纽约的模式。但纽约发达的金融机构与市场仍有很多值得我们吸收学习。

旧金山湾区并不是金融中心，美国的主要金融机构多集中于纽约。但旧金山湾区同样是经济最发达、发展最快的地区之一。旧金山位于美国东海岸，不仅拥有国际贸易的天然地理优势，还形成了高科技企业云集的硅谷。旧金山的成功是区域内协同发展的结果，众多世界高等学府为旧金山湾区带来充足的人才与创新能力，高科技企业的汇聚形成了高科技产业的协同效应。目前就粤港澳地区来说，有望能够向旧金山的硅谷模式发展。广东省的拥有中山大学、华南理工大学两所 985 高校，暨南大学、华南师范大学两所 211 高校。从数量以及能力上在国内尚不足以领先，距离旧金山更是有巨大差距。香港拥有众多著名大学，每年也招收很多内地学生。但从就业方向上看，能够去往广东省各城市发展的仍是少数。香港很多大学近年与深圳交流逐渐密切，这有利于人才的区域内流动，并更好地发挥人力资本价值。就金融方面来说，不仅自身行业内应充分招揽高水平人才，以此建设粤港澳地区的金融互联，更应创造新的金融服务业务，帮助有潜力的企业吸收高水平人才；与地方政府一道，建立人才基金等项目，吸引人才留在本区域，并培养本地高校的科研能力。这些项目如何设立、评价都需要金融机构进行深入研究，人才培养与吸收短期看必然是投入大于收入，但其在企业长远发展中一定能带来更高的效益。

东京湾区是日本经济的命脉所在。其人口、经济总量都是日本最高的区域。东京湾的发展与粤港澳地区最为相似。东京湾周边的产业从低附加值的制造业向高附加值的制造业转变，能源、资源产业的地位逐渐被电子信息业、汽车制造、精密仪器制造替代。而 21 世纪以后，服务业又逐渐取代制造业，成为东京地区经济的绝对支柱。这并不意味制造业并非大幅衰落，而是以产业转移的方式进行了区域内的产业升级。在今天"日本制造"仍被我国人民视为高质量产品的标志。东京的金融市场为全日本的企业服务，东京作为世界第三大金融中心，拥有第四大证券交易所，为本土的几千家企业服务。金融机构实力雄厚，以东京为中心辐射周边乃至日本全国，甚至在全世界进行投资活动。在我国改革开放过程中，日本资本在我国进行了大量投资，如阿里巴巴的成功离不开软银当年的投资。在世界三大湾区经济中，东京湾是现阶段最值得我国粤港澳学习借鉴的。我们从金融的角度看，金融与制造业共同发展起来，为制造业的产业升级与高质量发展提供了充足服务。这种服务不仅限于融资，国际贸易、保险、咨询等业务都为日本制造业能够打下全球市场提供了帮助。亚洲金融危机以后，日本经济也陷入低增长困局，但日本的制造业企业仍在各自市场如电子产品、汽车保持了较高的占有率，这离不开日本发达的金融服务支持。粤港澳地区同样以轻工业起家，在发展过程中逐渐形成了区域分工，以中国香港作为金融中心，而广东为产业基地。由于我国独有的"一国两制"制度，这种产业分工相较于东京，在服务便利度上存在欠缺，但也意味着中国香港具备更宽广的国际视野。与东京一样，粤港澳地区也在进行着产业转型与升级。深圳提供金融服务的能力在快速提高，更多的企业在转向更内陆的地区。金融业应保持服务实体经济的核心不动摇，与制造业同进退。在目前的发展水平下，粤港澳的金融业无法像纽约、伦敦一样不单以本区域实体经济作为主要服务对象，而服务全国，世界的企业。粤港澳在现有产业分工下仍应以促进实体经济高质量发展为目标，用金融业来合理配置资源以支持关键领域的发展。

二、海南自由贸易港金融建设与问题研究

(一) 海南发展现状

海南在 1988 年设立经济特区，是我国对外开放较早的地区之一。但出

于自身人口与历史发展条件制约，发展速度和珠三角地区具有较大差距。随着我国经济的发展，人民可支配收入不断上升，对美好生活需求的不断提高，海南凭借得天独厚的自然条件，吸引了全国旅游热潮。旅游服务业的兴盛带动了零售业、房地产业以及金融业的相继发展。但目前就金融业来看，由于缺乏稳定的制造业，金融业在海南发展仍只是起步阶段，金融机构数量、种类，金融服务水平距离成为能够与香港媲美的贸易金融之岛，仍差距十万八千里。同时海南凭借南海海域丰富的油气资源也为自身带来了能源上的优势。然而这种发展在整个东南沿海的地区中显得并不充分。海南作为我国最接近东南亚、南亚的地区，同时作为岛屿，在贸易中具有地理位置的优势，如何向其他地区借鉴学习，并走出海南自身的发展之路意义重大。2018年习近平提出要设立海南自由贸易港，2020 年 6 月 1 日中共中央、国务院印发《海南自由贸易港建设总体方案》，要求将海南建设成我国对外开放的鲜明旗帜和重要门户。在充分发展海南现有的旅游业、现代服务业的基础上，充分发挥能源优势，发展高新技术业。实行贸易自由、投资自由、资金流动自由、人员流动自由、信息数据自由，实施零关税、低税率，完善知识产权保护，强化法治制度，将海南建设成世界一流的自由贸易港。

（二）基础薄弱的海南需要走出新道路

金融业在海南所负责的职能仍较为传统，由于主要经营地区在海南的大型企业较少，无论是银行业还是证券业都缺少服务对象。截至 2020 年 5 月 20 日，海南有 34 家 A 股上市公司、2 家证券公司①。若以建设国际性自由贸易港的目标来看，海南的金融业是相对落后的。海南应当积极学习其他现有自由港的经验，寻找自身的发展路径。与海南隔海相望的珠三角地区金融业在香港首先发展起来，香港凭借自身自由港的优势，通过转口贸易与"前厂后店"模式为自身金融业的发展提供了充分的条件，而目前海南所面临的形势与当年的香港则大为不同。由于我国经济的快速发展与坚定的改革开放步伐，经济快速发展，成为世界工厂与最大出口国。沿海地区、边境地区的对外开放降低了转口贸易的意义，海南也很难像香港一样以发达地区的姿态来服务内地实体企业。另外香港、深圳、上海的雄厚的金融资本造就了其金融中心的地位，与海南形成激烈的竞争关系，而海南在提供金融服务的

---

① 资料来源：海南区域股市周报. 总市值涨 3. 12%　葫芦娃涨 24. 77% 排第一 [EB/OL]. 每日经济新闻，（2020 - 05 - 20）［2021 - 05 - 26］，http：//www. nbd. com. cn/articles/2021 - 05 - 17/1750491. html.

竞争中并没有优势。以上的这些劣势意味着，海南要取得重大发展，学习是一方面，更要推陈出新。

目前来看，海南必须要通过自由贸易港的重要机遇发展自身经济，发展现有的服务业与能源产业优势，重点培养以高新技术为引领的产业群。海南拥有我国自贸区中最大的面积，能够容纳多产业的集聚，天然拥有土地优势，所以加快提高自身营商环境将是重中之重。这不仅需要税收上的优惠，更需要法治、金融服务、政策引导等多方面的发展协同才能吸引现有企业来到海南，吸引人才在海南创业。借助自身能源产业与地理优势，尝试建立大宗商品交易所，发展金融市场，提高金融服务水平，建立海内外能源相关企业的联系，逐渐提高自身市场规模。海南与香港相比，拥有与内地一致的政策环境，人员资金流动更为便捷，并且凭借自身更多的人口与面积，具有发展实体经济的更大潜力。但这也意味着海南对外开放程度不如香港，国际化水平较低，难以提供成熟的贸易金融服务。在这一点上，海南必须要成为我国扩大开放的先锋，在制度设计、政策执行上具备创造性，致力成为我国金融机构在探索对外服务业务发展中的主要试验田。

与此同时，海南也必须完善金融监管与治理。从为自贸区建立相适应的法规条例，到监管部门明确监管职责、落实监管执行，再到违法违规的及时查处，海南作为具有我国扩大对外开放的先行者，必须探索出合理有效的一套金融治理模式。目前的法律作为海南开放发展的基础是万万不行的，知识产权的保护、贸易投资的保护都是立法工作中难啃的硬骨头。但如果没有改革完善法律，其他的都是空谈。海南要么会无法达到预定的战略目的，要么则成为难以管理的法外之地。

我国长期实行资本跨境流动管制，一方面有利于我国自身经济与对外贸易稳定，另一方面我国金融机构缺少在资本自由流动条件服务、监管的经验。海南的开放，能够让我国金融机构发展国际业务，为未来国内更大范围开放下的治理监管提供经验。这让人民币国际化进程逐步走上正轨，只有开放资本流动，得到各国认可的人民币国际流通才能变为可能，海南自贸港也才能真正成为具有国际性的区域。

第四章　金融服务实体经济支持区域协同发展的政策措施

本章将金融、实体经济、区域协同发展三方面内容相结合，在介绍金融支持区域协同发展原则的基础上，从金融服务实体经济角度出发，分析各区域发展战略的方案设计，并针对目前我国金融服务实体经济和金融支持区域协同发展存在的问题提出建议。

第一节　金融支持区域协同发展基本原则

由于我国各地区之间地理位置、优势条件和历史发展速度等因素不同，区域间经济金融的发展也逐步呈现出不同的区域性特点。为更好地促进地区间经济协同发展，金融方面需要在以下内容的基础上综合考虑各地区实际情况制定合理的政策措施。

一、以因地制宜、差异化服务为发展要求

我国是一个地大物博的国家，各地区区位条件不同，发展速度不同。因此在区域发展中，各地区可利用的优势条件和需要政策支持的领域也有所不同。只有从各地发展的实际情况出发，严格分析发展现状及问题，才能更好地制定并实施务实有效、指向明确的区域经济发展政策，才能充分发挥各地区独特的发展优势，进一步提高发展水平，进而形成区域间协同发展的良好局面。在认真践行国家实施的各个区域协同发展战略基础上，坚持从各地区实际出发，因地制宜设定区域目标，实施区域政策并采取相应的扶持措施，才能更好地促进区域间协同发展。政府可以通过制定金融政策对市场经济进行宏观调控，这就要求政府必须深入分析金融政策对区域经济发展的具体影响，以促进区域经济平衡发展为目标，根据不同地区经济发展情况以及资源

状况制定切实可行的金融政策，为加快实现我国全局协同性发展，保证国民经济稳定发展奠定重要基础。

例如，我国中西部地区虽然资源比较充足，但是受到地理位置、交通以及经济技术条件等因素限制，再加上缺乏有效的财税金融政策支持，使得中西部地区在一段时期内充足的自然资源没有得到科学和可持续性的开发，具有资源优势的民营企业难以获得充足资金支持，直接阻碍了中西部地区的经济发展。而政府通过建立相应的财税金融政策，综合运用货币、信贷政策工具，就能够有效解决上述问题。不仅如此，我国经济富有活力、城镇化水平较高的东部长三角地区可以充分发挥优越的金融资源优势，重点扶持人工智能生物医药、高端装备、新能源、新材料、新能源汽车等新兴产业发展，着力解决科创企业的融资难融资贵问题。实施金融精准服务和政策倾斜，实现长三角地区内的良性互动、合作对接和创新要素开放共享。除此之外，我国不断推进的普惠金融模式也是金融差异化服务的重要举措。普惠金融立足机会平等要求和商业可持续原则，以可负担的成本为有金融服务需求的社会各阶层和群体，尤其是小微企业、农民、城镇低收入人群、贫困人群提供适当有效的金融服务，有利于促进金融业可持续均衡发展，推动大众创业、万众创新，助推经济发展方式转型升级，增进社会公平和社会和谐。

二、以绿色发展、长远发展为发展理念

推动经济高质量发展，是习近平新时代中国特色社会主义经济思想的重要内容，也是贯彻落实创新、协同、绿色、开放和共享五大发展理念，建设现代化经济体系的必由之路。当前我国环境问题严峻，必须要把发展绿色金融摆在关键位置上。金融机构在支持区域协同发展战略上，必须以绿色发展、长远发展为发展理念，坚持绿色金融助推绿色发展、生态文明和美丽中国建设，要不断创新绿色金融产品，着重扶持符合绿色信贷标准、环境风险低的"三农"、小微企业、消费信贷和公司客户；政策支持方面，政府可以对绿色债券实行一定的税收优惠进而吸引投资者对绿色交通运输项目、可再生能源及清洁能源项目以及节能环保、新能源汽车等战略性新兴产业进行投资。同时也可以尽量降低绿色贷款的贷款利率，通过政府资金的杠杆作用动员社会资本积极参与绿色金融发展，为绿色企业、环保项目提供新型融资方式筹措资金，大大降低绿色企业或绿色项目的融资难度。

区域间因为自然、政治、经济、文化因素的差别，其绿色金融发展水平

也参差不齐。区域间绿色金融发展水平差异过大，不仅不利于区域内经济效益与社会效益增加，而且会对邻近地区甚至我国整体绿色金融的发展造成负面影响。而区域间绿色金融发展最基本的方案就是增加地区间的绿色金融项目合作，这样既能改善当地生态环境，又有利于减轻政府财政的压力。为提升区域绿色金融发展的协同性，各地区需要依据自身特点制定绿色金融发展政策，定向调控各地区绿色金融协同发展。对于绿色金融发展滞后省份，政府可通过优惠政策、利率倾斜等方式鼓励绿色金融机构扩大业务范围，引进先进人才与技术，提升绿色金融水平，加强绿色金融安全建设，推动绿色金融反哺绿色实体经济。火电、钢铁、石化、水泥、有色、化工六大行业中排放污染较多的企业在减少污染物排放过程中，为了达到环保标准需要大量资金支持，虽然有的企业可以获得一定的国家补贴，但大部分要靠企业自己融资解决。对于这样事关全局的产业活动，银行等金融机构应该积极采取相应措施给予企业支持：符合绿色环保要求的实体经济企业，特别是代表绿色经济发展方向的循环经济、资源再利用等企业，在其初始投资期也十分需要资金扶持，这就要求金融系统成立以绿色经济为主要投资方向的股权投资基金，专门支持这样的企业发展。在这些企业达到较为成熟的发展阶段后，证券行业可以支持它们上市，使其获得更大的发展空间。

三、以解决地区间过大差距为工作导向

解决区域协同发展问题最关键一点就在于解决地区间发展差距过大问题，现实条件中的一系列瓶颈和矛盾制约着不同地区经济的发展。想要更好解决地区间差距过大的问题，需要国家各部门从不同地区实际情况出发，积极运用政策支持和体制创新等多种手段，着重解决重点地区龙头企业、中小微企业发展资金问题，提升效率，促进公平，进而脱贫致富实现全面发展。同时解决地区间差距问题要立足于解决突出困难和关键问题，大力促进欠发达地区特别是贫困地区跨越发展，加速补齐地区发展的短板，充分利用各地区优势条件，大力发展地区经济，尽可能缩小发展差距，增强区域发展的协同性。

金融机构应按照"精准扶贫"方略，将资金投入特色产业、民生服务、新农村建设、贫困地区基础设施建设、易地扶贫搬迁后的就业创业等重点扶贫领域，助力欠发达地区实现自给式发展，努力提高贫困地区自我发展的能力，从根本上增强落后地区发展的内生动力。以区域间协同发展为目标可以

建立互助机制，依据不同区域的优势条件进行合理的产业分工合作，实现地区间对口协作、对口支援。从东西部格局来看，不仅可以对西部贫困程度高的省份适当增加帮扶力量，对东部经济下行压力较大，自身帮扶任务较重的省份适当调减任务指标，还可以适当推进东部产业向西部梯度转移，不断优化协作内容，合理把握供需关系，达到进一步提高对贫困地区帮扶效率的目的。此外，在现有东西部经济协同发展模式基础上，促进东西部扶贫协作中的产业链和创新链对接合作，进一步拓展东部地区的发展新空间，实现先富帮后富，可以巩固和提升中西部地区的脱贫成果，有利于最终实现共同富裕目标；从南北地区格局来看，深入开展南水北调中线工程水源区对口协作，继续对口支援三峡库区，支持库区提升基本公共服务供给能力，加快库区移民安稳致富，促进库区社会和谐稳定。进一步深化东部发达省份与东北地区互助合作，不断完善东北地区的营商环境和城市功能，形成"投资必过山海关"的氛围，推动老工业基地和资源枯竭型城市转型发展，促进东北地区"工业锈带"向"生活秀带"转变，加快东北地区经济发展速度，缩小与发达地区间差距，更好实现区域间的协同发展。

四、以金融支持区域协同发展战略为根本保障

党的十八大以来，促进区域协同发展一直是我国区域发展的一项重要目标。综合部署，统筹推进，我国目前形成了以"一带一路"合作倡议、京津冀协同发展战略、长江经济带发展战略为引领，以西部大开发、东北振兴、中部崛起和东部率先四大板块联动的区域发展总体格局，粤港澳大湾区建设和海南自贸区（港）战略的相继提出也使我国区域发展在对外开放程度方面有了一大进步。习近平总书记在中央财经委员会第五次会议上发表讲话：要"促进各类要素合理流动和高效集聚""形成优势互补、高质量发展的区域经济布局"[1]。因此，整合区域金融资源，加大金融支持，对推动国家区域发展新战略落地、实现区域经济协同发展具有重大意义。从根本上说，资金支持区域内实体经济发展是地区发展的根本动力，而地区间金融结构和发展水平的差异更是区域经济发展不均衡的最主要原因。因此建立完整的金融体系，推出相关的经济政策，使金融服务实体经济这一措施落到实处

---

① 资料来源：中央财经委召开第五次会议，研究了这些大事！[EB/OL]. 人民日报，（2019 - 08 - 26）[2021 - 05 - 26]，https：//baijiahao. baidu. com/s？id=1642941047133489305&wfr=spider&for=pc.

尤为重要。金融系统为区域经济发展提供资金支持、促进资源配置优化也是区域协同发展的根本保障。

我国各区域协同发展战略旨在构建联动协作、和谐共生的经济发展新格局，这将激发巨大金融服务需求，推动金融业务规模的扩大，要求金融服务实现质的提升。为更好地适应区域发展战略的需要，我国金融机构、金融市场的金融服务需要及时做出调整，创新发展思路，整合金融资源。各重点区域的新基建、产业发展、居民消费与投资理财等带来了金融服务需求多元化，银行业金融机构要以综合经营为抓手，整合商业银行、保险、证券、基金、理财、融资租赁等综合服务机构，全面提升对重点区域发展战略的多元化金融服务能力，拓展融资服务模式，丰富金融产品供给手段。从银行业角度看，各区域发展战略项目融资量大、金融需求种类多，银行业要加强同业合作，通过信贷项目转让、银团贷款等方式及时满足跨区域重大项目的资金需要。在长三角、粤港澳大湾区和海南自贸区这些区域，境内与境外的人流、物流、资金流和信息流加速联通，企业"引进来"和"走出去"需要更为全面的跨境金融服务，银行业金融机构因此也承担着支持区域经济对外开放的重要使命，强化对上海国际金融中心、粤港澳大湾区、"一带一路"沿线、海南自贸区自贸港等的金融支持力度，可以进一步增强各区域协同发展战略的实施效果。

第二节　金融服务实体经济支持区域发展的一般性建议

随着我国中小微企业发展、经济结构转型升级、互联网技术不断成熟、大数据的逐步应用，金融领域涌现出了越来越多的新概念，如普惠金融、绿色金融、互联网金融等，而金融体系内，对于我国新时代背景下出现的新式金融发展模式，其相应的金融政策尚未完善。因此，我国金融体系需要改进固有发展理念、行业意识和经营模式，深化金融市场化意识，根据当前发展形势变化和企业需求的不同提供个性化服务。党的十八大以来，我国金融业从体系结构、发展速度、实力规模上更是取得了显著进步。但与发达国家相比，我国金融业仍面临"大而不强"的现实，金融体系还不够优化、金融市场还不够发达、金融监管还存在一定短板、金融创新能力以及国际竞争力还不够强。此外，我国金融新业态新模式的不断涌现，例如：普惠金融、绿色金融、互联网金融的出现和发展使我国金融业取得了一定的进步，但部分领域的无序发展也在影响着金融业进一步发展的质量和速度。在经济全球化的当下，加快推进金融治理体系和治理能力现代化，在本土化金融发展基础上，要坚持金融的"走出去"和"引进来"相结合，有效提高我国国际金融的竞争力是顺应经济发展全球化趋势的必然要求，也是不断增强我国金融业国际参与度和国际竞争力的客观要求。

一、金融体系方面

（一）中央银行

1. 货币政策

我国不同地区经济发展水平不同，差异性的发展速度导致我国总体上的经济发展政策在不同地区产生的效果不同，由此制约了金融促进经济增长的主观能动性。当前，我国东部地区在金融方面的发展领先于西部，东部地区在资源配置效率和发展速度方面具有优势，区域发展各战略实施效果也优于西部地区。在考虑东西部协同发展问题上，必须要考虑因地制宜制定实施经济政策和金融政策，并提供充足的资金支持以提高经济发展水平。为解决这个问题，央行在制定全国总体的货币政策和财政政策基础上，需要综合考虑不同地区的发展差异，多角度分情况地制定不同的金融管理政策，促进区域经济快速发展，从而最终推动全国性经济的发展进程，实现协同发展。例如，货币政策的制定需要根据区域经济发展的不同水平，差异化调整不同标准的法定存款准备金率。提高央行货币政策工具对各地区的扶持力度，包括增加再贷款、再贴现等政策的倾斜支持，实行有条件的差别化利率政策和工具等。

从货币政策角度看金融服务实体经济的现状发现：传统货币政策工具已经运用得较为充分，资金市场较为宽松，但中小微企业发展仍面临较大困难，融资难、融资贵问题仍然是阻碍企业发展的一块"顽石"。从央行角度看，可以采取扩大抵押品范围、适度提高抵押率等方式，创新货币政策工具，向金融机构提供流动性支持，引导资金流向重点领域和薄弱环节，实现"宽货币"向"宽信用"转化，防止资金"脱实向虚"，缩短资金供给链条，直接触达实体经济，提高货币政策的有效性。而由于货币政策传导机制不通畅造成的民营企业融资难融资贵问题，中央银行可以运用"三支箭"的措施加以应对：第一支箭是增加民营企业的信贷，通过增加再贷款和再贴现额度、调整宏观审慎评估的参数来支持商业银行对民营企业的贷款；第二支箭是民营企业债券融资支持工具，这相当于一个缓释工具，对民营企业发展起到保险作用，使得民营企业的债可以发出去；第三支箭是研究设立民营企业股权融资支持工具缓解民营企业股权质押风险，稳定和促进民营企业融资，增加微观市场活力。除此之外，还要释放 LPR 改革潜力，适时适度下调政策利率和存款基准利率，引导 LPR 利率下行，切实降低实体经济融资成本，促使"中央银行—银行间市场中期政策利率—LPR—银行贷款利率"这条新货币政策传导机制运行起来，使中央银行在一定程度上跳过市场直接影响银行贷款利率，更为实际地鼓励支持引导中小微企业、民营企业发展。

2. 信贷政策

信贷政策是以央行为代表的宏观金融管理部门制定的，引导银行信贷投向，进而调整实体经济产出的政策工具组合。目前我国信贷政策作用机制是在央行政策指引下，商业银行调整相关贷款政策，如贷款利率水平等，通过激励约束和管制的方式，影响企业融资成本、融资规模和期限，进而影响企业的投资、经营行为。信贷政策的制定实施需要参考地域差别和特征。比如，制定信贷政策需要以区域差异化操作为基本原则，在经济欠发达地区制定适当偏重经济增长的信贷政策，而经济发达地区则侧重结构调整方面来制定政策，合理安排分类规划。另外，可以依据区域经济金融发展情况的差异，授权中央银行分支机构相应的存款准备金率动态自主调整权限，以提高宏观调控政策工具的区域适用性。

我国信贷政策可以依靠以下三种方式发挥其作用。一是激励方式。央行制定信贷政策，银保监会和央行各地方部门协同配合引导商业银行等金融机构进行合理资金配置，在资金配置过程中实现调控目标。如支持战略新兴产业信贷政策，精准扶贫建档立卡的个人贷款；依据区域经济发展战略，向欠发达地区提供资金倾斜等。二是约束方式。由于选择性金融控制原则上是以市场配置资源为基础实施的，可能产生部门和居民逐利导致市场失序的情况。根据调控力度及市场与政策导向的平衡关系，约束性信贷政策存在"松弛约束"和"强约束"两种情况。"松弛约束"的信贷政策主要表现为以市场为基础的单纯政策引导；"强约束"是指在经济结构亟待调整时，采取政策叠加及其他政府干预手段，通过对部门和居民资金价格与数量的调整实现信贷政策目标，比如房地产信贷政策。三是管制手段。信贷管制主要针对金融市场失效、部门资源配置失灵等特殊情况采取限制性、准入性或禁止性的信贷控制。对达不到要求的金融机构，采取一定的约束性措施，督促其限期整改。综合运用信贷政策和其他方式手段，对常规考核以及评估执行政策未达标的法人机构，明显提高其差别化存款准备金比例；停止其再贷款、再贴现申请资格；严格控制其在银行间拆借市场的可获资金数量，甚至取消其银行间同业拆借市场成员资格等。同时，也可限制信贷对高耗能高污染行业的支持，对于列入产业政策禁止性目录的企业，不予贷款，目的就是促进产业结构转型升级，增强经济发展的可持续性，更好地为实体经济高质量发展服务。

3. 资金流向

因为资金的本质属性决定了资金偏向追求低风险高收益的市场行为，所以资金会自发地向高收益的项目流动。资金逐利，银行信贷资金逐渐减少，可供使用的信贷资金规模不断减小。相对于虚拟经济来说，实体经济回报利润较低，使得实体经济获得金融支持难度加大，尤其是中小企业更难获得金融资源的支持，这直接导致民营金融成为企业发展所需资金的主要来源。2018 年，中国影子银行规模约 61.3 万亿元，占 GDP 比例为 68%，新增贷款同比增长 2.64 万亿元，社会融资规模存量同比增长 9.8%，全年核心影子银行存量规模下降 11%。为了更好支持实体经济发展，中央银行需要严格监控市场上的资金流向，合理分析国内市场行情，坚持以金融行业回归实体经济作为金融工作的核心发展方向，同时提高金融行业等各发展领域对于支持实体经济的服务意识，并将其作为金融工作的出发点和落脚点，避免金融资源受虚拟经济的侵袭而扰乱整个市场秩序，影响金融市场的生态健康，从而提高对实体经济进一步发展的控制力度。

在支持实体经济发展方面，政策上的定向引导也可以促进金融要素的定向流动。一是将货币政策和财政政策相结合，加大对基建领域的定向支持。2020 年地方债发行规模将进一步扩大，定向宽松政策要与地方债发行做好充分衔接，确保同向发力、协作互动，共同拉动基建领域的投资增长。二是定向降准。在现有定向降准基础上，进一步加大对中小银行的定向降准力度，释放更多资金用于投放小微、民营企业贷款。三是定向降息。加大定向中期借贷便利（TMLF）操作力度，引导大型商业银行加强对基建领域和小微、民营企业的支持，对于未能享受 TMLF 的部分中小型银行，也建议给予增加再贷款或再贴现额度的优惠政策。特别是对于基建领域，不但要加大对铁路、公路、桥梁等交通领域及能源类等传统基建领域的支持，也要加大对5G 基建、城市轨道交通、人工智能、工业互联网等新型基建领域的信贷支持。四是定向支持满足疫情防控资金需求。受新冠肺炎疫情影响，我国部分实体经济受到了不同程度的打击，对医药用品的需求刺激了许多医药行业生产规模的扩大，资金需求提高。因此在政策支持上，应引导金融机构加大对医药、医疗器械、医疗机构等的信贷倾斜力度，鼓励金融机构对湖北等疫情严重地区企业下调贷款利率、给予贷款展期或续贷支持，对有发展前景但目前受疫情影响较大的外贸和服务业，严禁金融机构盲目抽贷、断贷。推进国家各项金融政策落到实体经济发展实处，推动经济发展的进步。

（二）政策性银行

政策性银行不以利润最大化为目标，但也要讲效益，政策性银行更多追求社会效益最优化和经营效率最大化，夯实自身的生存发展根基，来实现社会效益和经济效益的双赢局面，实现可持续发展，提升服务实体经济的质效。深化政策性金融机构改革，发挥好政策性金融机构的逆周期调节作用，灵活运用抵押补充贷款等更多金融工具，加大对重点领域和薄弱环节的政策支持力度，着力补齐基建短板，有利于多管齐下促进中小微企业和民营企业的发展。

积极发展政策性银行的一种方式是直接在地县设立农业发展银行和国家开发银行分支机构。另一种方式是将现有的农业银行的分支机构直接转化为农业发展银行的分支机构，承办各种政策性业务。以中国农业发展银行为例：由于发展是第一要务。创新、协同、绿色、开放、共享五大发展理念，是习近平新时代中国特色社会主义经济思想的核心内容，是新时代推动经济高质量发展的总遵循。农业发展银行要以五大发展理念为引领，找准有效服务涉农实体经济的发力点和突破口。勇于创新敢于探索，注重产品、服务、科技、机制、模式等方面的创新，用创新激发支持涉农实体经济发展的动力和活力。在更好实现协同发展的目标要求下，充分发挥政策性银行的调控、杠杆、聚合等功能效应，促进城乡、区域、产业的协同发展。坚持绿色发展，以绿色金融促进生态文明建设，推动农业农村绿色发展。坚持开放发展，支持农业"走出去"。坚持共享发展，运用金融手段促进各种要素向"三农"领域聚集。深入探索做大做强承销企业债券、基金投资等投资业务，探索实现由信贷资金间接融资的单一模式向直接融资与信贷相结合的多元模式转变，调动和引导更多社会资金反哺支持"三农"发展。要积极探索开展为企业提供包括债券承销、融资咨询、理财产品等在内的综合性金融服务，通过"债券＋信贷""融资＋融智"帮助企业拓展直接融资渠道，着力降低实体经济融资成本。在债券市场上凭借政策性银行的特殊影响力，切实加大对各类债务融资工具的支持力度，更加精准对接"三农"企业的直接融资需求，以更加多元化的手段为"三农"发展提供支持。

（三）商业银行

首先，商业银行需要放宽准入标准，降低投资门槛并适当放宽民营资本进入银行市场的条件，从而建立一个多层银行系统，包括自主发起、联合设立、投资入股等多种形式，使得不同体系、不同规模、不同制度间可以兼容。为了进一步提高开放性，可以对外资入股金融机构采取统一的方法，适当扩大境外金融机构的持股份额，将外商监管制度合理化，从而使得银行业结构健康发展。另外，可以合理扩大区域性商业银行的经营范围。区域性银行包括城镇银行、城市的商业银行等银行类型，这些银行是为当地经济和中小企业提供服务支持的重要力量。目前，我国区域发展不平衡不协同，许多区域性银行都出现了人口、资金外流的问题，例如人口数量下降，债务规模增加和资产质量下降，而且区域性银行对实体经济的服务能力不足。因此，可以适当扩大区域型银行的范围，扩大原则是规模大小足够自负盈亏并满足风险管理能力的要求。在前两种市场准入宽松的条件下，商业银行的退出机制也有待进一步完善。相关金融部门应完善银行业的立法行为，并制定与金融破产有关的法律法规，从而将陷入困境的机构清除出市场。

同时，商业银行在为实体经济服务时必须严格遵循国家战略要求。我国实体经济发展的主要资金来源是商业银行的间接融资。但是，目前我国的银行业务偏向房地产领域，"房价投机"现象非常严重。在这种情况下，商业银行更需要遵循国家战略，转变其经营理念并减少虚拟经济的业务组成部分，以实现资源的最佳配置。商业银行可以更多关注国家战略所提供的机会，包括供给侧改革，城乡环境保护，扶贫和其他项目。在国家战略的帮助下，商业银行应减少不良贷款，遏制房地产和其他商业风险，增加对受国家政策支持的新兴产业和地区的支持，并促进产业升级和地方经济大发展。此外，银行业需要利用现代先进的科学技术和互联网大数据来发展中小微企业和零售企业。经济发展增加了居民的财务管理需求，商业银行可据此扩大经营活动范围，以满足居民的需求，回到服务人民和实体经济的中心，制定合理而全面的产品计划，协同不同类型的投资并规避风险。

（四）其他金融机构

鼓励实体经济发展需要强化不同金融机构的服务功能，规范发展非银行性金融机构。首先，我们要合理调整金融机构的设立条件。不发达地区经济基础差，在设置金融机构时，筹集几千万甚至上亿的资本金极其困难，但这些金融机构又是不发达地区迫切需要的。所以在设立金融机构时，应适当降低不发达地区开办金融机构时的实收资本金限额和其他开业条件。其次，金融机构自身需要强化其服务功能。既要转变金融机构的服务理念，又要进一步明确金融机构差异化定位。银行作为特殊的企业，应具备强大的社会责任感，要在平衡好追求经济利益与履行社会责任的关系的前提下转变观念，把服务新经济中的优质"小微"企业作为业务重点；金融机构差异化定位指的是规模上、服务专业上的差异化定位，要防止中小金融机构做大做强的冲动，真正下沉服务重心。每一家金融机构应该有自己主攻的服务领域，配备专业人才，形成更加专业性服务，这样就能更加高效地为实体经济服务。

近年来非银行金融机构数量和融资总量都在飞速增加，其中也出现了一些游离在监管边缘的非法金融活动。因此，非银行金融机构需要规范发展模式。非银行金融机构不同于银行，它是信息中介而不是信用中介，信息中介只能通过提供服务收取手续费来获取收益。以往非银行金融机构领域出现过很多非法金融活动，很大程度上与定位不明确有关。非银行金融机构的业务本质是服务实体经济，国家全面启动发展小贷公司、信托公司、租赁公司等非银行金融机构的初衷就是为实体经济提供更多的融资渠道，尤其是解决中小微企业融资难融资贵的问题。所以，这些非银行金融机构不仅要以服务实体经济为重点，而且要以服务中小微企业为侧重点。同时，要完善机构内在运行机制。非银行金融机构作为相对新生的事物，只有在控制好自身风险、稳健经营的基础上才能更好服务实体经济。

二、金融市场方面

党的十九大报告中提出：要深化金融体制改革，增强金融服务实体经济能力，要提高直接融资比重，促进多层次资本市场健康发展。金融是现代经济的核心，金融服务实体经济的能力是解决我国区域间经济发展"不平衡不充分"问题的关键因素。

（一）股票市场

1. 股市发展要支持区域经济、实体经济

中国的股市强劲印证了中国经济韧性十足长期向好局面从未改变。过度刺激，大水漫灌的金融政策反而不利于金融体系自身的健康发展。金融机构并不缺乏优质客户，从区域经济角度看，2021 年新冠肺炎疫情后长三角和珠三角的制造类企业的复工复产领先于全球，2021 上半年中国进出口大格局并没有萎缩，对东盟等地区的进出口更是逆势增长——中国有条件执行更加严格的呆坏账审查制度，特别是针对地方政府的隐性债务——让金融机构及时核销、打包处理存量债务风险，是保障金融股估值持续回归的重要改革，毕竟金融股在股市中占比极高。各级政府也应该依托区域内的金融机构，打造以各省区域股权市场为核心的"多层次资本市场"，依托转板制度改革，推进存量资产证券化。最后，股市应该助力国家民生和区域发展战略。中央财政补贴那些"市场失灵"领域规模有限，例如扶贫攻坚、西部开发、海南自贸港建设等。资本市场的贫困地区绿色通道业务、区域经济发展基金等，应该及时跟进。

如果要依靠股票市场发展实体经济，就需要规范当地股票市场的发展，为中小企业提供更好的服务。只有这样，我们才能建立良好的市场秩序，提高资本配置效率，提高金融市场水平，为实体经济做出贡献。加强股票众筹融资体系建设，支持实体经济融资：对于实力较弱，启动缓慢和处于启动阶段的公司，股票众筹可以使公司在发展的早期阶段克服资金困难，调动业务发展的热情，促进公司的健康发展。众筹既可面向企业内部，也可面向社会，能够吸引更多投资者关注发展处于起步阶段，具有极大发展潜力的企业，在吸纳社会闲散资金同时，带动市场经济蓬勃发展。股权众筹是金融创新的一种重要形式，是资本市场实施多层次服务的重要方式，也是帮助我国实践其"大众创业、万众创新"的另一种方式。为了确保股票众筹融资体系建设健康稳定，相关融资平台需要避免自筹资金，通过互联网公开融资流程，投资者对融资平台进行监督，最终降低投资风险。

2. 完善上市制度

上市发行股票是企业的主要筹资方式，而目前国内中小微企业面临的最大难题仍然是融资难的问题，为了解决这一难题，中国在现存资本市场的基础上，应注重新三板市场的发展，推出多样化的新型融资工具如股票质押式回购业务等，同时强调对这些新型工具的风险把控与市场宣传，让小微企业能避免与资金实力雄厚的公司在同一层面上竞争资金。同时，应进一步根据这些企业的发展潜力建立评判标准，并设置相应板块来为其提供融资渠道。此外，目前区域性股权交易市场（四板）与股权众筹融资（新五板）也需要政府的规范引导，以便实现长远健康发展，从而有助于中国多层次资本市场的建设，为不同实力等级的公司提供满足资金需求的丰富渠道，从而使市场融资功能更加健全。市场化改革是中国经济建设的重要发展目标，而采用注册制发行股票则是实现这一目标的必由之路。在注册制下，证监会将大部分判定权力交归市场，其自身则主要负责对申报文件的审批工作，包括文件的准确性、及时性、真实性和完整性等，最后交由证券交易所自行判断拟上市公司是否具备资格。在此机制下，只有真正具备发展潜力的公司才能通过市场的检验，而非种种文件和指标筛选出的那些理论上的优胜者，注册制改革将成为深化市场化改革的重大进程，可以为建设多层次的资本市场、健全完善融资渠道提供巨大助力。

此外，中国上市制度正在不断改进中。从市场自身建设看，要留住中国的好企业在国内上市，必须不断完善市场发行制度、再融资制度、信息披露制度等各项基础性制度。其中，最重要的举措之一是完善市场法律体系，提高市场主体的契约能力、履约能力、法治精神，坚决打击各种造假和欺诈行为，让更多企业放心上市，投资者放心入市。从市场外部因素看，要继续优化投资者结构，培育和壮大更多机构投资者，提升长期资金参与度，提高市场交投"量能"，减少市场波动程度。同时，放松和取消不适应发展需要的管制，完善新股发行注册制，多用"无形之手"的力量吸引和鼓励民营企业、小微企业、新经济企业参与到多层次资本市场建设中来，让直接融资的"涓涓细流"为缓解企业融资难、融资贵问题做出贡献。

（二）债券市场

1. 债市支持区域发展

一是持续加大对国家重大战略和重点区域的支持力度。国家发展改革委员会把企业债券发展与"分析大趋势、研究大战略、协同大政策、推进大项目"更加紧密结合起来。2019年共核准企业债券920亿元用于支持长三角一体化发展、粤港澳大湾区建设、京津冀协同发展、海南全面深化改革开放等国家重大战略领域的项目建设。

二是持续加大对经济社会发展重点领域和薄弱环节的支持力度。进一步加大对基础设施领域、先进制造业、战略性新兴产业、乡村振兴等领域的支持力度，强化民生导向，推动经济结构转型升级。2019年共核准企业债券250亿元用于支持先进制造业发展，205.7亿元用于市场化法治化债转股项目，150亿元用于基础设施领域补短板，109亿元用于支持乡村振兴、农村产业融合和贫困地区发展，105.7亿元用于支持战略性新兴产业发展，

117.4亿元用于城市停车场建设，93.2亿元用于文化、养老、旅游等社会领域，服务经济社会发展和民生事业改善。

三是加大对民营企业的支持力度。切实落实党中央、国务院关于完善和强化"六稳"工作的决策部署，加大对民营企业和中小微企业的融资支持力度，进一步缓解企业融资难融资贵问题。

2. 债市服务实体经济

综合运用不同种类债券，为实体经济发展提供资金基础。

首先，考虑到政府债券和地方债券的发行量相对较高，有必要增加政府债券的发行规模。政府债券，特别是地方政府专项债，是稳定基础设施建设、稳定投资和稳定增长的重要资金来源。2020年国债和地方债新增发行规模要保持较高水平，同时财政要充分发挥中央转移支付和地方政府专项债融资功能，引导资金投向供需双方能够共同受益、具有乘数效应的先进制造、民生建设、基础设施短板等其他具有发展潜力的领域，促进产业和消费"双升级"。地方债券在围绕坚决打好防范化解重大风险攻坚战基础上，要尽可能地保持较快的发行速度，同时规范政府发债的行为，以便地方政府规范债务融资并确保财政可持续的金融发展目标能够实现，依靠加强构建政府债券收益率曲线提高市场化定价水平，扩大地方债的投资者群体范围。地方债务投资者还需加强对借款行为的监督和债务资金的使用，以充分保护投资者的权益。

其次，公司债券筹集的资金应与建设项目挂钩，确保资金的有效利用和投资的有效形成，防止资金"空转"以及增强债券资金的还款安全性。我们需要进一步加强对优质发行人的支持，吸纳更多优质企业成为债券发行主体，有序提升优质企业债券的发行规模和发行效率。债券市场继续大力支持符合条件的民营企业发债融资，降低可转债发行门槛。协同推进民营企业违约债券处置，助力民营企业纾困。对因现金流紧张发生债券违约，但符合经济结构优化升级方向、有前景的民营企业，督促省级发展改革部门组织各方力量，在严格防止违规举债、严格防范国有资产流失前提下，对民营企业进行必要的财务支持和救助，按照市场化、法治化原则化解处置违约债券风险，助推区域内产业龙头、就业大户、新兴行业等重点民营企业纾困。积极探索建立为优质民营企业增信的新机制，进一步创新发展民营企业债务融资支持工具，以市场化方式增信支持民营企业融资。引导投资者客观看待民营企业债券违约，提升对民营企业融资的包容度，进一步降低民营企业的综合融资成本。

三、金融监管

（一）"一委一行两会"完善金融监管制度体系

我国在国务院金融稳定发展委员会、中国人民银行、中国证券监督管理委员会、中国银行保险监督管理委员会（"一委一行两会"）的金融监管框架基础上，有必要建立健全中央各金融监管部门之间以及中央与地方之间的金融监管协同机制和风险处置机制，及时弥补金融监管空白，加强综合监管和功能监管职能，增强金融监管的深度和穿透性，完善金融监管问责制度。同时需要完善金融监管法律体系，健全金融监管、金融组织、互联网金融、普惠金融、处置问题金融机构、金融消费权益保护等制度规范，尽快补齐制度短板，推动修订或出台《中国人民银行法》《商业银行法》《普惠金融促进法》等法律法规，为金融改革发展提供高质量法律制度供给。加强金融标准化质量建设，在金融治理体系和治理能力建设中更好地发挥基础性、战略性作用。注重对金融系统领导班子建设和干部队伍培养，不断提高干部队伍金融理论综合素养和金融管理能力和常态化风险监管意识。

完善金融风险监测预警机制，聚焦打好防范化解金融风险攻坚战，把相关政策措施落到实处以化解高风险金融机构风险，严厉打击非法集资等违法活动，遏制房地产金融化、泡沫化倾向，减少资金"空转"现象的发生，牢牢守住避免发生系统性金融风险的底线。完善有中国特色的现代中央银行制度，更好履行人民银行职能，加强逆周期调节，提高宏观调控的预见性、稳定性和引导性，切实发挥好货币政策和宏观审慎双支柱调控框架的作用。加强宏观审慎管理，丰富宏观审慎评估手段，构建完善的宏观审慎监测体系，逐步将更多金融活动和资产扩张行为纳入宏观审慎管理，加强宏观审慎政策与货币政策、微观监管政策之间的协同，打好防范化解金融风险攻坚战的基础。

（二）增强风险防范化解能力

2019年，我国金融系统在工作方面始终坚持稳中求进的总基调，金融服务实体经济力度明显加强，金融秩序持续好转，金融改革取得突破进展，实现了防范化解重大风险攻坚战的良好开局。2020年，在支持经济发展的货币政策制定上要充分考虑各类金融风险因素，充分把握好稳增长、去杠杆、防风险之间的平衡，坚决打赢防范化解重大金融风险攻坚战。一是强化对各类宏观金融风险的跟踪监测分析，尽快建立符合大数据发展方向的统计平台和基础数据库，准确识别和预警各类宏观金融风险，并及时制定应对措施。二是控制好居民去杠杆的力度和节奏，考虑当前的宏观形势背景，居民杠杆率仍需保持适度稳定，尤其是考虑到居民杠杆率与房价的密切关系，保持居民杠杆率的稳定也在一定程度上有利于房价的稳定。三是深化金融领域监管改革，加快补齐金融监管短板，充分发挥金融委员会监管统筹协同职能，防止出现由于信息不对称和监管缺位带来的风险隐患。四是推动银行加大资本工具创新力度，拓展银行资本补充方式，特别是加强非核心一级资本工具的创新应用，提升银行服务实体经济和防范化解金融风险的能力。五是稳定疫情防控时期的金融市场波动，及时了解市场流动性状况和流动性需求，通过普遍降准、定向降准、下调政策利率以及 MLF、SLF 等货币政策的调整实施为市场提供充足流动性，同时引导 LPR 利率下行，切实减轻企业负担；鼓励银行采取市场化手段，通过债转股、并购重组等方式帮助暂时出现困难的上市公司渡过难关。

（三）正确协同金融监管与金融创新

2018 年，中国人民银行、中国银行保险监督管理委员会、中国证券监督管理委员会与国家外汇管理局联合发布《关于规范金融机构资产管理业务的指导意见》，简称资管新规。其对于金融机构的主要要求体现在打破刚性兑付、规范产品模式、去除多层嵌套及去杠杆四大部分，力图治理我国资管类项目长期以来存在的不规范问题，降低整体金融风险。资管新规的出台体现了我国金融监管理念向原则监管、功能监管转变的思路。这也将成为监管资管计划的未来发展方向，资管新规为国务院下一步制定相契合的管理办法打开了突破口并提供了实践基础。针对不同的金融产品结构和相似业务，也需要实施相同的监管标准。在面对混业经营、结构化及嵌套金融产品等层出不穷的市场背景时，需启用与之相适应的混业经营下的功能监管模式。

另外随着金融创新的不断进步，我国融资体系也在不断完善，不过再完善的融资体系在其发展创新过程中都难免会产生风险，这就需要有高效的监管措施对其进行防范。第一，要努力减少金融服务的中间环节。让金融服务、金融产品直接针对实体企业。我国现在出台了很多监管措施，就是在努力减少各种中间环节，防止资金在金融体系内部自娱自乐的自我循环。第二，要管好金融衍生工具的发展，慎重发展金融衍生工具，仔细甄别金融衍生工具，对于很多金融衍生工具的炒作，要采取严厉的监管措施进行限制或遏制。第三，严厉监管上市公司的资金使用。要加大证券行政处罚力度同时完善民事责任的追究机制。第四，管好企业的杠杆率，企业不能有过高负债。过度的负债本质上会演变成一种金融危机，对实体经济非常不利。

四、金融创新

（一）推进金融新兴业态体系建设，加快金融创新

1. 普惠金融——侧重于中小微经济体融资

从政府角度看，要制定切实可行的发展规划和改革路线图，不断完善法律法规制度，实现普惠金融体系"全覆盖、低成本、可持续"的建设蓝图。统一普惠金融的概念，以全社会为范围加大普惠金融的宣传，逐步提高金融机构、政府及公众对普惠金融的认识。目前，金融业的统计体系并没有建立起针对普惠金融发展情况的具体统计体系，各部门得到的都是零散的金融数据，部门之间很难将零散数据整合汇总进行统筹分析，普惠金融的指标体系又涉及较多的数据，导致普惠金融的数据难以获得。因此中国人民银行与各部门如中国证券监督管理委员会、中国银行保险监督管理委员会以及各地方统计局等之间应该畅通协同机制，实现数据共享，制定并常态化推行数据统计机制，对数据进行有效采集和定期更新，并在地区条件允许的情况下尝试创建普惠金融的标准化数据库。要将普惠金融指标体系按照城乡基本公共服务均等化的要求纳入全面建成小康社会的统计监测指标体系。除此之外要加大整合各项金融政策的力度，加大金融消费者保护政策和金融教育政策等普惠金融相关政策的影响。要及时有效对弱势群体进行保护，畅通消费者咨询以及投诉的渠道，使得金融服务的侵权及金融消费的纠纷能够得到妥善的处理。

从制度层面看，目前我国不断暴露出的普惠金融风险呈现出范围越来越广、风险程度越来越高的趋势，非常有必要加强相关金融机构风险管理能力。首先要对其主体进行规范，相关部门要对民间的借贷行为进行充分全面的探索，研究制定非存款类放贷组织条例及相关法律法规并推进其实施。通过法律的方式明确和规范其权责。然后要持续健全改善其信用体系，针对金融违法成本较低的情况相应增加信用违约的成本，改善普惠金融发展环境。同时，总结跟踪及控制产品和客户风险方面的经验，进一步规范金融机构内

部管理行为，增强风险防范能力。随着社会科技发展的进步，互联网和大数据正深度融合至金融领域当中，金融机构的普惠金融服务能力得到了提升，服务范围也有所扩大。因此，金融机构要更加努力提高其捕捉风险信息、监测预警风险、跟踪企业信息的能力。

最后，从金融创新角度来看，要将各类金融服务提供者的作用统筹发挥好。为满足金融客户需求，积极创新产品的开发，同时注意风险的控制。将市场在资源配置的决定性作用发挥出来，将社会性与商业性结合起来，注意风险防范，加强市场导向，推进"全覆盖、低成本、可持续"的普惠金融体系发展。并且通过不断推进利率市场化改革以及完善存款保险制度的方式，将优质高效的服务以合理的价格又快又好地提供给需求客户。"从点到面"地推广农村抵押宅基地使用权、土地承包经营权的贷款方式、小微企业抵押动产、无形资产的贷款方式以解决其抵押物不足的困难。此外，移动金融也是推广的重点之一，它作为一种高效载体，集中体现了金融信息化及数字化的特征，可以高效低价地获取、传输、共享信息。这就需要在农村、偏远地区等物理网点不足的区域推广移动支付和取款终端，将其开户手续一并简化，促进贫穷及偏远地区客户的金融服务便利化。

2. 绿色金融——侧重于与环保相关的投融资领域

从世界范围看，受新冠疫情影响经济全球化进入"休克"阶段，贸易往来、人员交通、经济合作等活动被"冰封"，虽然有些地区疫情得到了缓解，但是难以很快恢复到疫情前的状态。尽管如此，疫情也未能阻止绿色金融的发展，绿色金融在防疫、抗疫中顺应时势，在推动中国经济恢复和绿色转型中展现了蓬勃的生机和活力。绿色金融本身是服务于资源节约、环境保护、应对气候变化等的金融活动。在全民抗疫的形势下，中国的绿色金融产业与时俱进，加强了抗疫相关的绿色金融支持，发挥特有的绿色通道优势，调动绿色投资者的积极性和热情，为与疫情相关的绿色投融资项目提供快速、低成本的金融支持。在疫情防控约束条件下，全国互联网医疗、在线教育、远程教育、网络购物、网络娱乐等新兴生产、生活方式的无接触少接触要求催生了对5G基建、大数据中心、人工智能、工业互联网等"新基建"的极大需求。然而，"新基建"中涉及的信息通信业已成为中国的重点耗能领域。发展集约高效、经济适用、智能绿色、安全可靠的"新基建"迫在眉睫，时刻注重环境效益，通过绿色金融创新出的金融产品和服务能够有效促进经济社会的可持续发展。

"绿色创新"是金融业高质量发展的必然要求，充分发挥绿色金融推动传统产业改造升级的积极作用，是实现金融绿色发展的重要措施，也是深化供给侧结构性改革，加快新旧动能转换促进产业结构转型升级的重要途径。绿色金融影响经济高质量发展的途径主要包括优化经济结构和引导资源要素向节能环保绿色产业流动以及为绿色产业快速发展提供保障。绿色金融对地区的经济增长也具有一定程度的积极效应，与宏观经济发展之间也存在长期稳定的均衡关系。绿色金融助推实体经济创新驱动发展的同时，在企业层面、产业层面和政策层面的创新驱动发展也将给绿色金融发展带来机遇，两者之间相辅相成，相互促进。

在具体政策引导上，首先国家应尽快出台对"绿色信贷"的扶持政策，制定"绿色信贷"目录指引、项目环保标准和环境风险评级标准，放宽"绿色信贷"规模控制，实施差别化信贷政策，使商业银行开展"绿色金融"业务有利可图，使绿色产业发展阻力减少。其次要健全绿色金融领域的法律法规。国家应加快节能减排法制化进程，通过国家立法确定节能减排约束性指标，从而让"绿色金融"有章可循。同时畅通信息交流渠道。国家有关部门应加强和金融监管部门以及商业银行之间的信息交流，建立有效的信息共享机制，不仅做到有法可依，也要做到违法必究。除此之外，金融机构应改变传统的经营理念，积极推进业务模式的转型。如从商业银行的角度看，发展绿色金融要做好下面的工作：一是要在日常经营活动中引入环保理念，加强员工环保意识和业务流程中对环境状况的评估；二是要进一步有针对性地提高银行内部的风险管理水平和业务创新能力；三是要进一步扩大银行业的综合经营范围，商业银行有必要把金融创新、实现战略转型、综合经营和发展绿色金融这几个方面有机结合起来，创造性地通过贷款、理财、担保、租赁、信托等多种金融工具积极发展绿色金融市场。

3. 互联网金融——侧重数字经济时代的资源配置

随着互联网各种电子商务平台上交易量的逐渐增加，传统银行的金融优势也开始逐渐减弱。以移动技术为核心的快速支付模式，逐渐削弱了当前传统实体经济的平衡功能，使得银行难以获取客户的相关信息。无法掌握数据意味着将被市场淘汰，这就是大数据时代的发展模式。实体经济要想充分利用大数据时代的优势，就必须掌握信息流、数据源、创新点。在经济快速发展的背景下，电子商务早就已经成为各行各业发展的重要网络营销模式。电子商务平台凭借成本低、门槛低、传播面广等特点，可以迅速提升实体企业与客户之间沟通能力，还可以有效提升其营销能力。因此，在实体经济发展过程中，加强对于大数据重视程度，可以更好地利用金融服务实体经济，从而有效促进实体经济的发展。

如今的数字经济时代，金融科技在传统金融制度的基础上又得到了进一步衍生，已经成为经济包容性增长和可持续发展的重要动力之一，此时加强金融科技的应用就显得尤为重要。中国金融科技发展与中国普惠金融路径的探索几乎同步，新技术极大地拓展了金融服务边界。支持实体经济发展，对普惠金融产生核心驱动力，已是今天金融科技发展的题中要义。在新旧动能转换期，金融可以通过先进的生产力有效支持实体经济，解决其发展不平衡不充分的问题。以互联网技术为例，它与普惠金融天然共通，大数据、云计算、人工智能等新技术的广泛应用已成为支撑经济增长的新动能，可以有效地推动金融资源的公平分配，对小微企业、三农等经济主体具有重要的意义。目前，金融科技行业处于发展的前端周期，能够极大程度降低信息不对称和金融服务成本，盘活存量，激发增量，将更多金融资源配置到实体经济发展的关键领域。

（二）金融依托区块链和产业链支持实体经济发展

1. 将区块链在金融领域与实体经济深度融合

区块链对于实体经济发展的价值主要体现在其技术优势能够推动经济结构变革，带动实体经济发展脱困，与实体经济深度融合，进而释放有利于发展的新动能。在世界性新一轮科技革命背景下，产业融合化、信息化、国际化大趋势正加速重构现代产业体系，只有技术创新才能提升企业数字化、智能化发展水平，发展创新型平台经济，抑制经济"脱实向虚"。因此，将区块链技术与实体经济相融合就显得十分重要。区块链在实体经济领域的落地场景与应用逻辑日趋清晰，涵盖农业、工业、文化产业等多个领域。例如，将区块链技术与智慧农业精准服务体系相结合。区块链技术应用于农业物联网，分布式计算大幅提升智能化、规模化水平，去中心化管理模式实现"上链"物联设备的自管理和自维护，大大缩减了传统中心化控制模式下高昂的维护费用。农业产业化趋势下，生产、加工、运输等过程中难以防范的产品信息作伪是农产品溯源的一大痛点，而区块链可证可溯的技术特性可以从源头杜绝实时上链的生产环节数据信息作伪的人为因素，有效提升了产品附加值。智能合约技术应用于农业灾害的自动检测、自动赔付，解决了农业保险覆盖范围小、骗保事件频发等问题，简化理赔流程的同时也优化了农业金融环境。

区块链的引进能够促使大批行业重构应用场景和运作模式，可谓是实体经济转型升级、提高发展质量的新引擎。区块链技术的"可信数字化"优势，可以实现金融机构和实体企业间精准的供需连接和信任传递，解决社会诚信体系不完备、金融机构和实体企业间信息不对称等问题，同时还能够大幅降低监管审计、协议联通、组织管理等成本，更广泛高效地服务实体经济，从而进一步化解实体经济融资难、融资贵、融资慢、融资繁等难题。尤其在金融领域，区块链可以助力金融行业实现信用穿透、降本增效。区块链技术在金融创新应用领域具有先天优势，在推动资产和产业数字化、重构传统金融产业运作模式、推动实体产业和金融深度融合等方面具有重要意义。以供应链金融为例，供应链金融是银行联系核心企业和上下游企业，灵活提供金融产品和服务的一种融资模式。供应链数据"上链"高效整合物流、信息流、资金流、商流等信息，全面掌控全供应链交易细节；智能合约确保交易可证可溯，提升风险管理效率；可信信息流降低风控难度与成本，在降低整个融资过程的成本的同时提高融资效率；链上可拆分电子凭证提升资金流转融通效率，解决了多级供应商融资难等问题。供应链全流程的可信化、数字化和智能化，有效提升了安全审计和行业监管效率，为企业增信的同时降低了融资和监管成本。

2. 产业链金融更好服务实体经济

产业链金融是金融机构以产业链上的核心企业为依托，针对产业链的各个环节，设计个性化、标准化的金融服务产品，为整个产业链上的所有企业提供综合解决方案的一种服务模式。它将供应链上的相关企业作为一个整体，根据行业特点和供应链结构制定融资方案帮助链条中的企业进行资金综合服务管理，将资金注入到产业链中最需要的环节，可以一定程度上缓解产业链中核心企业的垄断地位造成的上下游企业资金链紧张问题，进而有效缓解中小企业融资难的困局，补齐中小企业短板，提升产业链的稳定性，增强其抗风险的能力。同时，通过信息交互、信用捆绑等方式，产业链金融进一步强化了各企业之间长期、稳定的战略协同关系，降低了相关企业之间的交易成本，提高了产业效率，提升了产业链竞争力，是金融服务实体经济的有效模式。

产业链金融以产业链条上的所有企业为服务主体，一方面减少了产业链条中的现金流动，帮助产业链上各节点企业解决资金占用问题；另一方面有效解决了产业链对外部信贷资金的依赖，提高产业链资金的利用效率，实现整个产业链融资共同发展。按产业链自身的特点提供金融服务安排，充分考虑产业链内部的关联关系，大大增强了金融服务实体经济的能力。此外，产业链金融还有利于金融机构节约融资成本。由于核心企业与上下游企业之间有稳定的业务联系，对彼此经营状况、还款能力、信用等级等信息有较为充分的了解。核心企业将这些信息提供给金融机构，可以降低金融机构对产业链上下游企业进行信用评估的成本。同时，金融机构从提供一种或多种产品扩展到提供全面的金融产品及其他增值服务，各环节工作都能实行批量化处理，取得规模效益，极大地节约经营成本。

第三节　区域经济协同发展战略金融支持方案设计（一）

一、长江经济带与长三角一体化战略

（一）区域联动优化产业布局，促进产业结构转型升级

首先，对于长江经济带和长三角范围内区域产业联动发展要通过建立健全有效的区域发展合作新机制来加强指导。进一步完善区域合作机制，研究搭建新平台新机制，增强区域合作机制战略决策功能和协同解决问题的能力。在区域合作现有框架下，建立产业协作专门的"高层决策、协同、执行"机制，帮助解决区域产业协作推进过程中遇到的困难，同时根据市场需要，完善合作共建的利益共享和利益分配机制，加强产业协作动态监测管理，制定切实可行的产业协作优惠政策。以新型产业为突破口，率先推进一体化模式。发展更高层次的开放型经济，可以优先在长三角区域复制推广自贸试验区改革试点经验。例如：新能源汽车产业可以将涉及的技术研发、规模化制造、区域化服务、统一充电设施规划等由长三角各地充分协同，一致行动，实质性推进一体化。城市和产业空间布局以及产业方面分工协作，以各种要素与资源优化配置和效益最大化为目标，实现联动互利、共同发展。长江经济带和长三角地区区域一体化发展的关键不是克服产业同构，而是要在消除地区分割的基础上加强分工协作，形成集群优势。因此，区域一体化发展必须在开放经济的前提下，通过坚持整个价值链上各环节的分工协作，实现要素的自由流动，区域联动以优化布局。

对长江经济带的各省份来说，"十三五"时期的规划都是非常大的机

遇，但是发展至今地区之间的竞争依然存在。为了进一步缩小区域内部不同地区的发展差异，要着重考虑长江流域内不同地区的发展优势。下游地区的江、浙、沪三省份要持续发挥研发创新优势，大力发展工业互联网，实施"互联网+"协同制造，积极培育新产业、新业态、新模式，实现实体经济发展转型；中上游省份要不断优化工业基础、现代服务业发展水平以及政府创造的营商环境，可以深度整合产业链条，利用相关产业基金的组建运作，帮助企业对生产销售全周期改造升级，提升实体经济发展的供给体系效率。

长三角地区的三省一市（江苏省、浙江省、安徽省、上海市）发展需要以建设上海作为全球影响力的科技创新中心为引领目标，加强张江、杭州、宁波、温州、苏南、合芜蚌六个国家自主创新示范区合作互动，通过合作建立科技园区或建立成果转化基地等方式，加强基于创新链的前后向联系，不断推进长三角区域产业链与创新链深度融合，优化长三角地区产业链金融生态，围绕重点产业发展和核心竞争力提升，开展产业整体统筹规划，增加资本创造能力。积极引导推动"PE+上市公司+政府产业引导基金"的产融发展新模式，推动上市公司进行产业整合；鼓励有产业链影响力的龙头上市公司发展供应链金融，构建区域间良好的产业生态；大力发展私募股权投资基金、融资租赁、小贷公司等多元化金融业态。多渠道推进长三角多层次立体化资本市场体系建设，覆盖长三角企业全生命周期。长三角通过建立多层次资本市场服务处于不同生命周期的企业，形成更为完整系统的市场体系。同时还要建立多个长三角企业上市挂牌资源后备库，有步骤有规划的多渠道培育长三角区域优质的上市和挂牌企业资源，重点发展高端制造、电子信息、船舶重工、生物医药、消费升级等长三角优势产业和重点产业中的企业。

（二）推进农村金融、普惠金融、绿色金融的发展

1. 以农村金融、普惠金融促进实体经济发展

金融支持实体经济发展，首先要处理好普惠金融发展自身的供需关系和其与实体经济发展之间的关系。一是应处理好普惠金融发展供给状况与需求状况的关系，进一步优化长江经济带银行金融机构结构体系，加大满足长江经济带中小微企业和创新技术等实体企业的融资等普惠金融需求；二是要处理好普惠金融发展规模和其在总体经济中占比的关系，在"虚实分离"的常态中始终坚持"实体经济决定论"，抑制经济脱实向虚发展。

缩小普惠金融发展下、中、上游的差距要加强区域普惠金融合作。构建

常态金融协同合作机制，长江经济带各省份需加快建立健全区域金融合作机制，主要包括政策协同、监管协同、基础设施共享、信息共享等方面，促使长江经济带各金融资源有效对接整合，引导各种金融要素跨区域自由而高效的配置，推动长江经济带普惠金融协同发展。注重发展基础金融服务，提高普惠金融服务实体经济效率。普惠金融发展程度高的地区要注重金融业的创新发展和转型升级，借助互联网金融等新兴金融业态创新，充分利用长江经济带和长三角一体化建设这一纽带，打破金融服务的时间和地域限制，盘活资源，增强对欠发达地区、边远地区的辐射能力，而发展较弱的省份要注重发展基础金融服务，进一步优化金融生态，充分发挥增进实体经济韧性的潜力。

在农村建设方面，金融领域的政策缺陷阻碍乡村产业政策一体化的进行。地方性银行对创新企业信贷融资不足，制度性约束亟须打破。银行机构的授信模式与固定资产较缺乏的乡村企业相冲突，现有农村金融机构的运作模式、考核体系仍然停留在传统模式，银行对初创期高风险企业的贷款存在顾虑。在财政方面，建议成立一个致力于制定乡村产业财政政策的机构，将各个地方制定的具体财政政策进行整合，减少各个地方财政政策之间的政策冲突。统筹使用性质相同、用途相近的涉农资金，合理配置资金减少资金浪费行为；建立涉农资金整合部门会商机制，在确保完成目标任务的前提下，统一设计方案、统一资金拨付、统一组织实施和考核验收，形成政策合力，提高财政资金的利用效率；金融方面，需要强化长江上中下游各地金融等级与城市等级的一致性，依据不同等级进行不同的金融功能定位，例如长三角三省一市地区：围绕上海国际金融中心建设和未来上海自贸区（港）的建设，将上海打造成为我国金融资源集聚中心、金融深化改革高地和金融对外开放窗口；在致力于将南京打造为区域金融中心基础上，江苏省内重点发展新金融和保险创新等金融领域；浙江可凭借互联网基金和私募基金的发展基础，进一步建立私募基金中心和互联网金融中心；安徽可以结合"十三五"时期目标，大力发展绿色金融和普惠金融的金融业态模式。除总体地区发展规划外，应当建立长三角发展银行，重点对长三角产业社会发展的条件，包括乡村产业、基础设施等，进行政策性投资。利用金融机构的发展来带动长三角的金融人才集聚，完善长三角金融人才引进政策和配套服务，综合提升长三角的金融竞争力。

2. 金融机构着力开展绿色金融服务

长江流域可以设立政策性银行——长江绿色发展银行，还可以将政策机构、金融机构、学术机构、资本企业、技术企业组织起来成立长江经济带绿色金融协作中心或联盟，以此来为长江流域基础设施建设提供金融支持，为长江流域生态环境保护项目提供金融服务。尤其是污水处理、流域环境综合治理等众多绿色环保项目，应由政策性银行提供足额低息资金，满足项目建设及运营。产业结构转型升级引发的产业转移将带动产业资本跨区域流动，并随之产生大量金融服务和跨区金融服务需求。长江流域内金融机构在满足这些金融需求时，可以优先为可持续性高质量项目提供服务，例如，对资源节约型、环境友好型项目实施贷款优惠，对于合同能源管理、合同环境管理服务企业加大税收优惠力度。同时，要积极发挥金融杠杆作用，对于非资源节约型、环境破坏型项目可以实施不同程度的贷款限制，侧面以环保产业替代污染企业发展，将高污染企业拒之门外在节能环保领域推进服务业内部融合发展，利用节能低碳环保技术对传统产业加以提升，进一步推进新能源材料等节能产品，加强能源与高端设备循环利用，最大范围内降低服务业能源能耗，减少资源污染与浪费。让节能减排企业尝到甜头，为战略性新兴产业加油鼓劲。

同时，通过创新绿色金融机制，加快发展绿色生产性服务业，进一步加快推进长江经济带绿色金融改革创新试验区和长江经济带绿色金融示范中心的建设。可以组建跨区域的绿色产业投资基金——长江经济带绿色发展基金。设立专门服务长江经济带生态保护修复的投资基金，支持优质项目，以"资本＋技术"为驱动，通过基金、信托、第三方支付等手段，进一步丰富绿色金融产品，实现生态价值的增长。在传统绿色金融业务包含的绿色信贷、绿色债券与绿色保险的基础上进一步创新、调整资金结构，如开展绿色结构性存款、碳配额质押融资等衍生绿色金融业务，实现实体经济的高质量发展。

二、京津冀一体化战略

(一) 平衡区域内部金融发展

金融支持京津冀协同发展方面不仅要注重非首都功能疏解，还要对承接功能给予支持，具体包括与非首都功能疏解环节对应的新中心和新工厂等建设。同时也要为支持天津、河北发展核心产业提供充足资金支持。近年来，北京经济、文化中心功能的转移加大了地区资金量的规模，但与此同时，融资规模的供给量较之前也有一定程度的降低。为进一步提升河北、天津两地供给资金量的规模，不仅要加快京津冀地区协同发展速度，更要逐步提升各银行间融资收益率的兼容并蓄。银行要特别以大规模的资金量来支持津冀两地的优质客户和重点项目的融资问题。对于由北京向河北、天津两地分散转移的企业，各银行总行在执行信贷政策时应考虑到差异化发展水平，以此来解决不同情况下的问题；天津、河北地区各分行在实行政策转移的过程中应对知名企业和具有潜力的项目进行政策鼓励，要与北京地区的相关政策形成明显对比，来达到对优势企业进行异地疏导的目的。除集团化管理的大型企业外，其他中小型企业如其子公司难以适应北京功能定位的，要及时向外疏解转移，项目的确立和策划也是如此。位于北京地区的各银行分行要对企业总部及集团核心子公司给予重点支持，要鼓励商业性金融机构在银行系统内开展对于需要转移的客户存量和业务总存量的联合性融资行为，而天津和河北的银行则要做好贷后管理的相关工作，保证风险可控，适当放宽异地贷款授权来增加业务的流动性，加速资金资源的利用率。对于存量新增业务，可灵活配合向集团总部开展点对点式专属营销服务。

在制定金融支持京津冀协同发展规划时，需要明确支持重点、模式创新和风险管控等要素，使金融支持京津冀协同发展更有针对性更具效率。跨区域金融协同京津冀一体化发展必然会产生对金融跨区服务的需求，尤其对于非首都功能疏解项目，大部分存在总部在北京而项目实施主体和项目建设地点在河北和天津的情况，因此需要实现跨区域金融协同。银行间跨分行要坚持共同参与、优势互补、互利共赢等原则，总体推进京津冀跨区域项目。针对京津冀一体化项目普遍存在的异地和双异地情况，建立统一的合作机制，有分工、有互助，明确贷前、贷后环节合作模式，优势互补提供更好的服务，有效防范风险。银行应放开眼界，整合直接融资市场的机构，对于短期融资债券、资产化债券等流动性强的直接融资工具，将其与银行贷款等间接融资方式相结合，为企业定制资金支持的最佳组合，尤其是针对中小企业等融资能力较差，资金需求迫切的融资客户，组合的资金支持方式更加灵活，适用性更强，各银行业金融机构应抓住京津冀协同发展中企业转型升级的时机，对资源配置做出适时的调整，在风险可控的前提下，加大对优质企业、高新技术产业的支持力度，无论是在利率还是在规模方面都要有所优惠，应将眼界放宽放远，不应为一时的收益而将资源倾向于污染大、产出低的夕阳产业。同时，各金融机构也应按照不同企业的个性需求，提供定制化服务，转型服务支持，拓宽服务方式，除传统贷款形式外，创新提供汇票、贴现、保函、信用证等多项金融服务，提高金融服务的综合性。

（二）区域内实现人才共享

在京津冀协同发展的过程中，北京、天津、河北三个地区具有不同的发展定位与发展核心。京津冀三地，由于政治、经济、文化等方面的发展水平不同，优质科技人才往往会选择从河北、天津流入北京，这进一步加剧了河北、天津人才流失的现状。因此，三地应遵循现有发展的基本政策，立足自身发展目标，认清地区间条件的不同和发展差距，不断完善人才共享与共培机制。在此基础上，要仔细分析地区经济在发展的不同阶段对人才实际需求，以需求为导向建立人才流动、人才共享机制，为人才在京津冀三地之间的合理流动创造更多的条件。通过人才共享机制，可以将经济社会发展中更多的信息传达给有需求的人才，为各地引入高素质人才提供更好的条件，最大限度地发挥人才价值。另外，人才共培机制下加强高校人才培养，可以提升人才综合素养，更有针对性地开发和利用人才价值，为地区发展和金融市场的发展提供更多高素质人才。

与此同时，人才共享机制的工作也需要京津冀各级政府积极响应，政府应为人才的引进保驾护航。政府应积极搭建人才共享平台，为各需求单位提供便利，用政府的力量积极推进优质人才的共享。这不仅需要完善我们现阶段推进的人才政策实现人才共享，而且需要扩大政策的支持范围。当前全国各地都在通过采取包括户籍迁入、购房补贴、工资待遇提高、社保和职称的衔接等注重民生的措施积极引进人才。有了政策上的优待，才能真正激发人才流动热情，才能使专家心无旁骛工作。在京津冀区域，北京要积极做好领头羊，将其利用人才、金融资源所取得的优势反哺津冀两地区，最大限度地缩小三地之间的经济差距，同时也可以采用人才交流、人才外派的形式帮助津冀地区发展。天津、河北地区更应加大各类优秀人才落户的激励政策力度，达到留住人才的目的。而人才的落户也能带来金融发展的可能，这样相互配合的政策有助于实现三地高素质人才的流动和对接，促进京津冀三地金融综合协同发展。

三、"一带一路"合作倡议

（一）强化金融机构国际化建设，创新金融产品

当前我国参与"一带一路"投资建设活动的金融机构数量较多，涵盖

开发性金融机构、商业银行、保险公司等类型，但国内金融机构与国际金融机构的合作有待加强。亚投行作为中国发起设立的国际性金融机构，其成员涵盖100多个国家和地区，应充分利用其在"一带一路"沿线地区的信息和资源优势，广泛引进国际金融机构一同参与区域经贸活动和基础设施建设，降低中国金融机构的风险，形成良性的风险共担和收益共享的合作伙伴关系。国内金融机构应在以下几个方面加强与国际金融机构的合作：一是要在业务合作形式上加强合作深度。金融业务模式丰富多样，我们应着重考虑在包括银团贷款、联合融资、授信和股权投资等多种金融业务形式基础上引入国际金融机构，这既可以增强金融服务的专业性和客观性，又可以实现风险分担，提高金融服务"一带一路"区域建设的效率。二是要在业务合作主体上不断拓展范围。当前在"一带一路"区域有许多国际金融机构参与经济活动，如世界银行、亚洲开发银行、欧洲投资银行等，我国应积极寻找与国际金融机构的业务、利益契合点，不断拓展合作。

国内国际金融机构合作、区域金融合作、国际货币体系改革是中国在国际金融市场推行人民币国际化的重要方式和渠道。中国应以"一带一路"倡议为依托，开展沿线区域性合作，为因贸易摩擦而转移市场的企业寻找新的发展空间，维持中国经济稳定和金融业健康发展。我国应依托自身的经济实力、贸易规模和国际地位积极参与全球层面的金融会议讨论和规则制定，利用亚投行、丝路基金以及亚洲金融协会等区域金融组织，参与重要国际金融规则和标准制定，聚集"一带一路"沿线国家的金融资源和金融市场，以中国为起点辐射"一带一路"沿线区域带动区域力量推动国际货币体系改革。由此，在"一带一路"背景下我们可以通过金融基础设施合作，构建区域资金融通渠道；通过支付标准合作，积极开拓创新支付业务合作，帮助沿线国家和地区开展并深入金融货币合作；开展金融机构业务沟通交流，构建区域金融合作网络，提升人民币的区域流动性和认可接受度。

另外，可以针对"一带一路"沿线建设融资需求、可持续发展、风险问题等创新人民币金融产品。设立相关产业人民币扶持基金、绿色金融工具以及人民币衍生金融产品规避风险。人民币国际化取得重大进程之前，需要创造一些必要条件，如完善的资本自由流动的金融市场、灵活的汇率、能够反映市场真实情况的汇率水平等。中国的经济总量以及经济增速、贸易规模均是人民币国际化的有利条件，但在关键因素上中国仍需要继续努力。以金融业开放为例，外资占中国A股市场比重只有2%，占中国债券市场比重只有2.9%，外资银行资产占全部商业银行比重1.6%，外资保险公司占比

5.8%。我国经济发展未来仍需进一步提升开放力度：从宏观角度出发，中国需要进一步扩大对外开放，并同时开放国内市场，促进国内金融要素在不同部门、不同企业间流动，改善国内金融环境。吸引更多的国际资本以及国际金融机构参与国内金融市场，改善金融市场的资本构成以及投资者结构，以科技金融、互联网金融为契机带动中国金融业整体发展。同时政府需要促进国内金融开放与创新改革，为人民币国际化创造良好环境；从微观角度出发，提升中国贸易企业的议价能力、促进人民币计价结算功能实现、提高金融机构国际地位、完善人民币回流机制，增加人民币对国外投资者的吸引力都是十分必要的。人民币国际化将更加依赖中国企业对外贸易、合作、投资等行为，中国企业的交易处于主导还是被动的市场地位也影响人民币的国际化进程。因此提升企业实力和金融机构竞争力至关重要。

（二）建设长期区域性监管合作，提高监管效率

"一带一路"建设倡导多边主义，既是经济建设，也是社会、政治、文化各个领域的交流和发展。在这一进程中，必然推动着跨境金融服务的蓬勃发展。现阶段，此类跨境金融服务以政策性、交流性项目为主，国家发展银行、亚洲开发银行及四大国有银行在这一领域表现更为活跃。在不远的将来，开放的市场必然吸引更加成熟、多元化的投资者及建设主体，带来更多更新的金融产品和服务类型。在这一难得的窗口期，正是国家监管寻求区域内长效合作的良好契机，是建立一个力争主动权、确定稳定影响力的长效合作组织的契机。通过区域性的监管话语权，可以进一步为我国企业走出去发展奠定基础扫除后顾之忧，稳定型金融市场运行的框架建设也能够提高我国国际金融监管层级，为在世界范围内提高监管话语权打下基础。在沿线国家，可以采用类似欧盟的银行业联盟制度，由我国央行或其他监管主体发起，既能保证监管机构之间的争议可以及时调节，又能保证紧急情况下可以做出有法律约束可执行的决定。针对沿线国家众多，金融监管模式不同的问题，可以通过国家之间的合作交流来达成共识，构建统一的监管体系，以增强金融监管力度，降低金融风险。首先，与沿线国家进行合作交流，实现金融监管方面的协同统一，通过监管机构、资源的整合，来提高监管效率，避免监管漏洞；其次，完善监管机制，形成相对规范、完善的金融监管体系，同时，做好监管数据的共享，构建标准化金融风险预警、防范、治理体系，及时发现问题、解决问题，确保金融体系的健康运行。

在完善监管政策的同时，对于跨境金融带来的跨境资金流动问题，也需

要采取措施加以约束流动中的资金行为。金融监管机构可以联合审计机构建立针对跨境资金流动的风险监控预警平台。金融监管部门需要建立一个综合性的大型协同工作平台，平台需要囊括银行、商务部、证监会、外汇管理部门、海关、税务及具有审计部门职责的金融机构。审计机关需加大对于信息系统的研究，在符合保密的职业道德要求下将审计过程中有关异常跨境资金流动的信息及时进行采集和分析，并录入金融监管平台，逐步把审计大数据与金融监管大数据进行对接，使得金融监管机构能够在审计机构正确判断跨境资金流动行为是否合理的基础上，直接进行金融监管的相关决策。金融监管部门逐步将自身的监管职能转变为对于各种金融信息进行汇集和分析的能力，将金融现场监管职能交与各类型的审计机构，不断促进各部门协同配合以提高金融监管效率。

（三）严格控制投资风险，为企业走出去提供保障

"一带一路"沿线国家在发展过程中存在着不同的政治风险、经济风险等。对于不同风险级别的国家我们要慎重考虑投资风险问题。"一带一路"倡议背景下，对外投资环境错综复杂，风险预警体系可起到警示作用。为此，我国金融部门需要建立健全风险制度，动态观测指标变化趋势，通过横向、纵向分析来深入研究指标，以评估投资东道国该指标风险高低；建立风险预警体系，可以对许多金融类指标进行预警，以达到提前预警提前规避风险的目的。针对东道国经济开放度风险，我国政府应积极构建高水平对外开放格局，例如，深入贯彻落实"五通"政策，加强与"一带一路"倡议对接。同时积极融入当地社会，从而挖掘更多的合作机会，以推动多边贸易和投资，为两国企业提供更高质量的发展投资贸易环境。一般来说，企业境外投资的进入方式有独资经营、合资经营和战略联盟，由于这三种方式的进入条件和风险程度差异较大，企业应因地制宜，合理应用。选择独资经营的企业虽然可以通过在海外建立生产基地直接建立推广自己的品牌，避免较多的关税及非关税壁垒，但需要雄厚的资本和强劲的实力，且易遭受东道国的敌视和排挤。相比而言，合资方式在规避风险和安全性方面更具优势。通过与东道国企业合资经营，既可以发挥自身的技术、资金、品牌优势，又可以充分利用当地资源、人员关系和社会文化等优势，大大降低进入东道国的"门槛"和可能面临的政治风险，但不同文化背景下的双方如何实现统一协同是一大难题。事实上，由于"一带一路"沿线国家政治、经济、社会文化等环境复杂多变，越来越多的企业开始尝试构建新的跨国战略联盟，如品

牌联盟、供求联盟、技术合作联盟、研究开发联盟、市场共享联盟、投资资本联盟等。在"走出去"的过程中，必须加强同国内企业间的联盟合作，通过国有企业与民营企业之间的相互联合，形成产业链集群、优势互补集群、地域集群等集群式投资方式，增强实力。联盟背景下，企业还可以与东道国本地的金融机构合作，有效地降低政策歧视性风险。

从企业角度看，当企业在"一带一路"沿线国家进行投资布局时，各种货币金融风险是企业财务管理面临的一大挑战。企业需要积极与商业银行、证券公司等金融机构交流合作，为企业财务体系的稳定性和安全性提供有力的外部保障。同时企业也应加强自身内部建设，内外结合全面把控财务风险。而对进行对外直接投资经营的企业来说，由于其兼具国民和居民的双重身份，加之国家间的税收管辖权相互交叉，不可避免地会遇到双重征税的问题，高额的税收会增大企业成本，削减利润，挫伤企业"走出去"的积极性和信心。因此从国家角度来看，一方面，要积极与沿线国家沟通合作，签订双边或多边税收协定，加强对涉税争议的协商，建立"一带一路"国别税收信息库，对沿线国家的营商环境、税收制度、征管规定及税收协定（协议或安排）进行详细参考，为企业提供全面税收指南和良好的税收环境；另一方面，进一步完善我国《企业所得税法》等法律法规有关企业境外所得在国内享有税收抵免的制度设计，允许企业递延纳税。同时秉承一体化经营的原则，允许企业在境内外的所得和亏损进行相互抵补，在合理合法的情况下，给予一定的灵活性。资金资助方面，主要通过搭建各种平台为企业打通融资渠道：一是发挥银行授信、银团贷款功能，注重利用新兴多边开发性金融机构和商业性金融机构进行融资；二是发挥债券市场融资功能，支持符合条件的中国境内金融机构和相关企业通过在境外发行人民币债券或外币债券进行融资，用于对沿线国家的投资。

第四节　区域经济协同发展战略金融支持方案设计（二）

一、粤港澳大湾区

（一）加大开放力度，促进资源区域内流动

从国际经验和历史经验来看，湾区的发展不是侧重某一领域重点发展的

模式，也不是集中发展某一城市的模式，因而粤港澳地区应该充分考虑每个地区的优势，参考当地区位特点，合理进行资源分配，优势互补，形成区域协同发展的模式。例如，让深圳继续坚持创新发展机制，发挥香港金融业的领先地位，利用香港、深圳、广州三个港口的世界集装箱港口地位优势，多地联动发展，基础设施互联互通，以增强区域内的协同性。为此，还需要调整一些政策，比如商品贸易政策，多地不同的关税政策，让粤港澳地区内有较为统一的政策总领，降低资源之间的流通难度，提高资源共享的效果；再比如持续推动人民币的国际化发展，让资金在粤港澳地区能够充分涌流，这也有助于提高区域内的发展协同性。

从国际化角度看，当前粤港澳大湾区建设需要创新金融跨境平台，做好跨境金融业务。广东、香港、澳门三地存在"一国、两制、三币"的显著特点，如果能将这种特点转变为发展优势，需要从顶层设计高度出发规划湾区整体的金融融合发展，打造一体化金融市场，构建湾区金融枢纽，使其成为国际金融中心。深港两地天然毗邻，金融合作已有多年，但由于两地制度方面的差异使得金融合作深度停留在表面。在新形势下加强两地金融合作，把香港打造为人民币离岸中心，并将深圳建设成为在岸人民币创新中心，二者的功能相结合将有利于本外币、境内外，在岸离岸市场的有效对接。同时，促进跨境金融发展还可以积极探索与人民币有关的金融产品跨境交易的融通机制，特别是票据、计价债券、衍生工具等，着力打造粤港澳大湾区人民币资产市场。大湾区内城市的金融合作也需要加强，推动形成联通香港、辐射亚太的人民币投融资集聚地。依托优越的地理区位条件，我们还可以参考香港实体经济发展的融资经验，探索解决湾区内中小企业融资难的路径。在湾区内创新中小企业融资模式，增加股权融资与债务融资方式的灵活性，缓解中小企业融资难的问题。

区域协同发展要注意区域内资源的流通，优势互补，有效利用。首先，建立长效的创新资源流通共享机制能够促进粤港澳大湾区内部各城市均衡发展，对于实现大湾区内的互通互补具有十分重要的意义。金融业应该根据宏观经济的变化调整金融配置，对不同情况下产能过剩的行业加以区分，实施差别化信贷政策，调整过剩的产能。粤港澳大湾区内部各城市之间有必要打破一些无效的要素管制，通过市场化的方式创建统一的资源共享机制，提高资本、人才、技术等资源在大湾区内部的流通效率。其次，深化湾区合作的关键就要加强湾区内各城市的金融协同性。湾区拥有两大证券交易所，香港、深圳、广州三大金融重镇，汇聚了大批国际银行机构与证券、保险机构，具有得天独厚的金融优势。近年来，政策的支持、科技的发展，使得港深两地在科技创新投资、风险投资、私募投资方面的优势逐渐突出，发挥这些优势推动湾区产业结构升级，有利于湾区实体经济的发展。通过借鉴香港金融发展的成功经验，加快与国际金融体系的对接，吸引全球更多金融机构、中介机构、创业企业进入湾区，能够为湾区产业升级提供资金支持，为湾区在科技、产业、金融方面的创新奠定资金基础，提供基本保障。

（二）创新发展思路，积极应对国际新形势

当今世界中美关系成为"百年未有之大变局"的最大变量。美国对中国从贸易战、科技战、金融战、舆论战到构建新的军事布局，把分裂中国作为一张重要的"牌"。其中，香港成为美国对我国进行战略打击和战略遏制的一枚重要棋子，香港出现的混乱局面，使粤港澳大湾区战略发展的外部环境发生了极大变化，粤港澳大湾区的发展面临着前所未有的新挑战。在这样的新形势下，我国不得不考虑创新粤港澳大湾区建设的合作思路、合作方式和合作路径，使粤港澳大湾区成为引领未来中国经济发展的新引擎和动力源，成为中美竞争博弈特别是打破美国对我国封锁和围堵的重要突破口，成为我国破解美国干涉我国内政、破坏我国统一的最好路径。

当前粤港澳大湾区国家战略实施推进和协同发展，必须正视和协同解决影响三地实现优势互补的体制机制问题。力图破解粤港澳大湾区建设中存在的深层次难题和体制机制性障碍，把香港、澳门的独特存量资源优势，与广东的存量资源优势叠加转变为新的集成优势，发挥乘数效应。通过形成发展共识，以创造优质制度供给，放大我们的经济规模优势、市场规模优势、制造业生产能力优势和创新优势，大幅度提升现代服务能力和金融能力，优化营商规则和营商环境。粤港澳大湾区突破商流、物流、信息流、资金流和人员流动的制度障碍，快速解决跨境协同、社会融合等衔接问题，实现资源要素的优化配置，真正实现区域经济一体化发展，这既有利于三地发展，也是创造中国经济社会发展新思路新布局的一次伟大探索与尝试。粤港澳综合优势，创新体制机制，促进要素流通，可以在保持原来社会结构、社会认同相对稳定下实现资源有效配置。三个独立关税区为内地探索实行零关税、低税率、简税制，实现区域内一体化快速通关，为构建与国际高标准对标的商事便利化制度体系提供重要参照系。三套货币体系使三地可以联手共同应对和缓冲国际金融风险，特别是香港作为全球最大的人民币离岸中心，是人民币国际化的最大防火墙，是国家对外开放"先行先试"的试验场。"沪港通"

"深港通""债券通"都在香港试点，这也说明香港独特的价值和作用。

毋庸置疑，充分利用制度规则差异，打破制度壁垒实现经济、社会、文化、制度等方面协同融合发展的过程，是粤港澳三地相互借鉴、相互学习、相互衔接、相互匹配，形成新的优选制度和制度规则对接或衔接的过程。以美国为首的西方国家加快推动"去中国化"，增强产业本土化、自主化，以提升产业链供应链的安全性，这必将对全球产业布局带来冲击，对经济全球化造成严重的障碍，也使我面临的外部环境更加严峻，增加了我国开展国际经贸合作的难度。解决这些问题，就需要我国坚持推进改革开放，创新体制机制。推进粤港澳大湾区建设，充分发挥粤港澳科技研发与产业创新优势，推动经济转型发展、创新发展，破除影响创新要素自由流动的瓶颈和制约，促进各类要素在大湾区便捷流动和优化配置，持续保持和放大湾区的巨大制造业生产能力优势、市场优势、创新集聚和体制机制优势，使粤港澳大湾区成为全国经济高质量发展的典范。在未来相当长一段时期内，中美关系将越来越复杂，竞争博弈将长期存在，凝聚智慧、直面对手乃至敌手向我们发起的挑战或者挑衅，是我们在新形势下长期面对的重大课题。用创新思维落实粤港澳大湾区战略，迅速放大存量资源，创造增量资源，形成集成优势，把粤港澳大湾区打造成世界一流的制度供给高地、创新高地、人才高地、知识高地和经济高质量发展高地。这是在新形势下，我国可以以最快的速度、最大限度利用已有优势和资源，通过制度创新创造中国经济增长的新动能和全球竞争新优势，以出其不意的速度形成我国与美国竞争博弈中的重大战略筹码和主动战略选择。

二、海南自贸区

（一）发展特色金融，提高开放水平

《中国（海南）自由贸易试验区总体方案》（以下简称《总体方案》）中提出海南建设中国特色自贸港的初步构想，《总体方案》中提到不以转口贸易为重点，将离岸贸易作为发展的主要方向，这一思路更加凸显出金融（离岸金融）支持的重要性。在金融业方面，海南自贸区除发展贸易金融外，基础设施投资和产业投资都离不开金融业的有力支持。优先发展金融业、推动金融政策开放是自贸区（港）建设的关键之举。可以说，金融先行是海南"政策＋投资"驱动的必然选择。首先，在金融业态模式的选择

上，海南要立足于自贸港独有的优势条件和发展特色，因地制宜优先发展航运相关特色金融，如航运保险、融资租赁、贸易融资，重点发展离岸金融相关业务，助力自贸区（港）贸易的蓬勃发展。其次，海南要着力推动要素交易的发展，如期货交易所、保险要素交易平台、知识产权交易平台等，围绕交易平台推动相关金融业务的发展。从可持续的长远发展角度看，海南要着力发展绿色金融、蓝色金融，吸引金融资源向新兴绿色环保产业和海洋产业集聚。最为重要的是发展跨境金融，海南在政策上具有先行先试的优势，在开放政策条件下，海南可以大力发展跨境结售汇、跨境投融资业务，构建具有影响力的区域金融市场。

在开放的同时，也要降低准入门槛，吸引海外金融投资机构入驻自由贸易区、贸易港。有力吸引海外金融投资机构的入驻是推动金融开放的有效渠道，也是促进海南自由贸易区、贸易港打造开放型市场的重要环节。海南应当贯彻落实习近平总书记在亚洲博鳌论坛年会上的讲话精神，着力扩大海南自贸区、自贸港的金融开放，降低准入门槛。同时，海南省应当努力推进利好的金融税收政策，为海外金融投资机构提供良好的市场发展条件，并且围绕投资机构发展的重点领域构建自由的金融交易体系。海南省推进外汇管理改革，能够促进区域性的资金自由流通。为着力推动外汇管理改革，应当充分考虑海南自贸区具备在岸和离岸的双重市场属性。在岸方面，海南省的国内账户体系依然按照现有的运行机制合理运行，并且与内地市场稳固接轨；而离岸方面，必须严格审查洗钱、逃税、恐怖融资的恶劣行径。除此以外，保障资金的自由流通，保障个人或机构在一定限额内可以与境内同名账户自由地划转资金，这将加速海南自贸区逐步融入海外市场的脚步，也会进一步扩大人民币离岸市场的流动规模。

（二）加快人民币国际化进程，监督离岸市场发展

人民币在海南自由贸易区、贸易港当中具有法定货币的特殊地位，各项经济交易活动均以人民币为主要的结算方式。海南自由贸易区（港）应当允许采用和内地一样的在岸利率、汇率或离岸市场利率、汇率，确保人民币在海南的流通和在内地市场的流通是一致的，并且增加对于离岸利率、汇率的自由选择，促进人民币成为交易市场的重要媒介，将人民币纳入国际交易市场中，推动人民币的国际化水平。

离岸金融作为海南自贸区（港）建设的重要部分，由于其中人民币资本项目众多，海南的对外经济发展必须正确认识目前人民币国际化发展存在

的问题，并采取措施制定出海南自贸区（港）离岸人民币市场发展的实施方案，加快人民币国际化进程。海南省委七届四次全会也明确提出"扩大金融开放，建立自由贸易账户体系，探索开展人民币资本项目可兑换，促进自由贸易试验区企业跨境投融资便利化，稳妥有序开展离岸金融业务"。海南自贸区（港）发展人民币离岸业务。首先，要鼓励离岸人民币货币创造，进一步增加人民币在国际贸易、投资中的使用需求。拓宽离岸人民币投融资渠道，创新离岸人民币金融产品增加供给。加快海南自贸区（港）金融市场建设，增强区内金融机构抵御风险的能力，满足境外主体增加收益、规避风险等多元化需求。其次，人民币国际化在发展过程中要建立海南自贸区（港）离岸人民币跨境流动和市场活动监测指标体系，要及时、准确把握离岸人民币货币创造趋势，并对市场资金流动进行逆周期宏观审慎调节，从而更精准地进行离岸市场的风险防范。同时也要注重人民币离岸市场的短期流动性，这就要求海南自贸区（港）内各家银行要加强流动性管理，必要时人民银行应从国家层面为各银行或金融机构提供人民币流动性支持机制，从根本上增强市场流动性，防范化解可能产生的金融风险。最后，应重点发展本币业务，支持自贸试验区内居民和非居民依托自由贸易账户开展投融资活动。试点可以先行尝试自贸试验区人民币资本项目可兑换、自贸试验区外商投资企业资本可自由流动业务，这将有利于离岸人民币进入和支持境内实体经济，有利于海南自贸区（港）和人民币离岸市场实现共赢。

第五章 金融服务实体经济支持区域 经济协同发展的配套体制

本章首先从多个角度介绍了区域经济协同发展的配套体制机制，然后从京津冀协同发展、粤港澳大湾区建设、长江三角洲区域一体化发展、长江经济带发展、推进海南全面深化改革开放几大战略以及"一带一路"国家级顶层合作倡议出发，根据不同体制机制要完成的目的，提出具体的措施和建议。

第一节 完善区域经济协同发展的体制机制

一、区域经济协同发展的产业政策制定

（一）区域产业政策

区域产业政策是指政府为了实现某种经济目标和社会目标，以区域内的产业作为调整对象，通过对有关产业或企业进行保护、扶持、调整和完善，参与到这些产业或企业的生产、经营、交易活动中而制定的各种政策。除此之外，还包括通过直接或间接地干预商品、服务、金融等市场的形成和市场机制来影响区域布局和发展的政策。

区域产业政策主要包括区域产业结构政策和主导产业发展政策。区域产业结构政策是指通过对区域产业结构变动趋势进行统计预测，从而制定出的一系列促进区域产业结构接近理想状态的政策措施。主导产业发展政策是指为了实现一定的产业发展目标，围绕主导产业的发展而制定的一系列政策和措施。一个区域的经济竞争力，在很大程度上取决于该区域主导产业的发展状况，因此区域实行什么样的主导产业发展政策对于区域经济发展是至关重

要的。

区域产业政策能否发挥效果，取决于政策的制定与实施。我国的区域产业政策从制定、评估到实施、反馈都存在着很大的不足，面对区域经济协同发展的大格局，区域产业政策制定与实施的流程必须得到完善。完善产业政策的制定与实施，要加强产业政策全流程监督，减少某些部门的不作为，降低时间成本。同时，要提升产业政策评估的精准度以及反馈环节的及时性，减少不符合实际的产业政策的出现，并提升政策效果的反馈速度，及时地对政策实施进行调整。

受新冠肺炎疫情影响，全球经济下行压力明显，我国经济也经历了一番波折，对完成"十四五"规划的经济和社会发展目标带来巨大挑战。我国的产业政策需要进行改革，要创新产业发展理念，以服务实体经济为目标，加快产业政策的普惠化、功能化转变，同时要充分发挥市场的作用，建立有效竞争的市场环境，以竞争促进企业改革与发展。

（二）如何创新区域产业政策，促进区域经济协同发展

1. 优化发展环境，塑造良好区域形象

区域形象是对区域的总体性认识和评价，区域的综合实力和发展潜力都对区域形象至关重要，区域形象对提升区域经济竞争力又十分重要。好的区域形象有利于资本聚集和人才流入，不好的区域形象则会成为吸引资本和人才的障碍。区域形象是自然演进的，一个地区大部分民众的言行举止在整体上形成区域形象的基础。区域形象主要表现为区域活动，如世博会、世园会、亚运会等，这些活动的开展向外界展现了区域的实力和发展潜力。政府的政策在很大程度上影响区域形象，政府有责任塑造和维护区域形象。首先，要完善相关规定制度，通过制度带动区域整体进行环境建设；其次，要规范经济主体的行为，通过制定奖惩制度，对表现好的企业和个人给予奖励，对破坏区域形象的行为给予处罚，从而约束经济主体行为，提高区域形象；最后，要加大对外宣传力度，利用互联网媒体对区域优势进行宣传，让更多的地区了解本地区的发展优势和有利条件，从而提升区域经济竞争力。

2. 化比较优势为竞争优势，培植优势产业

区域优势是指在区域发展过程中，具有能够使区域更有竞争力，获得较高收益的特有的有利条件。比较优势是一种静态的竞争力，是一个地区竞争力的基础；竞争优势是一种动态的竞争力，是现实的竞争力，是培育核心竞争力的关键。一个地区要想在区域竞争中获得胜利，不仅要充分利用本地区

的要素资源，形成比较优势，还要通过培育区域特色产业，形成竞争优势。在经济全球化的当下，生产要素、发展资源在国际间自由的流动，尤其是跨国公司的兴起，使得企业可在生产成本低的国家建立分公司，从而获取要素优势。随着技术的革新，原先的资源要素会被更适合、性价比更高的新材料代替，大部分人力也会被机器、智能所取代。目前，中国乃至世界中大部分地区所具有资源比较优势，在竞争中已经无法产生垄断优势。区域在发展的过程中，应该在比较优势的基础上培育特有的竞争优势，而竞争优势由具有竞争力的优势产业产生，因此政府和企业应当注重竞争优势产业的培植。

竞争优势产业不可能单纯地人为创造，必须要经过市场的选择，而政府在这个过程中发挥着关键的引导作用。政府应当从可持续发展的角度出发，制定各种有利政策促使企业有动力培育优势产业，同时完善服务体系，为区域内企业搭建公平合理的竞争平台，由市场来选择优势产业。

3. 培育增长极，发挥区域中心城市的辐射作用

区域经济发展要由点到线、由线到面，点是指一个城市、开发区或者工业园，线是指经济带、产业带、城市带，面是指城市群、都市圈，而增长极就是一个发展最好的点。增长极利用地区内分布和聚集的生产要素产生经济高速增长的点状空间，并以此为基础带动其他地区的经济增长。政府通过加大投入、创新体制、制定优惠政策来改善投资环境，降低经济增长极的生产成本和投资成本，从而吸引投资、聚集人才。增长极主要发挥两个效应：第一个是扩散效应，随着增长极的技术创新、规模效益扩大，经济增长趋势会从增长极向其周边地区扩散，从而带动周边地区的经济增长；第二个是增长极由内及外的经济效应，增长极内资源、资本得到充分利用，所产生的收益由所有厂商共享。

中心城市是城市群中必不可少的重要组成部分，中心城市和城市群是"点—面"关系，中心城市的提升与城市群的提升是相辅相成的。中心城市是一个区域的经济、政治和文化中心，交通便利、人才聚集、资源丰富，拥有比较完备的基础设施，实践表明中心城市是区域的增长极，是经济增长的核心力量。我国正处于高质量发展阶段，高端产业和新兴产业聚集，能够吸引更多的人才和生产要素的中心城市显得更加重要，中心城市对周边地区的影响主要有虹吸效应、辐射效应与回流效应，要发挥好中心城市的辐射作用，引领并提升城市群整体的发展水平。发挥中心城市的辐射作用，首先要加强中心城市建设，使区域内的生产要素、人才资源向中心城市聚集，从而提高中心城市基础设施的利用效率，实现资源利用最大化。其次要完善城市功能，加强基础设施建设，结合当地资源优势，培植优势产业，提高地区核心竞争力，从而促进整个区域的经济高质量发展。

二、区域经济协同发展的区域创新政策制定

（一）区域创新

区域创新是指在一定的条件下，实现创新资源的有效配置，从而使创新主体的收益最大化，并实现区域经济发展高质量转型。通过比较表 5-1 中 2020 年中国区域能力对比情况，不难发现湖北、安徽、陕西、湖南、河南、江西、辽宁、河北、青海、宁夏、山西、新疆 12 个省份的创新能力排名均有所上升，重庆、天津、贵州、广西、云南、甘肃、吉林、黑龙江 8 个省市的创新能力均有所下降。天津再次下滑，成为四大直辖市中垫底的存在；黑龙江、吉林都有所下降，表明东北地区的经济转型发展形势依然严峻。

表 5-1　　　　　　　　2020 年我国区域创新能力对比情况

地区	区域创新能力综合效同值	排名	较上年排名变化	地区	区域创新能力综合效同值	排名	较上年排名变化
广东	62.14	1	0	辽宁	25.04	17	2
北京	55.5	2	0	海南	23.4	18	0
江苏	49.59	3	0	河北	23.28	19	1
上海	44.59	4	0	贵州	23.24	20	-4
浙江	40.32	5	0	青海	21.95	21	3
山东	33.15	6	0	宁夏	21.83	22	1
湖北	30.98	7	1	广西	21.54	23	-2
安徽	30.67	8	2	山西	21.51	24	2
陕西	30.22	9	3	云南	20.92	25	-3
重庆	29.38	10	-3	新疆	20.21	26	3
四川	28.5	11	0	甘肃	19.83	27	-2
湖南	28.06	12	1	吉林	19.2	28	-1
河南	27.48	13	2	黑龙江	17.85	29	-1
福建	27.17	14	0	内蒙古	17.82	30	0
天津	27.08	15	-6	西藏	17.08	31	0
江西	25.1	16	1				

资料来源：中国科技发展战略研究小组，中国科学院大学中国创新创业管理研究中心．中国区域创新能力评价报告 2020〔R〕．北京：科学技术文献出版社，2020．

从全国范围来看，以广东、江苏、浙江、山东为代表的沿海地区和以北京、上海为代表的大型城市依然是我国区域创新能力的引领者。以重庆、四川、陕西、贵州为代表的西部地区区域创新水平有所提升，尽管新疆、西藏的区域创新能力仍处于全国末流水平，但是整体来看西部地区与东部地区的差距在不断改善。从南北分布来看，南方地区的区域创新能力要明显优于北方地区，在2020年的区域创新能力排名中，排名前20的地区，就有13个南方地区。总体来说，我国区域创新能力的地区差异仍然比较突出，尽管整体水平有所提升，但是与发达国家仍然有较大差距，我国区域创新体系建设仍有很多需要改进的地方。

（二）如何通过区域创新促进经济协同发展

1. 推进制度创新

第一，要转变政府职能，加大科技创新投入，改革组织形式并精简项目审批流程。通过提供各种便利条件促进创新项目的立案和实施，使创新项目更好地与市场相结合，从而获得先进的生产技术和最大化的经济创新收益。

第二，要完善知识产权保护制度，通过对知识产权的保护，激励更多高质量的创新项目的涌现，鼓励企业对传统产业进行改造提升，从而促进创新项目更好地转化为生产力，促进区域经济高质量发展。

第三，要建立科学合理的绩效评价体系，加强对知识产权和科技成果的管理保护，激励科研人员创造出更多的科技产品，提出更多的创新理念。

第四，要加强科技基础设施建设，积极参与国家重大科技项目，利用国家创新资源来培养创新人才；重点加强优势学科和优势产业的培育，夯实科技创新的基础，汇聚高端技术人才。

2. 推进技术创新

第一，要加大对创新型企业的扶持力度。通过加大对区域创新型企业的投入，支持区域内企业建立专门的研发机构，促进企业提出新概念、研发新产品，以市场环境和生产要素结构为基础，衍生出更多的与区域市场相适应的创新型产品，推动区域创新能力整体提升，推动经济高质量发展。

第二，要加强企业与高校、研究院的合作力度。政府通过搭建平台，促进企业与高校、研究院建立一种联合培养机制，强化知识与技术的融合，建立以企业为主体的创新型技术体系，构建区域创新共同体，增强企业创新活力。

第三，要增强企业研发能力。目前我国企业已经注重创新能力的培养，研发出各种各样的创新产品，但是关键核心技术受制于人的局面仍未打破，许多核心技术只能依赖进口。企业应当加大研发投入，并注重具有竞争优势的产品研发，该类研发成果所获得的收入可以支持更多技术研发，形成一个良性循环，从而更好地提升企业的创新能力。

第四，要加强区域创新体系和创新治理体系建设，破除阻碍创新的体制机制障碍，提高创新主体参与创新的积极性。可以通过实施股权激励制度，将创新主体的研究成果转化为公司股权，将创新主体的利益与公司利益绑在一起，创新主体会为了获得更多的利益而进行有利于公司的创新，从而优化创新资源配置，形成以市场为导向、以企业为主体的技术创新体系。

3. 培育创新型人才

提升区域创新能力，关键是人才的培养。我国是世界上人口最多的国家，但创新型人才相对不足，创新型人才培养已经成为促进区域经济高质量发展的重中之重。

第一，政府与企业合作，通过制定各种优惠政策、搭建各种发展平台，为优秀人才提供发挥才能的机会，吸引国内外优秀人才涌入。

第二，要承接国家重点科技项目，加大对科技园区的投入力度。国家重点科技项目汇合了国内外的优秀人才和创新资源，承接此类项目可以汇聚更多的创新型人才。

第二，要推进建设区域内"双一流"高校和世界一流科研机构。建设高等院校、研究院，优化人才培养环境，未来会培育出更多的创新人才。

此外，要充分发挥现有的创新人才对经济高质量发展的作用。如选派一批优秀科技人员到区域内各地区，进行创新成果的分享以及创新创业的推广。

4. 加强创新合作

实证表明，单一地区加大科技创新投入可能会不利于区域内其他地区创新能力的提高。因此，因地制宜配置创新资源，加强区域整体创新对区域经济发展至关重要。东部地区大多注重创新能力的培养，并已形成一定的创新产业规模，应注重提升创新效率，引导政府资金和社会资源的合理流动，实现资源配置效益最大化。中部地区创新产业刚刚起步，应注重结合自身条件发展创新企业，并做好对东部地区产业转移的承接工作，通过与东部地区建立合作，促进本地区创新经济的发展。西部地区创新型企业比较匮乏，应注重依托国家政策扶持，利用地区内土地成本低、生产资源丰富等优势，从东部地区引进科技企业和科技人才，激发本地区创新活力。

加强创新合作，除了充分利用各地区的优势，还要加强对外开放和国际合作，形成开放联动的国际化创新合作网络。通过国际化合作平台，汇聚国内外创新人才，分享创新成果，形成互利共赢的合作关系。比如，要主动融入"一带一路"建设、长江经济带等国家发展战略，推动产业分工和区域资源合理分配，从承接沿海发达地区产业转移向创新源地区转变。

三、区域经济协同发展的科技政策制定

（一）数字经济

所谓数字经济，是指以网络作为载体，引导数字化信息快速优化配置，实现经济高质量发展的经济活动。在 2020 年初，新冠疫情的突然爆发给中国经济造成了巨大的损失，餐饮、影视、交通运输、旅游、教育等传统经济形态受到巨大冲击。疫情期间的严格防控，迫使人们将消费需求从线下转移到线上，线上教育、视频娱乐、线上会议、网上购物等领域经济迅速发展。

如图 5-1 所示，截至 2019 年底，我国数字经济总量达 35.9 万亿元，占 GDP 比重达到 36.2%，仅次于美国居世界第二位。截至 2019 年底，我国互联网普及率达 64.5%，移动互联网用户规模达 13.19 亿，占据全球网民总规模的 32.17%；4G 基站总规模达到 544 万个，占据全球 4G 基站总量的一半以上；移动互联网接入流量消费达 1 220 亿 GB，较去年同比增长71.6%；电子商务交易规模达 34.81 万亿元，位于全球首位；网络支付交易

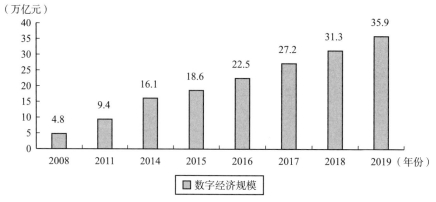

图 5-1 我国数字经济规模变化

资料来源：中国数字经济发展白皮书（2020）［R/OL］.中国信息通信研究院，（2020-07-02）［2021-05-07］，http：//www.caict.ac.cn/kxyj/qwfb/bps/202007/P020200703318256637020.pdf.

额达 249.88 万亿元，移动支付普及率居于世界领先水平。[①]

进入数字经济时代，原来的社会生产方式不再适用，数字信息成为关键生产要素，能否有效地获取和利用数字信息成为企业提升核心竞争力的关键，数字经济成为全球竞争的新制高点。随着大数据、人工智能、云计算等数字化信息技术日益成熟，企业数字化、网络化、智能化的速度在不断加快，新的竞争方式和竞争力已经形成。当前，全球经济下行，数字经济这种新型经济业态为稳定经济增长注入新动力。据中国信息通信研究院统计，各国数字经济增长速度明显高于同期 GDP 的增长，特别是英国、美国和德国，这三个国家数字经济占 GDP 比重都超过了 60%。

随着数字经济的发展，与数字技术有关的产业也获得很好的发展，数字化正在成为我国产业结构的一个显著特征。受到疫情的冲击，中国经济遭受巨大损失，在这个时候数字经济展现出强大的抗冲击能力，对于维持社会稳定和市场平稳运行发挥巨大作用。线上消费使人足不出户就能满足日常所需，减少疫情传播的同时降低了对经济市场的冲击；大数据平台实时更新疫情追踪数据和防疫措施，有效地避免了疫情的广泛传播；线上教育、线上办公平台的推广使用，在防疫的同时也保障了工作生活的正常运作。

从图 5-2 的数据可知，虽然我国数字经济总量已跃居世界第二，但是

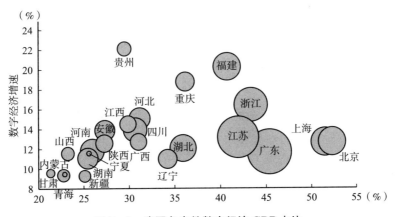

图 5-2　我国各省份数字经济 GDP 占比

注：圆圈大小表示数字经济增加值规模（单位：亿元）。

资料来源：中国数字经济发展白皮书（2020）［R/OL］. 中国信息通信研究院，（2020-07-02）［2021-05-07］. http：// www. caict. ac. cn/kxyj/qwfb/bps/202007/P020200703318256637020. pdf.

---

① 资料来源：2020 中国互联网大会｜《中国互联网发展报告 2020》在京发布［EB/OL］. 中国互联网协会，（2020-07-23）［2021-05-07］，https：// www. isc. org. cn/zxzx/xhdt/listinfo-37989. html.

不同省份的数字经济发展情况存在一定差异，但都超过了 20%。作为世界一线大城市的北京、上海数字经济在 GDP 的占比已超过 50%，紧随其后的广东、浙江、江苏、福建四省数字经济占 GDP 比重均超过 40%，重庆、湖北、辽宁、河北、广西、四川、江西、贵州八省数字经济在 GDP 占比超过 30%，其余各省的数字经济占比在 20% ~30% 之间。

我国为何要发展数字经济？数字经济对我国经济发展有何重要意义？笔者认为可以概括为以下三点：

第一，摆脱我国的对外技术依赖。虽然我国目前已实现众多技术创新，创新性国家的进程在快速推进，但是关键核心技术受制于人的局面还没有改变，大力发展数字经济对于打破以美国为首的发达国家的技术垄断，从而更好地促进经济均衡发展十分有利。

第二，增加就业。据统计，2018 年我国数字经济吸纳的就业人数达 1.91 亿，占全国总就业的 24.6%。大力发展数字经济，在扩充就业机会的同时，聚集了社会闲散劳动力，为我国经济高质量发展注入了新的动力。

第三，促进中国经济发展的重要引擎。疫情期间，数字经济展现了自身强大的发展潜力，线上办公、远程教育、电子商务平台的需求迅速扩大，实体企业也在根据大数据和人工智能加快企业复工复产。

（二）如何做到区域经济数字化

各省市依托 5G 网络、大数据、云计算不断优化区域资源配置，改变经济发展模式，使得欠发达地区通过网络平台可以参与到发达地区的经济建设中来，深化与腾讯、阿里等数字经济龙头企业的合作。数字经济是区域经济融合发展的重要渠道。长三角地区依托自身深厚的数字经济基础和阿里、美团等数字经济龙头企业的支持，率先推进区域经济数字化，在 2019 年的《长江三角洲区域一体化发展规划纲要》中提出"共同打造数字长三角"。随着长三角地区在电子商务平台、大数据、5G 网络、人工智能等产业的优势进一步壮大，将快速推进长三角地区实现数字经济区域一体化，成为我国数字经济融合区域发展的典型示范。

如何促进区域经济数字化，笔者提出如下几点建议：

1. 营造良好的数字经济发展环境

数字经济的到来，带来了新的发展模式和发展方向，也带来了新的挑战，面对数字经济新业态的到来，要规范经济主体的经济活动，提升它们的社会责任。数字经济的发展需要健康良好的经济环境，而这需要监管部门、供给方、需求方的共同努力。

营造良好的数字经济发展环境，需要从以下几个方面出发：一是完善监管体系，制定企业数字化转型标准，加强对企业管理行为的监督和合法权利的保护，促进不同企业、不同行业之间在竞争中获得发展；二是为企业数字化转型提供制度保障，如为数字化转型企业制定税收优惠政策，避免在企业数字化转型过程中由于资金不足、成本上升等原因而无法转型；三是大力推进区域数字化中心建设，由点到面，发达城市带动落后城市，从而将数字经济融合发展辐射整个区域；四是加大数字经济领域的"放管服"改革力度，通过建立示范性研发中心、公共服务平台等，促进数字经济更好地发挥自身优势，从而实现健康均衡发展；五是推动技术创新，加强电子商务、大数据、云计算、人工智能、5G 网络等有利于数字化转型的公共服务建设，降低数字化转型的门槛和成本。

2. 加强对科技创新的支持力度

实现区域经济数字化，关键是科技创新。发展数字经济离不开中国长期以来积累的技术优势，特别是 5G、人工智能等技术对经济转型助力很大。2019 年 10 月，中国宣布 5G 网络的广泛应用正式启动，到今天各种 5G 手机如过江之鲫涌入市场，为中国广大的网络用户带来了极大的便利。在 5G 技术的支持下，线上教育、远程医疗、远程办公等可以实时获得更加清晰的画面和数据，这些对于控制疫情的蔓延和稳定经济发展提供了有力的支持。在时代的大背景下，金融机构要学会通过数字技术、科技创新等方式不断优化服务水平，切实缓解小微企业融资难融资贵的问题。

在区域数字化的进程中，政府应当扮演着什么角色。目前中国的高新技术企业大多已经有了一定的科技创新基础，政府在向企业提供资金支持的同时，也要处理好与市场的关系，对企业的发展不做过多的干预，营造良好的科技创新环境，为高新技术企业创新能力的提升发挥激励作用。科技创新的发展在不同的行业具有明显的差异，对于不同的行业，政府应当在充分了解行业发展的基础上，提供针对性的支持，确保企业的发展稳定。

3. 引进和培养数字经济领域的高端人才

实现区域经济数字化，人才是基础也是关键。通过建立企业与各大高校、科研院所、研发中心的联合机制，加大对数字经济专业化人才的培养力度，打造出功底深厚、技术过硬的数字经济领军人物和骨干人才。打造与数字经济产业相匹配的人才链，在对外引进人才的同时要加强自主培养。制定一系列有利于创新型人才的薪酬福利体系，解决薪金、医疗以及个税缴纳等与创新人才关系密切的利益问题，同时要完善对外引进政策，吸引国外创新型人才，充分调动创新主体的积极性，加快建设数字经济专业化平台。

高等院校在专业设置、师资培养、招生规模等方面要向数字人才倾斜，对于已经开设人工智能、大数据、软件工程专业的院校，应当加大对这些专业的投入，引导各类资源倾斜，加强计算机科学、软件工程、信息工程、人工智能、数据科学等数字经济基础学科建设；对于尚未开设相关专业课程的院校，要整合学校教育资源，努力达成学科申办条件，积极主动地向教育部提出专业设立申请。

4. 打造区域联动机制

我国的数字化经济区域分布差距较大，尤其以东部沿海地区和西部内陆地区差异最大，因此我国的数字经济发展需要注重东西部联动，通过发达地区带动落后地区共同发展。对于数字化程度较高的地区来说，要积极输出人才、技术、资金等资源，与西部地区建立合作。而对于数字化程度较低的地区，要善于运用自身发展优势，吸引人才、技术、资金等资源的聚集。区域经济化的联动机制主要包括两方面：第一，要完善"政府—金融机构—中小微企业"的工作联动机制，为中小微企业的数字化转型搭建平台，解决中小微企业"不能转""不会转"的问题。第二，要打造跨越地理边界和行政区的数字产业园，完善数字化共享所需的基础设施，为整个区域内的数字经济一体化搭建平台。

四、区域经济协同发展的财政税收政策制定

（一）区域财政政策

1. 完善财政支出和收益分配机制

完善财政支出，主要是通过优化政府的财政支出结构来提高财政支出对资本、劳动及其产出的激励作用，从而改变我国地区财政支出结构现状。具体来说，可以从以下三方面完善：第一，要在税收改革的基础上，转变政府职能，提高行政效率，压缩行政经费支出，减轻财政负担；第二要加大财政对科技、教育等产业的支持力度；第三要扩大对农村的财政支出，为农村提供更多的公共产品和服务，促进城乡经济协同发展。

在完善财政支出结构的同时，还应当注重财政支出的使用效益。可通过建立科学合理的财政支出效益评价体系，对财政支出的结果进行分析评价，

从而判定各项财政支出是否与经济发展目标相一致，有利于提高财政支出的社会效益和经济效益，促进区域经济高质量发展。

收益分配是区域合作的基础，要实现"1＋1＞2"的合作效果，就要充分调动区域内地方政府的积极性，立足于区域整体协同发展总目标，结合各地区资源特点和发展需求，建立区域利益共同体。可以按照"谁受益、谁付费"的原则，在区域合作项目中收益较大的向收益较小的地区给予补偿。完善收益分配机制，要理顺区域内地方政府间的利益关系，建立专门的监督和管理机构，对区域合作所产生的财政收益，按照贡献能力确定分配比例，确保区域经济协同发展过程中地方政府得到应得的财政收益。

2. 健全转移支付机制

目前我国东部地区与中西部地区的差异逐渐扩大，这必将会导致我国人力资源自由流动、自然资源有效利用的目标难以实现，从而阻碍区域经济协同发展的步伐。健全转移支付机制，要加大财政支出对落后地区经济发展的扶植力度，从而起到促进落后地区经济发展、缩小与发达地区的经济发展差距的作用。中西部地区特别是西部地区面临着人力资源匮乏、基础设施滞后、公共服务水平低的问题，可从以下两方面着手。

第一，要加大基本公共服务均等化的转移支付力度。对于目前我国中西部地区尤其是西部地区存在的基本公共服务水平不均衡的问题，财政部门可成立调查小组，下到地方进行调研，搞清楚各地区的实际情况，综合考虑财政情况、区域发展计划以及地区实际情况，制定相应的转移支付方案，加大对地方"补短板、强弱项"的基本公共服务体系建设的扶植力度，确保各地区百姓享受均等化的基本公共服务。

第二，要建立促进地区基础设施均衡发展的转移支付机制。我国中西部地区尤其是西部地区，除基本公共服务之外，基础设施建设方面也有较大差异，导致了落后地区由于发展成本较高而经济发展受限。财政部门在制定和实施财政政策的时候，应当注重加大对边境地区、少数民族地区、革命老区和贫困地区的转移支付力度，加强落后地区的基础设施建设，实现基础设施均衡发展，夯实落后地区经济的硬件环境。

3. 健全利益补偿机制

第一，要构建区域利益监管机制。通过建立区域利益共同体，制定和完善区域利益分配政策，减少区域利益分配过程中的利益冲突，避免地方政府只追求当地利益而忽视了区域整体利益。通过建立跨地区的管理机构，构建利益均衡协商机制，以税收优惠、利益补贴等作为补偿，协商解决利益冲突。

第二，要完善区域利益补偿方式。利益补偿可采取直接补偿和间接补偿两种方式。中央政府可通过完善财政转移支付机制或价格补贴的方式直接补偿利益受损方；区域相关部门可通过技术支持、扩大合作、人才培养、信息共享等方式间接补偿利益受损方。

第三，在地方政府的政绩考核中加入利益补偿机制的建设情况，督促地方政府将健全利益补偿机制落到实处。利益补偿机制的效果发挥，需要法律法规的支持，因此在推动利益补偿机制的同时要完善配套的法律体系，增强法律约束力。要建立科学合理的统计计算体系，对于不同地区的利益补偿，要结合实际情况，选择最适合的补偿办法。

（二）区域税收政策

1. 实行有利于中西部地区经济发展的税收政策

第一，提高中西部地区个人所得税免征额度。个人所得税直接影响到个人收入，是国民最为关注的税种。发展中西部地区经济离不开人才，可通过提高中西部地区个人所得税免征额度，增加中西部地区的实际收入，吸引人才向中西部地区转移。个人所得税免征额度的提升必将会导致中西部地区财政收入的减少，中央政府可通过财政转移支付对中西部地区政府给予一定的支持。

第二，对在中西部地区投资办厂的外资企业给予比东部地区更优惠的税收政策，吸引外国投资落到中西部地区。当前国内的外资企业的投资点大多集中在东部地区，其中十分重要的原因就是东部地区比中西部地区实施了更优惠的税收政策，吸引了大量的外国投资。

第三，实行促进科技创新、教育培养的税收优惠政策。人才资源和创新技术是区域经济发展的关键，而中西部地区在这两个方面与东部地区仍有较大差距，可通过提高个税的税收优惠政策吸引科技创新人才，通过对企业创新项目的税收补贴，加大企业对科技创新和教育培养的投入力度，从而提高中西部地区的科技创新水平，促进区域经济的协同发展。

2. 区域税收政策与产业政策相结合

税收优惠政策在发挥促进区域经济发展作用的过程中，要有针对性地加强对地方特色产业发展的推动作用，而不是对区域内所有产业实行相同的税收优惠。政府应当有针对性地对新兴产业给予较大力度的税收优惠，促进地区优势产业和新兴产业的发展，激发区域发展的活力和动力，推动区域间协同发展。

对于投资规模大、外部效应强、从事基础设施的产业项目，如农业技术创新、高新技术以及国家鼓励发展的其他产业和项目，可以采取较优惠的税收政策，还可以采取加速折旧、再投资退税、投资抵免等间接优惠方式，引导投资向这些项目转移，促进地区产业结构的改革完善。

以西部地区为例，西部地区拥有十分丰富的资源，因此对于西部地区的资源密集型产业，如资源采掘业和资源加工业，可通过实行减免税、加速折旧、再投资退税、减少企业所得税等政策，促进拥有丰富资源的西部地区和少数民族地区加快发展。第三产业发展滞后是制约西部地区经济发展的重要因素，目前对第三产业征收的营业税普遍较高，不利于第三产业发展的同时，阻碍了西部地区经济发展的步伐。对于中西部地区的旅游业、服务业、保险业等第三产业，应当降低其营业税，对于处于起步阶段的产业可以实行低税甚至免税政策。

五、区域经济协同发展的区域政策制定

（一）坚持市场主导，激发区域经济活力

在资源配置中市场发挥着决定性作用。区域经济发展有着明显差异性，以京津冀三地为例，金融发展一方面使得资源向北京集中的趋势不会改变；另一方面京津冀合作往来的增多，使得各类金融机构具有合作共赢、统一协同的内在需求。京津冀相关业务也是未来各家金融机构竞争的重点，各金融实务部门也已经开展合作项目，支持产业转移带来的新的金融需求。各家金融机构可以尝试打破地方性观念，组建京津冀区域管理部门，由熟悉京津冀业务的专业人员负责，协同区域内的业务往来和项目合作。鼓励金融企业通过兼并、重组等多种模式进行区域内资源的整合，增强金融机构之间的合作和交流，合理地调节金融资源的流动，促进区域内金融效率的提高。

城市商业银行、农村信用合作社等地方性金融机构的主要定位是立足当地、服务当地，但是随着资本规模的扩大和业务范围的拓展，产生了异地扩张的内在需求。建立区域性的协同制度，要求进一步整合各地金融资源，通过区域总部银行的深层合作，助推区域金融的协同发展。适当鼓励地方性金融机构到区域内其他城市设立网点和开展业务，在加强风险管控的基础上，充分利用区域内优质资源扩大资本资产规模，强力助推区域经济协同发展。

（二）坚持政府引导，规范区域经济行为

地方政府在制定实施区域经济协同发展战略时，要充分考虑并着力提高金融服务在其中的贡献度。通过成立支持区域经济金融协同发展工作的领导机制，定期召开由本区域内各地方政府、金融机构和企业参加的政银企联席会议，搭建跨地域合作平台，通过沟通信息来解决问题。

国家三大战略区域协同机制的建立，离不开中央和各地政府的引导。以京津冀区域为例，相比珠三角地区和长三角地区，京津冀区域的金融协同发展进展较为缓慢，行政划分造成的市场分割极大阻碍了区域的发展，需要国家的统一部署和引导。首先需要由国家部门牵头，由三地政府、金融监管部门等联合成立金融工作小组，统一制定京津冀金融协同发展战略，并负责引导和监督发展战略的具体实施。针对当前区域内监管重叠、监管真空等问题，探索建立京津冀区域金融监管联席会议制度，明确各部门职责范围，明确分工与合作，确保监管口径一致。

虽然京津冀三地的金融发展水平及在区域金融协同发展中的角色和定位不同，但是三地的金融发展策略都是在提高自身金融发展水平的基础上积极融入区域的金融协同发展中。长三角地区、珠三角地区的金融合作也是建立在区域内各城市金融实力的提升和金融辐射能力增加的基础上。因此，京津冀金融协同发展需要三省市在提高自身金融实力和金融竞争力的基础上，通过金融机构合作、金融人才共享、金融产业转移等途径，促进资源的优势互补。

（三）中央政府在顶层设计的同时给市场发挥作用的空间

中央政府要继续加大改革力度与区域整体规划的力度，将区域协同发展与金融改革落到实处。具体做好以下工作：将区域作为整体予以规划，打破以往户籍制度、财政制度、经济考核等带来的"诸侯经济"割裂思维模式，积极促进区域金融资源自由流动，营造良好的金融竞争环境与氛围；完善制度的同时，要建立有效的协同发展机制，比如区域政策协同机制、协同发展交流机制、区域金融风险的预警与防范机制、信息共享交流机制，其中信息共享与交流机制可以减少由于降低信息不对称而增加的交易成本、减少信息不对称诱发的"合理无知"以及避免阿克罗夫"次品市场"问题；政府部门要继续简政放权，减少行政垄断带来的市场失灵。

充分发挥市场的作用，要统一全国的负面清单制度，消除市场准入中存

在的歧视性、隐蔽性的限制，通过公平合理的市场价格，协同区域资源配置。充分发挥政府的政策引导作用，要优化区域互助机制，深入开展对口协作；要健全利益补偿机制，加强区域基本公共服务合作；要实行差异化的区域政策，健全区域转移支付机制，创新区域协同机制。

(四) 提升区域经济竞争力

区域经济竞争力是区域为了谋求自身发展，优化区域内资源配置的能力，是一个区域相对于其他区域所具有的经济吸引力。区域经济竞争力水平可以用区域内生产的产品在国家或世界总产量中所占的比例以及吸引生产要素在国家或世界要素总产量中所占的比例来表示。分析一个区域的经济竞争力主要有以下三个方面：一是初始竞争力，指地理环境、自然资源、人口等因素所决定的区域竞争优势；二是潜在竞争力，指由基础设施、市场化程度、法律法规等因素构成的区域发展动态优势；三是现实竞争力，指经济实际运行效率，如 GDP、GNP、市场占有率等衡量经济发展水平的比率。提升区域经济竞争力可以从以下几方面着手：

1. 改善区域发展成本

作为初始竞争力中的关键要素，区域地理环境和自然资源对于在区域中获取竞争优势至关重要，而这一点通过影响区域发展成本展现出来。所谓的区域发展成本，是指一个国家或地区为了在区域竞争中获取优势，实现经济高质量发展必须花费的基础成本。区域发展成本主要受自然因素、经济因素和社会因素的影响，其中自然因素难以改变，但是经济因素和社会因素相对容易改善。比如采用先进的技术利用当地资源、扩展交通网络等通过改善区域发展所需的成本促进经济高质量发展。

改善区域发展成本，可以扩大国际合作，通过国际化的渠道，吸引国外的优质企业在本地落户，为本地区的产业发展带来新的视野和新的发展模式。产业园区是区域发展的关键部分，然而产业园区的空间资源浪费也是一大发展成本，应当改变原有的空间分布，采取紧凑型的分布格局，充分利用产业园区的空间资源。

2. 改善政府效率

政府效率主要是指政府提供服务的水平和效率。经济中有两只手，一只"看不见的手"是市场，一只"看得见的手"是政府。市场在调节资源分配的时候会存在失灵的情况，因此在市场经济中需要政府配合进行调节，政府服务的效率在这一环节发挥着重要的作用。政府效率的高低直接影响企业发展成本，制约企业的竞争力，区域之间的竞争归根到底是区域内的企业之间的竞争，因此提高政府效率才能提高区域经济竞争力。具体而言，可以通过精简项目审批流程、拓宽项目管理渠道、加大项目支持力度等来改善政府效率，从而提高经济竞争力。

当前，许多地方政府存在着管理行为不规范，官僚主义、关系主义屡见不鲜的问题，针对这些导致政府效率低下的问题，应当规范政府支出管理、增加财政透明度、利用现有资源增加政府产出，提高政府服务效率。许多地方已经开始将电子信息技术引入政务服务，电子政务彰显了自身的效率优势，应当广泛推行电子政务建设，提高信息技术在政府行政管理中的广泛运用，有助于提高政府效率。

3. 改善基础设施和人文环境

基础设施是经济发展的基础条件，是提高区域竞争力的基础。好的基础设施能促进经济发展，适当的超前基础设施还能促进经济增长方式的转变，实现经济跨越式增长，而落后的基础设施则会限制区域经济发展。政府和企业应当注重有利于经济发展的基础设施的建设，如城市信息网络设施建设、交通设施建设、清洁能源建设等。

人文环境包括人口素质和文化传统这两方面。区域内人口素质水平直接影响一个地区的竞争力，我国大部分地区人口都比较多，合理利用能够转化为竞争优势，但是不注重人口素质的提升也会成为区域发展的负担。文化传统影响人们的行为方式，进而影响经济发展。温州地区的经济腾飞很大程度上有赖于温州人的重商传统，而中西部地区的落后则与保守落后的文化传统有关。

六、区域经济协同发展的区域协同政策制定

改革开放以来，尤其是党的十九大以来，得益于中国社会主义市场经济体制的创新和完善，我国区域经济合作的规模日益扩大，涉及经济生活领域的方方面面，除广度之外，区域经济合作的深度也在日益扩大。我国在国际上的区域经济合作体制创新愈发成熟和完善，如"上海合作组织"以及"一带一路"。国内区域经济合作大体可以分为两种，第一种是跨越省份的经济合作，比如"长三角""京津冀"以及"粤港澳大湾区"，第二种是同一省份内的经济合作，比如海南自贸区的建设，以及苏州宿迁工业园的成立和发展。进入 21 世纪以来，中国的区域经济合作越来越紧密，其范围和领

域也在不断扩大，形成了以长江三角洲、珠江三角洲、"京津冀"为代表的新型经济合作区域。1992年，国家计委提出了七大经济区概念，这七大经济区就包括了长三角。截至目前，长三角在上海市和江苏、浙江、安徽三省范围内，以上海为核心，其他城市与之密切联系，主要分布在国家"两横三纵"的重点开发区域。大珠三角包括香港特别行政区、澳门特别行政区在内共12个地区，被称为中国的"南大门"。新时期珠三角携手港澳打造"粤港澳大湾区"，成为继美国纽约湾区、美国旧金山湾区、日本东京湾区之后的世界第四大湾区。"京津冀"是中国的"首都经济圈"，包括北京、天津以及河北的11个地级市。京津冀的主要任务是，全方位地支持建设雄安新区，发挥北京的辐射作用，打造以首都为核心的世界级城市群。未来一段时间中国的区域经济合作将会达到一个更高的水平，区域经济一体化将会快速发展，城市群、都市圈将成为区域经济发展的核心推动力，随着城市经济的发展，原先的经济圈将被不断扩大，市场在跨区域资源配置中将会发挥更加重要的作用。

（一）创新区域互动合作机制

1. 地方政府间成立专门的合作机构

地方政府间的区域合作是建立在沟通协商的基础上的，这样做不仅可以减少地方政府之间的利益冲突，而且能够让地方政府共同合作、共担风险、共谋发展。我国地方政府间的区域合作跨越了行政区的限制，为了消除局部利益与共同利益的矛盾，保证共同利益，要在彼此独立的行政区的基础上形成共同的制度体系。"泛珠三角"区域合作，是新中国成立以来规模最大、范围最广的地方政府间的区域合作。

建立区域合作体系需要中央、区域、地方政府的共同努力。中央根据国内经济发展情况，从全局出发，制定国家区域合作的战略规划；地方政府之间应当建立专门的区域合作机构，协同并解决区域合作过程中遇到的各种问题，寻求各地区利益发展的公倍数；各地方政府要严格遵循中央的战略规划以及区域合作机构的建议安排，并根据当地实际情况因地制宜地开展区域合作。

区域经济发展过程中，地方政府之间存在着利益冲突，但是这种利益冲突并非不可避免，除上述的建立专门的区域合作机构促进区域间协同发展外，还可以通过建立以激励相容为原则的风险共担、利益共享的利益分配机制实现共赢。

2. 非政府组织的区域合作

非政府组织主要包括协会、学会、研究会、基金会等民间性、非营利性的社会团体。区域经济合作的经验表明，民间组织可以帮助解决政府职能和市场范围之外的问题，能够促进区域经济高质量发展。通过民间组织推动区域合作，可以避免由于偏好地方性利益而破坏区域整体利益。不同的民间组织在区域合作方面发挥着不同的作用，如由各地的专家、行业代表组成的行业协会，可以帮助政府制定区域性的行业规范，并以身作则带动区域内更多的企业效仿。政府应当出台相应的措施，通过对民间组织给予政策性优惠，促进民间组织的建立与发展。

（二）创新产业合作和区域协作互助机制

1. 创新产业合作机制

合作创新是产业技术创新的重要形式。由于技术创新的高投入和市场的不确定性，一个企业进行创新要承担高成本，面临高风险，而许多中小型企业缺少创新性人才和技术，很难单独进行技术创新。而企业合作则可以解决这些问题，合作机制中的各个企业利用自身的资源优势，进行优势互补，建立起共担风险、共同创新、共同发展的产业合作机制，从而利用整个区域的资源进行创新，使合作各方实现共赢。

积极开展 PPP 模式，扩大政府与企业的合作。通过政策支持引导地区知名企业、机构、社会团体加入区域合作平台，充分发挥平台的合作效应，实现区域内产业优势互补。企业要充分利用市场优势，积极推动产业转移，加强与政府的产业协商合作机制，形成包括各级政府机构和非政府组织在内的共同治理体系。

2. 优化区域协作互助机制

开展东西部协作互助是中央的重大战略规划，帮扶与被帮扶地区通过协商考察制定一系列的补短板、促发展的帮扶项目。在开展帮扶项目促进被帮扶地区发展的同时，帮扶地区自身会获得极大收益。例如，近几年江苏与帮扶省份充分发挥各自优势，共同参与到"一带一路"建设中，在基础设施互联互通之上，建立区域合作机制，进一步拓展协同发展空间，促进高质量协作发展，实现互利共赢。

发达地区对欠发达地区的互助协作要创新帮扶方式，加强在科技、教育、人才等方面的交流发展，"授之以鱼不如授之以渔"，通过增强欠发达地区借助生产要素寻求发展的能力，促进欠发达地区快速高质发展，从而实现双赢乃至多赢。

优化区域协作互助机制，要先在部分地区进行试点，发挥先进示范作用，进一步带动整个地区的互助合作。要建立公平有效的扶持机制，加快补短板、增收益、促发展，确保欠发达地区和发达地区在区域合作中共同进步、共同发展。

（三）完善区域协同机制

1. 城市群的协同发展

"城市群"的概念是由著名地理学家戈特曼提出的，城市群，也被称为城市经济走廊，最开始是指波士顿和华盛顿特区之间的美国东北部城市群，在那之后，日本太平洋沿岸发展成为东海道大都市带，英国泰晤士河沿岸地区也逐渐发展为城市群，欧洲西部的曼彻斯特和米兰之间发展成为"蓝香蕉"地带。

在中国所建造的城市群数量已经远远超过其他国家，如京津冀城市群、珠三角城市群、长三角城市群等，中国的城市群呈现出一种中心辐射、多点开花的新常态。我国已基本建成了19个国家级城市群，包括：长三角城市群、珠三角城市群、京津冀城市群、成渝城市群、长江中游城市群、海峡西岸城市群、山东半岛城市群、中原城市群、辽中南城市群、关中平原城市群、北部湾城市群、哈长城市群、山西中部城市群、黔中城市群、呼包鄂榆城市群、滇中城市群、天山北坡城市群、兰西城市群、宁夏沿黄城市群。在19个国家级城市群中，处于第一阶段，向成熟迈进的城市群有两个，分别是长三角城市群和珠三角城市群。处于第二个阶梯，快速发展的城市群有11个，而这11个城市群又可以分为三个等级，处于第一等级的是京津冀城市群、成渝城市群和长江中游城市群；处于第二等级的城市群是海峡西岸城市群、山东半岛城市群、中原城市群和辽中南城市群；处于第三等级的城市群是关中平原城市群、北部湾城市群、哈长城市群和山西中部城市群。处于第三阶段，处于发展起步阶段的城市群有6个，分别是黔中城市群、呼包鄂榆城市群、滇中城市群、天山北坡城市群、兰西城市群和宁夏沿黄城市群。

以粤港澳大湾区为例，2018年3月，习近平总书记在参加广东代表团审议时指出，要抓住建设粤港澳大湾区重大机遇，携手港澳加快推进相关工作，打造国际一流湾区和世界级城市群。粤港澳大湾区是由广州、佛山、肇庆、深圳、东莞、惠州、珠海、中山、江门9市和香港、澳门2个特别行政区组成的城市群。

粤港澳大湾区是与美国纽约湾区、旧金山湾区和日本东京湾区并肩的世界四大湾区之一，湾区经济发展主要经历了港口经济、工业经济、服务经济、创新经济四个阶段。表5-2是四大湾区的对比情况。

表5-2 世界四大湾区对比情况

项目	东京湾区	纽约湾区	旧金山湾区	粤港澳大湾区
面积（万平方千米）	1.36	2.15	3.68	5.59
人口（万人）	4 396	2 032	777	6 958
GDP（万亿美元）	1.86	1.72	0.83	1.51
人均GDP（万美元）	4.23	8.46	10.78	2.17
第三产业百分比	82.3	89.4	82.8	65.6
集装箱吞吐量（万TEU）	766	465	227	6 520
机场旅客吞吐量（亿人次）	1.24	1.03	0.76	2.01
国际机场数量	2	3	3	5
世界100强大学数量	2	2	3	4
世界500强公司数量	38	17	16	17

资料来源：一图看懂粤港澳大湾区有多牛？[EB/OL]. 粤港澳大湾区研究院，（2017-07-17）[2021-05-07]，http：//www. dawanqu. org/2017/7-17/3MMDE0MTRfMTQxMzc3MQ. html.

城市群是城市发展的高级阶段，在区域经济发展中发挥着至关重要的作用，但是城市群的发展不是一蹴而就的，在这个过程中会面临着诸多的问题和挑战。我国的城市群建设还不够成熟，和一些发达国家比如英国的大伦敦城市群、美国的大纽约地区和大洛杉矶城市群、法国的大巴黎城市群等相比仍有很多需要改进的地方。我们必须清楚地认识到中国城市群建设中存在的一些问题，比如区域发展不平衡、协同机制不完善、发展规划没有落实、城市病问题普遍存在等。对于上述问题，在建设城市群的过程中，应当建立和完善城市群区域协同和利益共享机制，推动国家的战略规划以及区域的整体安排落到实处，也要注重与大数据信息计算相结合，提前预测在城市群建设过程中遇到的问题，制定科学合理、行之有效的规划方案，从而促进城市群内各城市优势互补、协同发展。在具体实施的过程中，要明确各城市的功能定位和分工，以城市群平台，推动城市间生产要素、基础设施的优化配置；要建立城市群利益共享机制，促进创新资源的开放共享，实现城市群一体化发展。

2. 都市圈的协同发展

都市圈是新型城镇化发展的必备形态，是城市群的重要组成部分，是中国未来城市发展的方向。在中国，城镇人口总体上仍然在东部沿海发达地区聚集，推动建设都市圈有助于推动人口和经济向欠发达地区转移，从而逐渐形成"城市群—都市圈—中心城市—中小城市—特色小镇"协同发展的城镇化格局。目前我国都市圈发展呈现出一种新的态势："长三角""珠三角"和"京津冀"三大国家级都市圈逐步走向成熟，中西部一些交通枢纽地区也在逐渐发展成为新的都市圈。目前我国存在着 24 个千万级都市圈，主要分布在沿江沿海地区。在 24 个都市圈中，成熟型都市圈的有 2 个，分别是长三角都市圈和粤港澳都市圈，它们的发展处于全国领先地位，圈内各县市已形成比较紧密的联系；赶超型都市圈有 2 个，分别是京津冀都市圈和成渝都市圈，区域内城市比较注重创新资源的培养和人才的竞争，在时代的大潮中蓬勃发展；成长型都市圈有 12 个，分别是西安、青岛、厦门、武汉、沈阳、长沙、大连、郑州、福州、昆明、济南、南京、哈尔滨，区域内城市拥有优势产业，成长潜力巨大；培育型都市圈有 10 个，分别是长春、呼和浩特、南昌、太原、贵阳、银川、南宁、兰州、西宁、乌鲁木齐，这些城市的基础设施相对比较落后，通过合理的规划，能够迅速地发展起来。

疫情过后，世界经济必将面临重塑，我国提出要构建以国内大循环为主体、国内国际双循环相互促进的新发展格局，而都市圈是双循环体系下促进经济高质量发展的重要手段。我国都市圈的发展仍有许多不足之处，因此在建设都市圈的过程中要借鉴吸收国外成熟都市圈的发展经验。

作为都市圈内连接城市核心与外圈城市的发展轴线，市郊铁路是制约我国都市圈发展的一大短板。以首都经济圈为例，2017 年东京、伦敦、纽约和巴黎市郊铁路里程分别达到 4 476 千米、3 071 千米、1 632 千米和 1 296千米，而北京市郊铁路里程仅有 290 千米，远低于另外 4 个都市圈。我国都市外圈城市的公共服务资源严重不足，公共服务资源明显向核心城市倾斜。以首都经济圈为例，全市 73.5% 的教育资源、88% 的医疗卫生资源都集中于城六区，而外圈的河北诸县与之差距很大。① 都市圈是由中国制造向中国创造转变的核心，是创新型战略引导城市经济发展的先行地，也是突破国际技术封锁的关键。以首都经济圈为例，形成了自中关村出发，至大兴国际机

---

① 资料来源：半年会首提"都市圈一体化"，有何深意？［EB/OL］．大七环都市圈智库，（2020–08–26）［2021–05–07］，https：//zhuanlan.zhihu.com/p/178957622．

场，连接雄安新区的京雄科技创新走廊，研发和创新了诸多核心技术，以科技创新辐射了周边地区的经济发展。

建设都市圈要注意因地制宜。不同的都市圈有不同的成长周期，不存在任何地方、任何自然地理条件都适应的模式，在一些欠发达地区按照发达地区进行规划，反倒不能充分利用自身优势，促进经济快速发展。因此需要根据当地具体情况，因地制宜地建设都市圈。对于基础设施比较完善，经济发展水平较高的地区，可以优先发展都市圈，并在一带一路的背景下加强国际合作，提升国际竞争力，努力建设成为世界级大都市。对于基础设施相对落后，但具有较大经济发展潜力的地区，应当注重基础设施的投入，夯好基石才能建高楼，同时也要加大创新资源的投入，通过创新驱动经济高质量发展。

建设都市圈要自上而下协同发展。伦敦各地政府在中央的总体调控之下，以有关的法律为依据，通过举办地方政府峰会、成立专门的指导机构，加强了跨区域协作，实现了生产要素的有效配置。日本则是以中央主导为主，地方政府受到诸多限制，然而东京都市圈内各地方政府探索出以跨区域协议为代表的跨区域协作方式。为了促进城乡协同发展，纽约都市圈出现了许多非营利性跨区域协作组织，如纽约大都市区委员会，它们并没有对地方政府造成冲击，反而在跨区域协作方面发挥着重要补充作用。

建设都市圈要夯实基础设施。基础设施是建设都市圈的重要支撑，以高速铁路、高速公路和城市轨道交通为代表的基础设施的发展，促进了新的工作和生活方式的产生，扩大了城市经济发展的辐射范围。世界上发达的都市圈都拥有成熟的交通网络，如东京都市圈拥有全世界最密集的轨道交通网，轨道交通出行比重已经高达58%。疫情过后必将会引起经济架构的重塑，对都市圈将会产生极大的影响，对数字化、智能化的要求会更高，加快都市圈高质量发展离不开计算机通信技术，要通过大数据、云计算、人工智能来制定都市圈发展规划。

建设都市圈要注重生态一体化。英国的绿带建设被世界许多国家效仿，在伦敦绿带空间建设过程中，各地政府被要求在发展规划中加入绿带建设，生态建设与城市建设一体化发展。法国的都市圈建设规划也引入了生态规划，巴黎政府通过制定有关建设绿带、发展农业、治理绿地等政策保护生态资源，从而为未来的可持续发展创造条件。

综上可知，打破行政边界，加强区域合作，重视顶层设计，充分考虑区域发展规划、环境治理与保护、基础设施和公共服务等一系列跨域需求，建立起统筹都市圈协同发展的综合机制是我国都市圈发展的核心内容。

七、区域经济协同发展的人才教育政策制定

(一) 优化教育资源分布布局，缩小地区间的发展差距

我国东部地区与中西部地区的教育资源存在较大差异，进而导致东部地区与中西部地区教育发展水平不均衡。政府应当根据不同区域的教育资源特点和教育发展水平，制定不同的发展战略，通过科学规划、分类指导，推进东部地区和中西部地区协同发展。对于教育发展水平较高的东部地区，基础设施比较完备，应当注重教育资源、设施、方式的现代化改革，尽快实现教育现代化，发挥带头作用，引领周边地区发展现代化教育。对于中西部地区，基础设施有所欠缺，发展环境相对落后，应当加大政策扶持力度，鼓励重大教育项目向中西部地区倾斜，补齐中西部地区教育发展的短板。在重大教育发展项目上，加大对中西部高校基础建设的投入，改善中西部高校的办学条件，提升中西部地区高等院校的吸引力。区域经济的发展要落到实体经济上，这就要求要提升职业教育水平，通过增加中西部优质职业教育资源，提升教育服务实体经济的能力，进一步缩小与东部发达地区的差距。在资源配置方面，要继续实施支援中西部地区招生协作计划、农村和贫困地区定向招生专项计划，扩大农村贫困地区学生接受优质高等教育机会。

高等院校要注重特色专业的培养，按照教育部的要求，结合自身的教学优势和教育资源，做好合理定位，集中力量发展本校的特色专业，彰显自身竞争力，以便获得更多的优质教育资源，促进学校的发展。同时，教育部门应积极宣传特色教育，引导高校培养特色专业，对实施特色教育的高校给予适当奖励支持，形成特色教育高校模范。

(二) 建立教育发展统筹机制，促进落后与发达地区的协同发展

推进区域教育现代化，应当注重与周边地区的协同发展，通过建立跨区域的协同合作机制，形成区域教育一体化的发展格局。通过建立跨区域的协同合作机制，加强区域教育的统筹设计，在降低协同成本的同时，提升了协同效率，更方便确立区域内不同高校在协同推进区域教育现代化过程中的任务，避免区域内高校之间出现无序竞争和"孤岛"式发展困境。

发达地区拥有雄厚的办学实力和高水平的院校，落后地区应当加强与发

达地区的合作，共同推动双方在学科建设、人才培养和科学研究等领域的对口支援计划，促进落后地区汲取发达地区的发展经验和先进资源，推进落后地区教育高速发展。在推进区域教育协同发展的进程中，需要进一步完善发达地区与落后地区协同发展的统筹机制，以改善落后地区教育办学水平、提高人才培养能力为出发点，帮助落后地区补齐发展短板，推动落后地区教育高质量发展。

当前我国地区间的经济水平分布差异大，教育资源地区分布同样也存在差异，与东部地区相比，中西部地区经济水平相对落后，教育资源相对稀缺。不仅政府部门要进一步增加对中西部地区的教育经费的投入，而且财政部也要对地方财政能力不足的地区给予优惠政策和财政支持，提供专项拨款、救助补助和税收优惠。

（三） 与国家重点战略相结合，落实人才教育现代化改革

人才教育和区域经济之间存在一个合作共赢的关系，区域经济的发展将会吸引大量人才和资金，而人才教育的发展则会给区域产业提供发展动力和创新资源，从而促进该区域经济更快发展。处理好人才教育与区域经济之间的关系，需要政府、社会、高校、科研院所和企业的共同努力，促进产学研深度融合发展。如以西安、兰州作为西部地区发展核心，在生态保护、脱贫攻坚、科技创新、人才教育等方面设立改革试验区，为西部地区发展培育新动能，发挥辐射作用，带动周边地区人才教育发展，提升区域整体人才教育发展水平。

推进"一带一路"建设相关地区的教育合作，加大对"一带一路"建设核心区高等教育和职业教育发展的支持力度；搭建国际教育交流合作平台，深化我国与"一带一路"沿线国家和地区在教育领域的合作交流，构建"一带一路"教育共同体，实现人才和创新资源的相互交流，提高合作的深度和广度，实现共同发展。

对于京津冀协同发展战略，要建立跨越行政区的教育协同发展体制机制，实现京津冀教育资源、创新资源、人才资源共享，统筹高等教育分布格局，鼓励发达地区与欠发达地区建立帮扶机制，通过合作解决教育发展中的冲突问题，推动京津冀教育协同发展。

对于长江经济带发展战略，要加强长江经济带教育互联互通，完善区域教育协作机制，统筹高等教育、职业教育资源布局，完善西部地区的承接功能，促进教育相关产业由东向西梯度转移，打造新的区域教育增长极。建立

国家重点改革试验区，加大对试验区教育创新的支持力度，根据试验区的发展经验，进行全区域的人才教育现代化改革。

第二节　我国区域经济协同发展战略配套机制（一）

一、京津冀协同发展战略配套机制

（一）建设新型首都圈，更大范围疏解非首都功能

建设以首都为核心的世界级城市群，是京津冀协同发展的最高目标。建设新型首都圈，要加强区域内重要节点城市的建设，推动产业、人才、技术向节点城市聚集，加速节点城市的发展，补齐京津冀城市群所缺少的功能。京津冀中部核心功能区要以北京城市副中心、雄安新区和大兴国际机场为依托，进行产业转型和功能疏解。京津冀西北部生态涵养区要以怀柔—密云、延庆—张家口、房山—保定、平谷—蓟州—承德等城市带为依托，推动建设更多中小型城市带，聚集地区间的资源优势，补齐京津冀城市群中等规模城市功能。以京津、京唐秦、京保石发展轴线为基础，带动北京—张家口、北京—衡水发展轴线的功能强化，建设新型首都圈，促进京津冀城市群高质量协同发展。以天津滨海新区、石家庄、唐山等地为依托，通过加快衡水、沧州、秦皇岛等节点城市的城镇化水平，推进滨海新区、唐山、石家庄三大都市圈建设，促进京津冀地区东部、南部地区的发展，更大范围地疏解北京的非首都功能。

1. 市场调节、政府引导，实现城市合理分工

建设以首都为核心的世界级城市群，要发挥好"看不见的手"和"看得见的手"的联合作用。"看不见的手"即市场，是决定区域内资源配置的关键，通过引导资源的合理配置，降低生产成本和交易成本，促进区域内生产部门的协同发展。"看得见的手"即政府，是调节区域内城市之间分工合作的关键，主要通过制定相应政策，鼓励和引导区域内各城市进行分工合作，充分利用各地区的优势，实现优势互补，产生耦合效应，推动区域内产业协同发展，构建京津冀城市群一体化。

2. 加快落实创新驱动发展

京津冀地区坐拥中国的高新技术产业中心"中关村"，汇聚了全国的先

进科学技术和创新资源，是我国创新资源最丰富的地区，但是创新能力与丰富的创新资源并不匹配，需要加快落实创新驱动发展，增强创新能力，从而充分利用创新资源，实现区域高质量发展。落实创新驱动发展，首先要加强创新机制建设，通过制定相应的优惠政策和维护合法权利的规章制度，激励更多的企业进行技术革新和产业转型；其次是要加强创新思想建设，通过搭建创新交流平台，聚集国内外高层次人才，激发地区产业创新活力，营造良好的创新环境；最后要提升区域创新成果转化率，通过建立产学研深度融合体系，将创新思维更好地落到实处，转化为区域共享的创新成果。

3. 分区域分层次的承接首都功能转移

京津冀产业一体化发展的过程中，北京市的各类生产要素向河北、天津转移集聚，促进了河北、天津两地的发展，也带来了比较突出的问题，比如，区域内发展不平衡：北京想要转移的产业和资源，地方无法承接；地方想要承接的产业和资源，北京无法转移。究其原因是产业转移策略的制定实施没有充分结合市场规律。在京津冀地区，以北京为中心，市场发展能力为半径，可以画出发展水平不同的圈层，处于不同圈层的地区，其生产资源、发展成本、对创新资源的吸引力有所不同。近圈层已基本建成发展平台，具有强大的经济实力和发展潜力，但是发展空间紧张和发展方向趋同问题突出；次圈层平台由原来的承接近圈层功能转移，转变为区域产业协同发展的重要抓手。因此，要充分考虑承接地与北京的耦合度，从落实国家战略、治理北京"城市病"的角度考虑整体布局，分层次地疏解北京非首都功能，促进京津冀地区协同发展。

具体可从以下几点着手：第一，要适度减少第一圈层承接平台数量，避免在第二圈层进行二次疏解，重点从文化、旅游、卫生、教育等服务产业着手，缓解第一圈层发展压力，促进北京资源合理利用；第二，要扩大对第二圈层有关承接平台的发展投入，适度增加承接平台数量，重点从工业、制造业、服务业着手，推进第二圈层产业发展；第三，要扩大对外圈层发展的投入，利用第一圈层技术、资源、资本丰富的优势，发展各种承接平台，积极参与北京的开发建设，在合作中谋求发展。

（二）以治理环境污染和交通基础设施建设促发展

1. 治理环境污染，以生态促发展

京津冀协同发展有一个十分清晰的线路，那就是先治理环境，绝不能重蹈"先污染后治理"的覆辙。国家有关部门应当给予京津冀地区政府一定的财政支持，使得政府能够通过经济补偿的方式引导一批经营状况不好、污染排放量大的企业停产或退出市场，从源头处减少环境污染。京津冀地区在实施乡村振兴战略的时候，也可以将农村环境治理融合在一起，通过政府补助、企业赞助、集体融资以及个体出资相结合的方式，以协同发展为契机，适时将京津冀大气污染防治的重点转向农村，采取政府补助引导、集体经营性资产出资和农户自己分担相结合的方式，优化农村污染较大的基础设施，增加能源消耗较少的生活设备，在服务乡村的同时做到节能减排。京津冀地区要制定出科学合理的奖惩机制，将污染细分若干等级，对于每一等级的污染给予一定的费用处罚，严重者可勒令停产。有惩就要有奖，对于主动做到节能减排的企业，应当给予一定的政策性优惠，从而形成优秀模范作用，带动更多的企业进行减排改革。

2. 完善交通运输网络

城市群高质量发展离不开交通基础设施建设，参照世界级城市群的交通网络建设，可以看出京津冀地区仍有较大不足，需从以下几个方面进行突破：第一，整合区域内公路、铁路、轨道交通，建立统一的交通运输网，同时注重快速轨道交通建设，提升区域内的运输速度，为以北京为首的中心城市发挥辐射作用创造条件；第二，要从京津冀地区的海、陆、空交通运输出发，建设横跨东西、纵贯南北的交通网络体系，扩大京津冀地区与全国其他地区的联系，促进与其他地区的合作交流；第三，要充分利用东部沿海地区的港口优势和中心城市国际机场的航空优势，扩大在国际平台的参与度，加深与世界其他地区的国际合作程度。

（三）加快北京城市副中心建设

北京城市副中心应当搭建各种承接平台，加快城六区的优质公共服务资源迁入副中心，从而吸引更多的企业入驻。在医疗方面，北京市委市政府可以与首都医科大学及其附属医院建立合作关系，在通州建立附属医院和研究机构；在教育方面，北京市政府应当通过鼓励和引导市内重点小学、中学、高等院校、科研所在通州设立分校区，也应当加大通州地区的师资力量和教学资源的投入。北京市政府应当制定与吸引人才、降低税收、土地资源配置等有关的优惠政策，吸引国内顶尖级的科技产业、金融服务机构、行业交易平台入驻通州，同时要打造国际一流的营商环境，建设成为首都创新创业的优秀示范区。北京市、天津市和河北省应积极争取中央支持，进行行政区调整试点建设，推动通州区与廊坊"北三县"，以及天津蓟州区、宝坻区地区融合发展，从而扩大北京城市副中心的发展空间和辐射范围，建设京津冀协同发展的示范区。

建设北京城市副中心，从规划到建设都需要进行改革创新，改革创新涉及许多方面。在生态保护方面，要广泛使用环保材料和清洁能源，减少对生态环境的污染破坏，建设生态城市；在智慧城市建设方面，将数据分析、互联网、云计算广泛地应用在城市管理当中，提供现代化的城市管理服务，建设智慧城市；在安全防护方面，市政管线的覆盖率要超过80%，并且使用高新技术材料，提高抵御灾害的能力，基础建设的翻新和定期检查要规范化，减少安全隐患，打造安全城市。

（四）打造更加开放的贸易合作平台

近几年，京津冀地区面临着较大的经济下行压力。就北京而言，其两大支柱性产业房地产和汽车都已处于饱和状态，而且北京的服务业发达，居民消费高，缺少商品出口，在传统消费需求饱和后，经济发展很难再次提升。结合北京的实际情况，想要进一步促进北京地区的发展，必须打造更加开放的服务贸易平台。大型国际机场的投入使用，为北京地区扩大服务开放创造了条件，依托国际航空快速运输的有利条件，扩大北京的服务贸易。从整个京津冀地区来看，北京拥有优质的服务业和航空优势，天津、河北拥有制造业、港口优势，因此打造更加开放的贸易合作平台，无疑会将三地的优势聚合起来形成合力，促进京津冀地区的高质量发展。

京津冀地区向东发展可加强与日韩两国的服务和商品贸易，向西发展可与"一带一路"相结合，加强与沿线国家的产能合作和商品贸易。对于京津冀地区内部，首先要刺激消费需求，引领新的消费方式，从而扩大内需；其次要打通三地的要素资源运输通道，统筹北京、天津、河北的资源优势，构建京津冀自贸区、自贸港，更好地融入国际产业体系，全面提升开放发展水平。

二、长江经济带发展和长三角一体化战略配套机制

（一）以上海为龙头建设科技创新中心

长三角地区尤其是上海，长期以来凭借着良好的营商环境和优惠的政策吸引了国内外投资者聚集，也是我国重大科技创新工程和创新产业项目的集

中地。建设以上海为龙头的全球科技创新中心，首先要改变的就是我国在关键核心技术领域受制于人的局面，打破以美国为首的西方国家对我国的技术封锁。建设长三角区域科技创新中心，要做好区域科技创新中心的功能定位，加强科学实验室、企业技术中心、工程研究中心、工程技术研究中心、外资研发机构等机构的建设。具体可从以下两方面着手：

第一，要整合长三角地区的各类科技资源，打造一批国家重点实验室、省部级重点实验室，与区域内高校、企业建立合作，打造产学研合作平台、高科技研发基地以及科研人才培养基地，形成高科技、创新人才、生产高度融合的科技创新平台体系。政府部门可通过财政支持引导和鼓励区域内高等院校科研机构建设跨区域的科技创新交流平台和科技创新服务平台，营造良好的科技创新环境。

第二，要建立高效有序的政策规定和法律法规，在税收、信贷和市场准入等方面给予一定的政策支持和税收优惠，引导和鼓励企业进行科技创新，转变生产方式；在基础设施建设方面，加大区域基础设施建设的投入；在创新资源共享方面，通过建立公共创新资源数据库，为企业创造良好的科技创新条件，引导企业加强科技创新的投入力度。

（二）发展巨型城市区域，加快长江流域三大城市群建设

上海的战略定位是建设世界级大都市，这一战略目标在实现的过程中催生了长三角巨型城市区域的发展。上海建设世界级大都市的过程中，以金融业为代表的全球性服务业将会飞速增长，其经济基础也会发生较大的变化，将会吸引更多的国际投资者落户上海及长三角区域的发达城市。在城市群的作用下，区域中心城市的服务业和制造业向边缘地区转移，边缘地区承接中心发达城市的先进产业，带动本地区的创新发展，从而在中心城市与边缘地区之间建立起了密切的合作，促进区域经济均衡发展。

长三角区域合作机制的完善离不开长江流域的成渝经济区、长江中游城市群、长三角城市群这三大城市群，通过三大城市群之间建立合作平台，推动长江流域跨区域产业分工、基础设施、环境治理等协同联动。打破行政和地理局限，完善生产要素自由流动和优化配置，促进生产要素跨流域流通，优势互补，充分利用长江流域的发展资源。

长江经济带三大城市群在国际市场上要加强合作，优势互补，提升综合竞争力。当今世界，经济数字化是大趋势，要以杭州和上海为中心，抓住数字经济发展机遇，推动大数据、云计算、人工智能的发展，推进数字经济领

域的服务出口；同时，要结合长江流域高校密集的优势，充分利用沪杭一带长期发展的技术创新和产业创新，打造区域创新孵化园。

（三）优化营商环境，打造公平有序的市场

不同地区在进行优化营商环境时都有自己的特点，江苏、上海、浙江、安徽在优化营商环境的路径选择方面显然是有很大不同。优化营商环境的方式可以不一样，这样可以根据各地区的实际情况因地制宜地进行优化和完善，但是优化营商环境的标准要统一，否则会由于按照不同的标准调整，容易在区域范围内形成恶性竞争。当前我国区域经济发展的战略目标是进行高质量的均衡发展，在这一时代背景下，区域经济的发展需要竞争，但是需要公平的竞争，由于地方经济增长是招商引资展开的，就要求我们要打造统一标准的营商环境，从而形成公平统一、竞争有序的市场环境。

优化营商环境可从市场准入、市场规则、行业标准、要素流动几方面进行着手。在市场准入方面，要建立统一、透明化的市场准入政策，降低市场主体进入市场的成本，激发市场活力。在市场规则和行业标准方面，要建立公平合理的市场规则，推动区域内不同地区行业标准认证结果的通用。在要素流动方面，要简化生产要素流动的审批程序，减少流程，提高要素流动效率，实现区域内生产要素自由流动。

营造公平有序的市场环境，要加大对企业的监管和对违规企业的惩处力度，完善市场准入清单机制。企业当中已经广泛应用技术创新，伴随而来的问题是原有的监管体系存在漏洞，要利用大数据分析精准识别出违法违规行为，同时要建立信访制度，保障投诉举报渠道的畅通；扩大征信体系的涵盖范围，加大对失信主体的惩治力度，对失信主体的行为予以限制。

（四）加强数字经济合作交流，打造数字长三角

《2019 数字长三角一体化发展报告》的数据显示，长三角地区数字经济总量达到 8.63 万亿元，占全国数字经济总量的 28%，数字经济对地区经济总量的占比达到了 41%。进入 2020 年后，受到疫情的影响各行各业都遭受了一定的打击，数字经济在这一时期展现了强大的生命力，长三角地区的数字经济也在快速发展。

"数字长三角"是要打造一个以数据为核心的经济系统，除数字经济外，还包含了数字创新、数字社会、数字政府等内容。在产业地区分工上，以长三角"核心—外围—边缘"的产业分布为基础，以各地的资源优势为

依托，打造长三角数字产业分工体系，充分发挥长三角区域经济的协同效应，构建高质量的数字产业群。数字产业化离不开以 5G 网络、物联网、人工智能、大数据、区块链等为代表的基础设施建设，需要打造一系列的数据分析中心、人工智能研究所以及互联网产业园。在建设基础设施的同时，要利用互联网、大数据、人工智能等技术，对基础设施进行数字化改革，创新产业基础设施。

加强长三角区域数字经济合作与交流，提升区域合作影响力。举办和参与世界互联网大会、世界人工智能大会、国际软件产品和信息服务交易展览会、世界物联网博览会、世界数字经济大会、世界制造业大会、数字经济大会等。联合举办数字经济领域创新应用大赛，在 5G、物联网、大数据、人工智能、互联网等领域举办竞赛，聚集国内外优秀人才，激发长三角地区创新创业活力，吸引各类创业投资基金，搭建投融资合作平台。

三、"一带一路" 倡议配套机制

（一）加强政府引导，加快国际产能合作

加快国际产能合作，推动各地区产业集聚、城乡融合发展，进而吸引外商投资，加强中国企业与"一带一路"沿线国家和地区的互动合作，推动区域经济多边发展。加快国际产能合作离不开政府的鼓励和引导，政府可通过完善体制机制，充分发掘企业发展潜能，促进企业升级转型。

第一，要加强对企业转型的财政金融支持力度。"一带一路"区域经济发展离不开与周边国家的合作交流，因此企业发展应当注重"引进来"与"走出去"相结合，为了企业能更好地处理好二者之间的关系，政府应当予以一定的财政金融支持。政府可通过设立专项发展基金、外贸激励基金、贷款风险补偿基金，为企业"引进来"与"走出去"相结合创建良好的发展环境。

第二，要简化流程，提高政府的服务能力。依托"一带一路"平台，国内地区与周边国家的外贸合作频繁，为了减少外贸交易过程中的成本和信息差异，各地区政府应当在主要贸易国设立办事机构，加强与当地政府的交流以及信息获取能力。驻外机构可在当地建立招商公共信息服务平台，发布市场需求信息，提供投资办厂的咨询服务，也方便及时获取当地投资者的投资意愿，并将其反馈至国内地区信息服务平台，促进双方合作的达成。本地

政府可通过驻外机构与当地政府进行沟通协商，最大限度地争取税收优惠和财政支持，同时方便对贸易合作中的冲突交流双方意见，及时解决贸易纠纷。

第三，要增强境外风险化解的能力。根据标准普尔国家信用评级，很多"一带一路"沿线国家的信用评级并不高，地缘政治风险比较高，企业走出去将要面临较大风险，政府应当建立境外投资风险防范机制，通过成立专门的部门，及时获取贸易交往国的政治风向，提前做出预判，并制定应急预案，提高企业的风险防控能力。有关部门应当建立外贸企业的法律维权专业队伍，帮助企业解决贸易交往中的法律冲突，有效维护企业的合法权益。

（二）加强平台建设，扩大交流与合作

充分发挥"一带一路"对我国区域经济发展的促进作用，离不开自贸区、境外产业园区、贸易博览会等战略性开放平台的建设，以开放平台为依托，深化交流与合作，与"一带一路"建设相叠加，发挥示范作用，引领周边国家的共同发展。

首先，要以自贸区为核心发挥示范作用。建立自贸试验区，通过自贸试验区与"一带一路"沿线国家和地区进行对接，建立合作关系，积极开展制度创新合作，构建"一带一路"自贸区网络体系。对于进入自贸区的国内外企业，可以给予一定的税收优惠和关税补贴，减少干预管制，提高自贸区的发展优势，打造先进自由的自贸试验区。

其次，要扩大境外产业园区合作范围与合作方式。通过与沿线国家和地区共同建立特色产业园区，将国内的产能优势、园区经验与沿线国家和地区的资源、生产要素相结合，推动国内先进产能和经验理念的对外输出。对于一些重大项目如基建项目，要做优做精，打好中国品牌，带动更多的对外项目在"一带一路"沿线国家落地生根。

最后，要建设各种各样的对外合作交流平台。在贸易博览会、国际进博览会的基础上，建设与"一带一路"沿线国家地区互利共赢的多边外交平台、经贸合作平台和人文交流平台，扩大中国与沿线国家和地区的交流合作。在交流合作的同时，在合作透明度、公平竞争性以及环境保护方面应当有所改进，在合作中打好中国品牌。同时，也要尽量避免陷入国际地缘政治的争斗，更加谨慎地在敏感地区投资。

（三）提升文化交流"软"助力，培养综合性创新人才

海外华人华侨的推动是"一带一路"发展的一大助力，通过发挥海外华人华侨的纽带作用，加强与沿线国家和地区的文化交流与贸易往来，通过

"一带一路"借鉴吸收各国文化的同时，将中国文化更好地传播出去，不同文化、意识形态的水乳交融，能促进社会文明共同繁荣发展。"一带一路"沿线国家和地区有着不同的政治、经济、文化、宗教信仰，在进行文化交流的时候，要"入乡随俗"，站在东道国的角度来考虑问题，根据东道国的需求采取适当的方式进行交流，避免采取过激行为引起矛盾冲突。

一支熟悉国内业务、精通国际贸易规则的人才队伍在"一带一路"建设中发挥着不可或缺的作用，想要打造一支出色的人才队伍，就要以高等教育为依托。建设"一带一路"强调"引进来"与"走出去"相结合，随着企业"走出去"的步伐不断加快，对专业领域人才的需求量在不断扩大，仅仅依靠国内输出人才是很难持续的，这就要求我国与贸易交往国家和地区建立联合培养机制，通过在当地培养专业化人才实现长期均衡发展。除了要在当地加强专业技术、管理水平培养，还要注重加强中国历史、文化、社会、经济等的交流培训，从而减少企业外派人员和招录的本地员工之间在文化、管理、经营理念等方面的差异，从而更好地促进双方在"一带一路"上的合作。

（四）加强与国内区域发展战略的对接

未来中国的区域经济发展，应当更加重视国内区域与国际区域的衔接。在"一带一路"建设的大框架下，国内各地区可以以自身的比较优势和发展资源为基础，找到在"一带一路"建设的功能定位。国内区域应当充分发挥自身在资金、技术、人才等方面的优势，提高要素资源的配置效率，吸引更多"一带一路"沿线国家的投资以及高端人才来中国发展。上海作为中国的金融中心，在建设上海的过程应当以建设成为人民币国际化和"一带一路"投融资中心为目标，从而更好地解决外贸交往中的投融资手段不足及贸易冲突问题。粤港澳大湾区拥有自由开放的贸易体系和先进高效的产业体系，在推进粤港澳大湾区建设的过程中，应当对接国际经济贸易规则，打造高质量的国际化营商环境。

国内各地区在创新发展的过程中应当加强与全球性的研发中心和创新中心的合作交流，站在国际视角提升自身的创新能力，从而更好地提升产业的国际竞争力。通过扩大"一带一路"与京津冀、长江经济带、粤港澳大湾区等国内区域经济带的合作，助推国际和国内区域经济带形成联动体系。

在进行"一带一路"建设的同时，更要注重发达地区的转型升级，粤港澳大湾区是"21世纪海上丝绸之路"的战略要地，是对接南亚、东南亚、中亚等海上丝绸之路沿线国家的中介，也是南海经济战略重要的战略支点。从这个角度来看，应尽快完善粤港澳大湾区建设，推动建设世界级湾区城市群，提升在世界贸易中的国际竞争力。

（五）促进中国海外园区发展，扩大国际区域市场合作

通过海外园区的发展，国内企业可以将服务领域辐射到沿线国家和地区，开拓海外渠道，提升在国际市场上的竞争力。同时持续推动科技和人才的本地化进程，利用中国的优势产业，促进东道国的产业结构优化升级，有效带动东道国的经济发展，实现互利共赢。

首先，在园区的选址布局方面，要充分考虑东道国的政治和社会安全因素，以东道国的生产资源、资本流动、法律条件、市场结构等条件为基础，判断东道国的政治、社会、资本、市场、法律等条件是否符合建立海外园区的要求。

其次，在园区重点合作领域，要充分考虑东道国资源要素和生产基础，从东道国具有比较优势、区位优势和市场优势的行业入手，并结合我国市场需求和发展需要，确定园区合作的重点领域。

最后，在完善园区投资环境方面，要加强双边和多边投资保护机制的完善，降低海外合作园区投资国际化风险。具体可从以下几方面着手：完善园区的金融扶持体系，吸引更多海内外投资者落户园区，促进园区投资主体多元化发展；拓宽投资渠道，在丝路基金、亚投行和商业银行内构建园区投资基金，鼓励民间资本参与园区建设，促进民营企业以园区依托，更好地完善"引进来"与"走出去"相结合的发展体系；建立风险预警机制，成立投资保险公司，加强国际风险管理和控制，降低企业在园区投资运营的国际化风险。

第三节　我国区域经济协同发展战略配套机制（二）

一、粤港澳大湾区建设战略配套机制

（一）增进大湾区的航空连通性，建设粤港澳世界级都市圈

当今世界，经济发展速度最快、发展潜力最大的区域大多分布在沿海地

区，尤其以湾区经济体最为突出。世界上最具代表性的湾区经济体有美国的纽约湾区、旧金山湾区和日本的东京湾区，这三个湾区经济体周围聚集了世界级城市群，其实质上相当于一个都市圈。比如旧金山湾区就拥有了旧金山、奥克兰、圣何塞三个世界级大城市，苹果、谷歌、Facebook、特斯拉等行业巨头的全球总部都在这里设立。在高新技术产业的带动下，旧金山湾区吸引了高等院校、先进科技、创新人才、投资资金等资源要素在这里聚集，形成了一个世界级都市圈。再比如东京湾区，拥有东京、横滨、川崎等大城市，三菱、丰田、索尼等先进制造业的总部在此设立，东京大学、早稻田大学、庆应义塾大学等多所名校也在此聚集。

建设世界级都市圈，首当其冲要形成区域基础设施的互联互通，一个重要的标准就是交通便利。据统计，伦敦、纽约、巴黎和东京都市圈的平均通勤时间分别为 43、40、38、69 分钟，其中平均通勤时间较高的东京都市圈仍在不断地完善其交通运输网络[①]。粤港澳大湾区的交通网络与纽约、旧金山、东京湾区相比还存在一定的差距，应当注重加强交通运输网络建设。在建设的过程中，要对已经老化的交通设施进行修缮，保障城市居民的出行安全。粤港澳大湾区在建设世界级都市圈的过程中，要严格按照世界级都市圈的标准，构建世界级空港运输网络，加强湾区内交通的互联互通。同时，也要加快区域内轨道、公路的贯通，加强城市之间的交通衔接，促进区域内交通运输方便快捷，构建以公路运输、轨道运输为核心的区域交通运输网。

以香港国际机场为例，要对城市到机场、机场到机场的交通进行改革完善，可考虑与海关、边防和检疫部门进行合作，减少旅客转场花费的时间，提高旅客流通的效率，更好地发挥香港遍及全球的航空运输网络的作用。在大湾区可先设立试点，通过放宽港澳投资者在内地航空公司的持股比例，鼓励航空公司进行改革创新，并加大与港澳地区国际机场的合作，提高内地航空公司在国际上的竞争力。建议将广东省现行的"144 小时过境免签"政策的适用范围扩大至整个大湾区，包括香港和澳门，并向海外游客创设统一的大湾区旅行签证，持证旅客可自由地进出大湾区内的各个城市。

（二）构建科研创新体系，促进港澳"双转型"

粤港澳大湾区要构建世界级的国际科研创新体系，首先，要增加政府、

---

① 资料来源：吴云，李文云，田泓. 国外都市圈 这样建起来［EB/OL］. 人民网，（2014 - 05 - 26）［2021 - 05 - 07］，http://house.people.com.cn/n/2014/0526/c164220/25062159.html.

企业和高等院校的研发投入，其中企业与其他经济主体相比更了解市场变化趋势，所研发的产品也更能迎合市场需求，可以通过税收优惠、政府补贴等方式对进行科技创新研发的企业给予一定奖励，从而激励更多的企业进行科技创新。其次，要加强区域内高校教育资源的整合，促进区域内高校与省外高校甚至是国际高校，尤其是理工类院校的合作，共同打造中国科研新高地。同时，要加强企业和高校的互动合作，推动科研成果从实验室走向商业市场，促进科研成果迅速转化为市场中的产品。具体可以参照纽约湾区的模式，通过建立科技产业园区来吸引高校和企业入驻，从而搭建跨域合作平台。

粤港澳大湾区要打造科技创新高地，需要湾内各城市的共同努力，具体可以从两方面进行努力。第一是构建高效的创业平台，搭建信息交流渠道，使市场中的投资者、求职者、创业者能够及时地获取所需信息；第二是由政府引导，企业赞助出资建设各种开放式办公空间，使市民随时随地就能进行创新创业，降低了创新创业的门槛，增强了区域创新氛围。

当今世界，大都市的发展呈现出一种由金融中心向科技创新转型，由单一城市向都市群转型的"双转型"趋势。中国香港作为世界第三的金融中心，在金融、自由贸易、法律制度等方面具有独特优势，但是如今正面临经济增长速度放缓、经济结构变窄，贫富差距增大，人口老龄化严重等问题，十分需要进行双转型改革，在双转型的过程中，香港通过粤港澳大湾区建设，与内地重大企业展开深度合作，打造大湾区国际科技创新中心。中国澳门同样需要双转型，澳门面临发展方向较窄、多元化发展进程缓慢、高端人才与创新资源短缺等问题，在双转型的过程中，澳门要以内地要素市场为依托，加强与周边地区的互联互通，吸引区域内高质量人才聚集，从而推动经济多元化发展。

（三）引导大湾区要素自由流动，实现资源配置最优化

粤港澳大湾区的最大特点是"一国两制"，粤港澳分属三个单独关税区，三地要素无法自由流动，这也是粤港澳大湾区与纽约、旧金山、东京大湾区最大的差别。然而，只有实现要素自由流动，才能最优化资源配置、充分发挥资源在经济发展中的作用。在大湾区内推动人员、商品、资金、技术等要素的自由流动，是建设粤港澳大湾区的关键。

第一，技术流动方面，要加快国家级研发中心入驻粤港澳大湾区。地区政府要对新入驻的国家级企业技术中心、工程技术研究中心、重点实验室等

研发中心，在资金上给予大力支持，用于企业研发中心的建设。

第二，人员流动方面，要减轻在粤工作的港澳人才、在港澳工作的内地人才以及境外人才工资所得税，提升他们的福利待遇，促进粤港澳地区的人才聚集，推动建设大湾区人才高地。对于所吸收的人才，可通过政府分配、企业竞聘等方式分布在大湾区内的各个城市，当然对于大湾区内的人才及劳工也要充分利用，从而实现人才要素的自由流动。以香港为例，应当放松香港劳工的限制条件，简化流程，加快审批，让社会中的劳工快速落到生产岗位；同时对于某些劳工短缺的行业，可以考虑推行"劳工当日跨境往返计划"，减少劳工跨域往返所需的时间和程序，避免因地域不同而造成人才很难跨区自由流动。

第三，商品流通方面，要提升粤港澳商品流通便利化水平，推进三地建设"互换信息、互认监管、互助执法"的协同合作平台。联合建立物流运输绿色通道，减少生产要素运输过程的成本，使要素跨流域自由流通更加方便。除了生产要素之外，也要确保跨境资本的自由流通，通过联合制定资金跨流域调动的政策规定，形成资金跨境自由流动的环境，放宽科研资金跨境使用限制，探索并建设适合港珠澳三地的自由贸易账户体系。

第四，要确保港澳居民在粤港澳大湾区的同等待遇，完善便利港澳居民在内地发展的政策措施。在经济领域，港澳居民在公司注册、市场准入、税收等方面应当享有和内地居民相同的待遇。在社会领域，港澳居民在就业、社保、医保、教育等方面应当享有和内地居民相同的待遇，允许港澳籍大学毕业生在内地考取教师证并就业，港澳服务者举办非营利性社会服务机构准入前享受内地待遇等。在民生领域，港澳居民在购票、购房等方面应当享有和内地居民相同的待遇。

（四）建立自由贸易区联盟，构建自由贸易体系

从纽约湾区、旧金山湾区、东京湾区的发展经验来看，国际化大湾区一般包括国际服务、科技创新、旅游消费、物流枢纽四大主导功能。粤港澳大湾区坐拥有购物天堂之称的香港和博彩旅游发达的澳门，区域内的旅游消费正在快速发展。从这一角度出发，粤港澳大湾区的产业发展应当以消费为导向，以香港和澳门的资源优势为基础，打造大湾区均衡发展的第三极。

在打造国际化大湾区的进程中，要统筹协同好内湾区和外湾区的经济结构和功能布局。内湾区在发展的过程中要重视生态保护，避免大规模开发；外湾区则以生态保障为基础，集中发展物流、医疗、贸易、教育等领域，从

而形成内外联动，保障大湾区经济协同发展。

广州南沙、深圳前海、珠海横琴三个自贸试验区，成为促进粤港澳合作的新平台，但是粤港澳构建合作平台的基础仍然是制造业，因此应当以加强制造业合作出发点促进大湾区融合发展。可以在珠江口两岸的东莞和佛山分别设立两个粤港澳合作试验区，借助东莞产业与港资企业联系强的优势，将东莞的合作试验区打造成香港融入内地的战略平台；利用佛山实体经济发达的优势，将佛山的合作试验区打造成广东地区走向港澳的战略平台。东莞和佛山两大特别合作试验区，联合南沙、前海、横琴三个自贸试验区，推进大湾区实体经济的均衡发展。

二、海南全面深化改革战略配套机制

（一）放宽旅游政策，建设海南国际旅游中心

海南的建设战略目标是国际旅游中心，国际旅游城市要在自身资源优势的基础上进行建设，加大沿海城市的投入力度，聚集优势资源，吸引国内外投资者入旅游中心建设，刺激本地区旅游消费，创建国际旅游中心重点发展区域，以点带面带动整体发展。海南拥有丰富的热带雨林资源，要对热带雨林进行保护，并建立海南热带雨林国家公园，使之成为海南生态旅游业的一大特色。海南四周环海，海洋资源丰富，这也是海南发展国际旅游业的一大优势，建立沿海度假村，举行沙滩排球赛、滑翔艇锦标赛，吸引更多国内外游客来琼旅游。

除了改善旅游环境和基础设施，当地政府还应该放宽旅游政策。第一是更加开放的航海政策。可以开通环海南岛航线、环南海邮轮航线、三沙邮轮航线以及"一带一路"沿线国家邮轮航线，一系列便利航线的开通，无疑会增加海南的对外吸引力；第二是放宽旅游管制，可以扩大游艇租赁点，增加出海旅游时间，扩大游客旅游范围，解决境外游艇的入境担保问题；第三是提升旅游服务水平，研究出台海南旅游服务行业标准，根据行业服务标准确定收费价格，同时政府应当明确服务价格的上限和下限，并加强对行业定价的监管，减少恶意定价现象的出现。政府应当制定相关政策鼓励从事旅游服务的企业对各项费用进行公示，提高价格透明度。

（二）培育产业优势，加快海南经济圈发展

加快海口建设国际化滨海花园城市进程，促进"海澄文"综合经济圈

的发展。通过建立旅游业、服务业和高新技术产业园，推动核心经济区的建立，进而发挥核心区域的辐射作用，推动综合经济圈产业一体化发展。通过设立各种园区优惠政策，鼓励和引导国内外企业落户园区，提高园区发展活力。对于海口来说，要加强产业管控，避免产业扎堆发展，形成各具特色、分工合作的协同发展格局；对于文昌来说，要加快推进文昌国际航天城建设，形成特色产业，提升区域核心竞争力。

加快三亚建设国际化热带滨海旅游城市进程，带动周边城市的发展，促进"大三亚"国际旅游经济圈高质量发展，构建旅游经济圈示范区，带动海南全省加快区域协同、城乡融合发展进程。通过建设热带农业种植基地、国际旅游消费核心、旅游文化城，推动"大三亚"国际旅游经济圈综合发展各具特色的产业，从而使产业协同发展。

加快推进琼海、儋州"东西两翼"的发展，以琼海、儋州两个城市为中心，带动区域城市发展，在东部地区建设国际经济合作中心和国际文化交流平台，在西部地区加强航运建设，建设航运物流基地和对外贸易中心。加快建设路网、航空网、能源网、水网和互联网"五网"基础设施一体化，以资本、资源为纽带，推动琼州海峡港航一体化发展。

加快推进"环岛黄金海岸带经济圈"建设进程，加强城市产业分工、基础设施、公共服务、环境治理建设，提升城市对外开放和改革创新水平，促进城市之间的合作，构建大中小城市协同发展的城镇化格局。城镇化建设离不开基础设施建设，完善环岛公路、高铁、机场、港口的建设，优化海陆空交通运输布局，推进对外开放和国际互联互通。加快建设旅游度假村和产业园区，以度假村和产业园为依托，增进各区域基础设施互联互通，推动区域融合发展。

（三）完善海南自由贸易港口的配套体制

第一，要加强自贸港数字化建设。以互联网、大数据、人工智能为依托，加强信息技术建设，建设成为高现代化、互联互通的基础设施体系。加强软件资源和硬件资源的深度融合，优化资源配置，同时也要加强监管，优化风险管控，构建自贸港安全体系。

第二，要改善贸易港的服务水平和对外开放水平。完善自由贸易港的管理模式，统一自贸港内业务办理平台，集中进行监督管理，宏观调控港内产业发展和服务水平。改善自贸港对外开放水平，要先建立改革试点，加强精准监管，在更大范围试行进口商品"验放分离"，同时要加快修订与监管相关的法律法规，打造面向太平洋和印度洋的对外开放门户。在扩大开放的同时不能忽视监管，建议海南加强负面清单管理，负面清单应当主要涉及国防和经济领域，其他领域可以排除在外，从而在政策允许的条件下尽可能地创造宽松的营商环境。

第三，要以博鳌亚洲论坛等国际交流平台为依托，结合"一带一路"倡议，扩大与"一带一路"沿线国家和地区的交流合作，推进自贸港旅游、经贸、科技、人文走向国际化。利用海南自身的资源优势，建设面向南海及周边地区的交流合作平台，交流的领域涉及旅游、经贸、教育、文化等各个领域，进而建设成为21世纪海上丝绸之路的重要支点。

第四，要进行税收政策改革。一是要创新有利于自贸港贸易发展的税收政策。可以减少进口产品的关税，减免自贸港内企业交易的增值税和消费税，对港内企业签订的合同免征印花税等。一系列有利于自贸港发展的税政改革，可以营造良好的营商环境，吸引更多的海内外企业进港交易。二是要实行更加开放的购物免税政策，扩大免税商品范围，刺激游客的消费积极性，促进旅游消费的增长。三是对新兴企业和高新技术产业实施减税甚至免税，对于处于创业初期的企业和个人可以免收所得税和增值税，新兴企业和高兴技术产业如果基础设施已经比较完善，但是还未形成较大规模，仍面临较大风险，可以减半征税。

第五，要加强人才教育，创新人才发展。高等教育方面，应当着力打造几所高等院校，通过教育吸引国内外高端人才。同时，要学习国内外的教育经验，从幼儿园到大学甚至研究院，打造软硬件资源综合提升的教育环境，替换一些低水平师资，让更有水平和活力的教师资源涌入教育领域。创新人才发展，既要注重引得来，也要保证留得住。政府应当制定相关政策确保人才落户，可以给予购房补贴、保障配偶就业、解决子女教育，同时要注重人才激励机制的完善，比如推行知识产权入股，保障落户人才的利益。

（四）陆海空统筹推进海洋强省建设

海南拥有众多港口，航运发达；拥有两个国际机场，空运迅速；随着环岛公路和轨道的建设，陆运也在蓬勃发展。这个时候要抓住机遇，制定陆海空统筹政策，完善陆海空规划体系和管理机制，促进陆海空在资源开发、基础设施建设、经贸往来等领域的协同发展。

海南四面环海，丰富的海洋资源是海南的一大优势，通过在海口和陵水建立海洋经济示范区，带动周边地区把握好海洋资源优势，大力发展海洋经济。发展海洋经济，要充分发挥海洋资源优势，利用国内和国际两个市场，调动海洋科技创新活力。政府在利用市场机制创新发展模式和机制的同时也应采取一些措施来促进发展，可以通过完善基础设施建设来促进海洋产业发展，如建设渔业和养殖业基地可以促进海洋渔业发展，自贸港建设可以带动港口经济发展，交通基础设施建设可以促进对外交流与合作，"科技兴海"战略可以促进海洋科技创新和新兴海洋产业的出现。

海洋资源需要合理利用，通过创新海洋资源的市场化配置方式，提高资源利用程度，促进资源的生产转化率。健全海洋经济统计体系，提升海洋经济测评能力，强化部门间数据共享，加强构建海洋经济合作平台。利用海洋资源发展的同时，不能忽视对海洋的保护，通过制定一系列的保护政策和科学利用规划，对围海填海进行严格管控，促进沿岸地区陆海一体化生态保护。政府应当积极引导岛内企业和居民在生产生活的过程中使用清洁能源，实行海洋区域责任制，将海域划分成若干区域，按照国内和国际的有关环保法律严格控制海洋污染，建立海洋保护共同体。

参 考 文 献

［1］安翠娟，侯华丽．日本国土综合开发规划对我国的启示［J］．国土资源，2007（10）．

［2］巴曙松等．粤港澳大湾区金融机构协同发展策略［J］．开放导报，2019（4）．

［3］巴曙松．推动大湾区金融融合发展，打造金融开放"试验田"［N］．21世纪经济报道，2020－01－17．

［4］鲍士雷．切实提升金融服务实体经济的效果．中华合作时报［N］．2020－07－10．

［5］本刊评论员．加强对"一带一路"建设的金融支持．福建金融［J］，2019（5）．

［6］蔡春林．广东自贸区与海南自贸区错位发展的路径选择［C］．新兴经济体研究会2018年会暨第6届新兴经济体论坛，2018．

［7］蔡昉．"十四五"京津冀协同发展面临新形势新任务［N］．北京日报，2019（13）．

［8］蔡之兵．粤港澳大湾区共享发展的战略意义、理论基础与实现路径［J］．城市观察，2020（4）．

［9］曹明弟．绿色金融展现生机和活力［N］．中国银行保险报，2020－07－23．

［10］曹彤等．粤港澳大湾区区域金融协同发展研究［J］．现代商业，2020（6）．

［11］曹文文．中国虚拟经济与实体经济行业收入分配格局研究［D］．武汉大学，2015．

［12］曹协和．金融改革开放支持自贸区（港）建设［J］．中国金融，2018（23）．

［13］《长江三角洲区域一体化发展规划纲要》印发［J］．智能城市，2019（23）．

［14］常晓芳．海南自贸区海洋旅游发展问题及创新路径［J］．中国集

体经济，2020（24）.

[15] 陈宝昌. 发挥政协优势推进"五位一体"建设 [J]. 乡音，2014 （5）.

[16] 陈非等. 粤港澳大湾区科技金融创新协同发展路径分析 [J]. 城市观察，2019（4）.

[17] 陈国松. 粤港澳大湾区金融如何互联互通 [J]. 中国外汇，2019 （23）.

[18] 陈洪宛. 坚持初心服务实体经济推动经济社会高质量发展明确方向提升服务水平促进债券市场繁荣和稳定 [N]. 中国经济导报，2020 - 01 - 17.

[19] 陈建军. "十四五"时期区域发展的战略方向与重点 [J]，区域经济评论，2019 - 11 - 22.

[20] 陈黎. 金融危机下的中美实体经济与虚拟经济发展研究 [D]. 复旦大学，2010.

[21] 陈平. 服务京津冀协同河北省企业投资现状与对策研究 [J]. 黑龙江科技信息，2017（2）.

[22] 陈沙丽. 我国区域金融发展差异化分析 [J]. 经济论坛，2017 （6）.

[23] 陈套. 新时代区域创新能力的提升路径 [N]. 中国科学报，2018 （7）.

[24] 陈子韬等. 政府支持对高技术产业创新效率影响研究 [J]. 科学学研究，2020（10）.

[25] 成思危. 虚拟经济的基本理论及研究方法 [J]. 管理评论，2009，21（1）：3 - 18.

[26] 成思危. 虚拟经济与金融危机 [J]. 经济界，1999（3）：4 - 9.

[27] 成思危. 虚拟经济与实体经济 [J]. 中国经济快讯，2003（14）：20 - 21.

[28] 邓力平等. "一带一路"国家税收营商环境对中国对外投资的影响研究 [J]. 税收经济研究，2019（3）.

[29] 翟东升. 货币、权利与人 [M]. 北京：中国社会科学出版社，2019.

[30] 董静等. 服务还是监控：风险投资机构对创业企业的管理——行业专长与不确定性的视角 [J]. 管理世界，2017（6）.

［31］董晓红，年维．绿色金融发展水平的空间关联研究［J］．金融理论与实践，2020（8）．

［32］董延涌．提升辽宁区域创新能力问题的研究［J］．环渤海经济瞭望，2013（12）．

［33］段学军等．长江岸线生态保护的重大问题及对策建议［J］．长江流域资源与环境，2019（11）．

［34］鄂志寰．五大发展理念引领金融新动能［J］．中国金融家，2020（1）．

［35］樊霞飞．长三角一体化发展的战略意义、现实困境与路径选择［J］．长春金融高等专科学校学报，2020（1）．

［36］范恒山．促进区域协同发展：基本方向与重点任务［J］．经济研究参考，2014（13）．

［37］范恒山．国家区域发展战略的实践与走向［J］．区域经济评论，2017（1）．

［38］范恒山．我国促进区域协同发展的基本经验［N］．人民日报，2014 - 04 - 01．

［39］费兆奇，杨晓龙．2020年货币政策的着力点分析［J］．中国金融，2020（5）．

［40］丰家卫．天津引进京冀项目持续高涨［EB/OL］．北京日报，（2019 - 02 - 24）［2021 - 2 - 24］，http：//www.xinhuanet.com/2019 - 02/24/c_1124156269.htm．

［41］弗拉基斯拉夫·伊诺泽姆采夫，徐永平［J］．回首后工业经济的形成．国外社会科学文摘，2000（12）．

［42］付斌，程亮．京津冀协同发展背景下人才共享路径研究［J］．河北工程大学学报（社会科学版），2018（2）．

［43］付思琦．绿色金融对区域绿色经济发展的影响研究［D］．江西师范大学，2020．

［44］付小冬．长三角区域一体化水平研究［J］．管理工程师，2020（3）．

［45］付小颖．区块链技术与实体经济深度融合发展路径研究［J］．学习论坛，2020（7）．

［46］高平．长三角一体化发展示范区新发展模式探索［J］．科学发展，2020（6）．

［47］高晓燕等 . 金融一体化视角下京津冀金融协同发展［J］. 开发研究，2019（3）.

［48］高印朝，姚洪心 . 基于"金融地理观"的金融中心形成理论的经济学评述［J］. 上海金融，2007（6）.

［49］顾雷 . 我国助贷业务的社会意义与现实作用［J］. 科技与金融，2020（1）.

［50］关博 . 我国区域经济协同发展的利益分享与补偿机制研究［J］. 中外企业家，2019（6）.

［51］郭倩玉，刘曙光 . "一带一路"合作实践与人类命运共同体构建［A］. 中共北京市委统战部、北京社会主义学院 . 统一战线与"一带一路"：2019 统一战线前沿问题研究文集［C］. 中共北京市委统战部、北京社会主义学院：北京社会主义学院，2019.

［52］郭树清 . 美国升级贸易摩擦不能解决任何问题［N］. 经济日报，2019 - 06 - 21.

［53］郭帅 . 京津冀创新要素配置的跨区域创新效应研究［D］. 河北工业大学，2016.

［54］国家发展改革委关于粤港澳大湾区城际铁路建设规划的批复［EB/OL］. 发改基础 123 号，（2020 - 07 - 30）［2021 - 05 - 07］，https：//www. ndrc. gov. cn/zcfb/tz/202008/t20200804_1235517. html.

［55］海威 . 关于东西部经济协同发展的问题浅析［N］. 时代金融，2010（5）.

［56］韩欢 . 都市圈到城市群：区域一体化的演进路径——基于长江三角洲区域的研究［J］. 改革与战略，2020（8）.

［57］韩文琰 . 京津冀金融协同发展的基础、前景与路径［J］. 区域经济评论，2017（3）.

［58］韩昕彤 . 我国经济虚拟化的态势及其与实体经济协同发展的对策思路［J］. 现代商业，2017（29）.

［59］贺静 . 关于金融支持长三角高质量一体化的实践与思考［J］. 现代营销（经营版），2019（11）.

［60］侯俊宇 . 构建服务实体经济多层次资本市场的路径选择［J］. 金融经济，2018（24）.

［61］胡冠宇，卢小兰 . 中国在"一带一路"沿线国家 OFDI 的影响因素分析［J］. 统计与决策，2018（23）.

［62］胡天阳．我国经济"脱实向虚"现象的成因、影响及对策［D］．江西财经大学，2019．

［63］黄飞虎．金融政策如何支持与服务实体经济发展［J］．就业与保障，2019（22）．

［64］黄革，占云生．离岸货币市场与央行宏观调控：国际经验与启示［J］．银行家，2019（1）．

［65］黄鸿星．强信贷政策为经济"护航"［N］．中国城乡金融报，2018－08－22．

［66］黄剑辉等．我国各省级区域产业结构对比分析［J］．民银智库研究，2018（10）．

［67］黄金木．长三角城商行一体化发展［J］．中国金融，2019（3）．

［68］黄文涛，徐灼．我国区域经济发展不平衡的影响及解决路径［J］．债券，2007（12）．

［69］江娟丽，徐梅．后金融危机时期世界经济增长新特点及给中国带来的机遇与挑战［J］．社会科学战线，2012（8）：238－240．

［70］蒋贵凰等．基于知识结构特征的京津冀协同发展路径探讨［J］．商业经济研究，2020（16）．

［71］井雯．增强金融服务实体经济能力的建议［J］．时代金融，2019（35）．

［72］娟子．京津冀一体化加速：将形成"1.5小时交通圈"［J］．运输经理世界，2019（5）．

［73］李惠民，陈欣欣．海南自贸区（港）金融改革与银行业金融机构转型［J］．金融市场研究，2018（12）．

［74］李建平．中国省域经济综合竞争力发展报告（2015－2016）［M］．北京：社会科学文献出版社，2017．

［75］李磊．以创新之举聚四方之才［EB/OL］．（2020－09－14）http://www.hainan.gov.cn/Hainan/rcyj/202009/be604c4d91cb4aecb7dd7265440075e9.shtml．

［76］李清如．京津冀：金融协同新作为［J］．中国金融家，2018（4）．

［77］李荣飞，于晓燕．新常态下金融服务实体经济的问题与对策研究［J］．时代金融，2019（20）．

［78］李铁堆，岳学鲲．美国促进区域经济协同发展的财政政策及其启示［J］．中国财政，2008（9）．

[79] 李薇. 京津冀区域金融支持科技创新的有效性探究 [J]. 商讯, 2018 (1).

[80] 李文. 从着眼和平稳定到立足合作共赢: 理念的变化 [J]. 世界知识, 2020 (3).

[81] 李文增. 京津冀金融协同发展的对策建议 [J]. 港口经济, 2014 (5).

[82] 李侠. 金融鼎力支持区域协同发展新格局 [J]. 中国金融家, 2018 (4).

[83] 李永盛. 长三角区域实体经济一体化发展的短板及对策 [J]. 科学发展, 2019 (6).

[84] 栗海. 加快区域经济协同发展之紧迫和重要 [N], 中国网, 2010 - 3 - 12.

[85] 梁宏中, 王廷惠. "一国两制" 框架下粤港澳大湾区内差异与互补性经济合作机制 [J]. 产经评论, 2019 (3).

[86] 林键等. 长三角金融一体化: 实践、绩效与推进路径——基于银行信贷聚合视角 [J]. 江海学刊, 2020 (2).

[87] 林永然. 新时代区域协同发展与中心城市建设 [J]. 江汉大学学报 (社会科学版), 2020 (4).

[88] 刘峰, 唐胖男. 金融集聚对文化产出效率的影响——以技术进步为门槛 [J]. 数学的实践与认识, 2017 (6).

[89] 刘会平. 新常态下金融服务实体经济的问题与对策研究 [J]. 中国市场, 2019 (33).

[90] 刘佳骏. "一带一路" 沿线中国海外园区开放发展趋势与政策建议 [J]. 发展研究, 2019 (8).

[91] 刘军. 海南自贸区自贸港建设背景下金融开放路径探索 [J]. 商讯, 2020 (13).

[92] 刘连舸. 整合金融资源服务国家区域发展新战略 [J]. 中国银行业, 2020 (9).

[93] 刘良龙. 80 条措施支持粤港澳大湾区发展 [EB/OL]. 深圳特区报, (2020 - 08 - 01) [2021 - 05 - 07], http://finance.sina.com.cn/roll/2020 - 08 - 01/doc - iivhuipn6203769.shtml.

[94] 刘亮, 邹立刚. 海南自由贸易港立法的框架性制度创新探讨 [J]. 海南大学学报, 2020 (3).

［95］刘青松．商业银行服务实体经济能力提升的路径选择［J］．长春金融高等专科学校学报，2019（5）．

［96］刘世佳，魏亚飞．加大金融服务实体经济力度研究［J］．北方经贸，2020（6）．

［97］刘西忠．"十四五"时期长江经济带发展的重点、难点及建议［J］．企业经济，2020（8）．

［98］刘笑非．制度集成创新推动自贸港建设［EB/OL］．海南省人民政府网，（2020－09－15）［2021－05－07］，http：//www．hainan．gov．cn/hainan/mtkhn/202009/9cc981a45c74486992f71b8f4e2dd70d．shtml．

［99］刘颖，李妍．以金融创新助力实体经济发展——第三届京津冀经济与金融创新发展论坛综述［J］．经济与管理，2019（3）．

［100］刘子赫．政策性金融基本特征研究［D］．辽宁大学，2015．

［101］柳天恩，田学斌．京津冀协同发展：进展、成效与展望［J］．中国流通经济，2019（11）．

［102］陆简．离岸人民币货币创造探析——机制、特殊性及其政策含义［J］．上海金融，2018（5）．

［103］陆拥俊，江若尘．中国企业寿命与经济可持续发展问题的研究——基于2016《财富》世界500强的数据［J］．管理现代化，2016（6）．

［104］路洪卫．长江中游城市群区域协同发展机制探析［J］．湖北经济学院学报，2014（4）．

［105］罗富政，罗能生．政府竞争、市场集聚与区域经济协同发展［J］．中国软科学，2019（9）．

［106］罗韵轩．基于六西格玛管理法的我国银行流程再造研究［J］．南方金融，2008（4）．

［107］马骏，唐晋荣．重大国际金融危机对中国的启示［J］．清华金融评论，2019（3）．

［108］娟子．京津冀一体化加速：将形成"1.5小时交通圈"［J］．运输经理世界，2019（5）．

［109］马理，范伟．央行释放的流动性去了哪？——基于微观层面数据的实证检验［J］．当代经济科学，2019（3）．

［110］马晓曦．"货币政策主要任务是支持实体经济"——2018年第11期封面回眸［J］．中国金融家，2019（1）．

［111］马雨薇．从日本经济危机看对中国的启示［J］．科技展望，2016

(31).

[112] 每经特约评论员中国民生银行首席研究员温彬中国民生银行研究员冯柏. 解读政府工作报告: 持续提升货币政策有效性突出支持实体经济恢复发展 [N]. 每日经济新闻, 2020-05-25.

[113] 宁洁萍.《国家新型城镇化规划 (2014—2020 年)》印发 [J]. 工程机械, 2014 (5).

[114] 牛大勇. 西部基础设施建设项目融资的应用研究 [D]. 哈尔滨工程大学, 2003.

[115] 欧阳帆, 彭东方. 川江上段航运发展有关问题研究 [J]. 长江技术经济, 2018 (2).

[116] 盘和林. 各地经济复苏为何"有快有慢" [N]. 中国青年报, 2020 (2).

[117] 庞立平. 进一步推动京津科技成果在河北转移转化 [N]. 河北日报, 2020 (7).

[118] 彭芳梅. 金融发展、空间联系与粤港澳大湾区经济增长 [J]. 贵州社会科学, 2019 (03).

[119] 彭俞超, 何山. 资管新规、影子银行与经济高质量发展 [J]. 世界经济, 2020 (1).

[120] 气候债券倡议组织和中债研发中心. 中国绿色债券市场 2019 研究报告 [R]. 2020.

[121] 冉渝, 王秋月. 信贷政策抑制了我国经济脱实向虚吗？[J]. 贵州财经大学学报, 2020 (4).

[122] 任峰. 协同发展五年间, 非首都功能疏解得怎样了？ [EB/OL]. 新华网, (2011-02-24) [2021-05-07], http://www.xinhuanet.com/2019-02/24/c_1124156269.htm.

[123] 任思儒等. 改革开放以来粤港澳经济关系的回顾与展望 [J]. 国际城市规划, 2017 (3).

[124] 芮晓鸥. 集聚金融资源促进融合共享——金融支持长三角一体化发展加速 [J]. 中国金融家, 2020 (3).

[125] 尚翔宇等. 完善京津冀科技资源协同共享路径研究 [J]. 现代营销 (经营版), 2019 (10).

[126] 邵宇. 重回 1998 东南亚金融危机现场 [N]. 华夏时报, 2016-02-15.

[127] 申罗辉，罗明. 粤港澳大湾区建设国际金融创新中心的新机遇研究［A］. 中国软科学研究会. 第十三届中国软科学学术年会论文集［C］. 中国软科学研究会：中国软科学研究会，2017.

[128] 申明浩，杨永聪. 国际湾区实践对粤港澳大湾区建设的启示［J］. 发展改革理论与实践，2017（7）.

[129] 沈慧.《中国区域创新能力评价报告2019》发布广东实现"三连冠"［J/OL］，经济日报，2019 – 10 – 27.

[130] 沈晓明. 坚决扛起全面深化改革开放的使命担当［J］. 今日海南，2018（10）.

[131] 沈圳. 政策性金融助力京津冀一体化［J］. 时代金融，2017（36）.

[132] 沈子奕等. 粤港澳大湾区与旧金山及东京湾区发展特征的比较研究［J］. 国际经济合作，2019（2）.

[133] 施华强. "流程银行"和银行"流程再造"［J］. 银行家，2006（8）.

[134] 石晶晶. 缩小我国东西部教育差异路径探析［D］. 湖北大学，2015.

[135] 宋冉，生蕾. "十四五"时期金融促进区域经济协同发展的路径研究［J］. 区域经济评论，2020（3）.

[136] 宋贤荣. 关于房产税试点的政策建议［J］. 开放导报，2014（3）.

[137] 苏亮瑜. 共创融合发展新格局打造金融开放创新高地［J］. 清华金融评论，2019（9）.

[138] 孙继国，吴倩. 金融发展与实体经济增长良性互动机制研究［J］. 理论学刊，2019（2）.

[139] 孙婧，张然. 以供给侧改革增强金融服务实体经济能力［J］. 人民论坛·学术前沿，2019（23）：134 – 137.

[140] 孙嫣然. 虚拟资本与实体经济关系的分析研究［D］. 河北大学，2009.

[141] 谭墨. 金融服务实体经济的效率研究［D］. 四川师范大学，2020.

[142] 唐聪.PPP项目资本结构选择与优化研究［D］. 中国财政科学研究院，2019.

［143］唐天伟等．改革开放与政府效率［J］．金融教育研究，2018（6）．

［144］田杨．企业跨区域创新合作的形成机制与实现路径研究［J］．长春大学学报，2014（3）．

［145］田颖聪．"一带一路"沿线国家生态环境保护［J］．经济研究参考，2017（15）．

［146］王方宏．人民币离岸市场与海南自贸区建设［J］．海南金融，2018（11）．

［147］王岗．强化中央银行信贷政策执行效果的路径探析［J］．武汉金融，2016（10）．

［148］王国刚．金融脱实向虚的内在机理和供给侧结构性改革的深化［J］．中国工业经济，2018（7）．

［149］王国刚．中国金融70年：简要历程，辉煌成就和历史经验［J］．经济理论与经济管理，2019（7）．

［150］王宏广．2019中国区域经济高质量发展研究报告［N］．经济日报，2020（10）．

［151］王鸿．东亚经济与后工业时代［J］．经济问题，2000（11）．

［152］王建强，姜兴．加强数字人才建设　助推数字经济发展［N］．河北日报，2020（7）．

［153］王婧倩，王露．金融集聚对区域经济影响研究——基于长江经济带上海、重庆、杭州等八市相关数据的分析［J］．价格理论与实践，2019（12）．

［154］王丽雯．创建中国（上海）自由区贸易问题的探索［J］．现代商业，2013（34）．

［155］王明扬，张晓倩．区块链技术背景下产业链金融服务企业发展研究［J］．新西部，2020（14）．

［156］王宁等．京津冀科技创新协同发展背景下的金融支持分析［J］．时代金融，2020（3）．

［157］王强，崔强．依托"一带一路"促进中国对外贸易发展［J］．现代商贸工业，2020（29）．

［158］王少飞．金融资本向实体经济流动适度性政策研究［J］．长白学刊，2020（2）．

［159］王霞，孙中和．美国区域协同发展实践及对我国的启示［J］．国

际贸易，2009（7）.

[160] 王小艳. 提高金融体系服务实体经济能力浅议 [J]. 现代商业，2020（7）.

[161] 王雅洁等. 京津冀区域科技金融创新研究 [J]. 财经界，2019（10）.

[162] 王艺颖. 金融服务实体经济问题及对策研究 [J]. 行政事业资产与财务，2020（8）.

[163] 王应贵，彭海涛. 转口贸易、离岸金融与香港经济结构演变 [J]. 国际经贸探索，2014（9）.

[164] 王志强，王一凡. 绿色金融助推经济高质量发展：主要路径与对策建议 [J]. 农林经济管理学报，2020（3）.

[165] 魏婷. 海南自贸区金融创新的现状和建设路径研究 [J]. 安徽商贸职业技术学院学报（社会科学版），2019（4）.

[166] 魏伟静，郇长坤. 粤港澳大湾区建设背景下广东省大学生创业支持政策研究 [J]. 产业与科技论坛，2019（17）.

[167] 文静. 长江经济带发展的"稳"与"进" [J]. 四川省情，2020（8）.

[168] 闻坤. 审计促进"一带一路"跨境资金监管实施路径探析 [J]. 黑龙江金融，2019（8）.

[169] 吴洪英. 浅论巴西地区经济发展失衡与地区开发 [J]. 拉丁美洲研究，1998（2）.

[170] 吴巾巾. 粤港澳大湾区金融一体化研究 [D]. 广东外语外贸大学，2019.

[171] 吴亚琪. 西部地区产业结构调整 [J]. 国土与自然资源研究，2003（1）.

[172] 武爽. 京津冀区域金融支持科技创新的有效性探讨 [J]. 现代经济信息，2019（9）.

[173] 习近平. 决胜全面建成小康社会夺取新时代中国特色社会主义伟大胜利 [N]. 人民日报，2017（1）.

[174] 肖翔. 世界大国协同区域发展差距的实践及启示——以美国、俄罗斯、巴西为例 [J]. 理论月刊，2018（1）.

[175] 谢慧明，马捷. 海洋强省建设的浙江实践与经验 [J]. 科学学研究，2019（3）.

[176] 徐诺金. 金融制度优势应加快转化为金融治理效能 [N]. 金融时报, 2019 - 12 - 16.

[177] 徐树雨. 海南自贸区离岸金融发展市场环境分析 [J]. 中国集体经济, 2019 (21).

[178] 徐忠. 中国债券市场发展中热点问题及其认识 [J]. 金融研究, 2015 (2).

[179] 许爱萍. 京津冀科技创新协同发展背景下的科技金融支持研究 [J]. 当代经济管理, 2015 (9).

[180] 许露露. 金融集聚、科技创新与经济增长——以长江经济带为例 [J]. 衡水学院学报, 2020 (1).

[181] 许维鸿. 股市大涨如何赋能实体经济 [N]. 环球时报, 2020 - 07 - 08.

[182] 杨德勇, 代海川. 数字化时代中小金融机构面临的挑战及对策 [N]. 中国县域经济报, 2020 - 08 - 20.

[183] 杨德勇等. 中小企业融资约束及应对 [J]. 中国金融, 2020 (14).

[184] 杨帆. 数字金融精准服务实体经济发展 [N]. 中国银行保险报, 2020 - 05 - 13.

[185] 杨凡欣. 进一步完善粤港澳大湾区跨境金融合作协同机制 [N]. 21 世纪经济报道, 2020 - 06 - 25.

[186] 杨凤华. 经济发展与金融发展相互作用关系的一般分析 [J]. 南通大学学报, 2012, 28 (1).

[187] 杨盼盼, 唐雪坤. 两次危机的"脱实向虚"与"脱虚向实" [J]. 中国外汇, 2017 (13).

[188] 杨湜堃. 中国农村金融发展的区域差距分析 [D]. 中央民族大学, 2011.

[189] 杨晓丹. 大数据时代下金融科技推动实体经济发展研究 [J]. 纳税, 2019 (1).

[190] 杨志勇. 近代中国金融机构变迁研究 [D]. 山西财经大学, 2014.

[191] 杨梓妤. 习近平构建人类命运共同体思想与新时代中国特色大国外交探究 [D]. 江苏大学, 2018.

[192] 叶振宇. 京津冀协同发展的重要进展、现实困难与政策建议

[J]. 河北师范大学学报（哲学社会科学版），2019（5）.

[193] 弋俊楠. 金融服务实体经济的路径探究 [J]. 中国市场，2020
（13）.

[194] 游宇. 优化我国高等教育资源配置的对策建议 [J]. 金融理论与
教学，2019（6）.

[195] 于倩. 增强中心城市辐射力，点亮京津冀都市圈 [N]. 北京日
报，2020（10）.

[196] 于水，杜彦彦. 浅析新时代背景下金融服务实体经济问题 [J].
时代金融，2019（5）.

[197] 于晓东. 深化国家开发银行改革问题探讨 [J]. 理论探索，2006
（2）.

[198] 袁国华. 服务海南自贸区的"农信机遇" [N]. 中华合作时报，
2018－06－22.

[199] 袁元. 加快金融业对外开放步伐让国际金融资本能进也能留
[N]. 证券日报，2019－05－29.

[200] 曾佳阳. 中国普惠金融发展现状、问题与对策研究 [J]. 科技广
场，2019（4）.

[201] 查婷俊. 以粤港澳大湾区人才自由流动推进区域协同发展 [J].
特区经济，2020（8）.

[202] 张国云. 把长三角尽快建成"金三角" [J]. 杭州金融研修学院
学报，2020（2）.

[203] 张海纳. 经济新常态下我国区域经济发展研究 [J]. 现代经济信
息，2018（43）.

[204] 张惠琴. 区域传统优势产业与战略性新兴产业协同融合发展探
讨 [J]. 产业创新研究，2020（10）.

[205] 张继哲. 中国区域经济差异对国民经济的影响及路径选择 [J].
时代金融，2016（9）.

[206] 张健. 后危机时代的风险研究：后工业社会的格局、挑战及评
估 [J]. 社会科学战线，2011（6）.

[207] 张陆洋，孔玥. 美国次贷危机大系统因素分析——对中国防范
金融风险的启示 [J]. 金融论坛，2020（2）.

[208] 张淼. 粤港澳大湾区打造国际金融创新中心的机遇研究 [J]. 市
场研究，2019（9）.

［209］张末冬 . 2019 年末共 11 家中资银行在 29 个"一带一路"沿线国家设立 79 家一级分支机构［N］. 中国金融新闻网，2020 - 5 - 23.

［210］张全兴 . 普惠金融助推长三角金融一体化［J］. 中国金融，2020（10）.

［211］张伟，芦雨婷 . 绿色金融助推工业绿色化转型探讨［J］. 环境保护，2018（22）.

［212］张小峰，孙启贵 . 区域创新系统的共生机制与合作创新模式研究［J］. 科技管理研究，2013（5）.

［213］张晓晶 . 杠杆率上升幅度回调经济有望企稳［N］. 经济参考报，2019 - 11 - 06.

［214］张雅玲 . 发展民营经济提升区域经济竞争力的对策分析［J］. 知识经济，2013（6）.

［215］张雁 . 粤港澳大湾区怎样集聚全球创新资源［N］. 光明日报，2019 - 10 - 15.

［216］张玉萍 . 京津冀协同发展背景下优化人力资源配置机制研究［J］. 商讯，2019（12）.

［217］赵婷，陈钊 . 比较优势与产业政策效果：区域差异及制度成因［J］. 社会科学文摘，2020（8）.

［218］赵锡军 . 金融供给侧结构性改革的逻辑与选择［J］. 财会月刊，2019（16）.

［219］赵彦年 . 打造"信用长三角"品牌推动区域发展一体化［J］. 浙江经济，2012（17）.

［220］一市三省共同签署推进长三角数字经济一体化发展战略合作协议［EB/OL］. 浙江省经济和信息化厅，http：//jxt. zj. gov. cn/art/2020/6/9/art_1659217_45753484. html，2020 - 06 - 09.

［221］郑斌，廖增梁 . 海南自贸区（港）比较优势和发展路径探析［J］. 新东方，2019（4）.

［222］郑鸪捷 . 再议日本经济危机［J］. 金融市场研究，2019（1）.

［223］郑长德 . 区域金融学刍议［J］. 西南民族大学学报（人文社科版），2005（9）.

［224］中共海南省委海南省人民政府 . 关于建立更加有效的区域协同发展新机制的实施意见［EB/OL］. 海南省人民政府网，（2019 - 09 - 04）［2021 - 05 - 07］，http：//www. hainan. gov. cn. /hainan/swygwj/201909/

e8d1643958a34783b5bec0d1d 09e5f27. shtml.

［225］中共中央国务院关于建立更加有效的区域协同发展新机制的意见［N］. 人民日报，2018（1）.

［226］中共中央国务院印发《海南自由贸易港建设总体方案》［J］. 交通财会，2020（7）.

［227］中国人民大学国家发展与战略研究院. 长江经济带发展研究报告2019［R］. 2019.

［228］中央结算公司中债研发中心. 中国债券市场概览（2019年版）［R］. 2020.

［229］钟业喜等. 长江经济带经济网络结构演变及其驱动机制研究［J］. 地理科学，2016（1）.

［230］周宝砚，杨宁. 试论巴西开发落后地区的政府干预举措［J］. 北方经济，2007（13）.

［231］周凤来，张俊兵. 创新金融服务机制促进实体经济发展［N］. 光华时报，2018（3）.

［232］周国平. 对接国家战略推进上海海洋工程产业创新发展［J］. 船舶与海洋工程，2014（2）.

［233］周亮，陈小芳. 我国商业银行发展绿色信贷的现状和建议［J］. 西南金融，2017（8）.

［234］周天芸. "一带一路"建设中人民币国际化的机遇与挑战［N］. 中国城乡金融报，2017 - 08 - 04.

［235］周天芸. 金融支持粤港澳大湾区经济发展的实证研究［J］. 南方金融，2020（5）.

［236］周月秋，藏波. 资管2.0时代商业银行理财业务的转型与发展［J］. 金融论坛，2019（1）.

［237］周月秋. 京津冀一体化中的绿色金融［J］. 中国金融，2015（16）.

［238］周正柱. 长江经济带高质量发展存在的主要问题与对策［J］. 科学发展，2018（12）.

［239］朱丹. 发展民营经济的对策与建议［J］. 内蒙古金融研究，2014（1）.

［240］朱洪成等. 从经济学角度浅析"一带一路"对中原地区发展的影响——以河南省为例［J］. 中国集体经济，2017（25）.

[241] Geographies of Financial Exclusion: Financial Abandonment in Britain and the United States [J]. Transactions of the Institute of British Geographers, 1995, 20 (3).

[242] Kempson, Elaine, Claire Whyley. Kept Out or Opted Out? [M]. Bristol: The Policy, 1999.

[243] Maurice Obstfeld. Risk – Taking, Global Diversification, and Growth [J]. The American Economic Review, 1994, 84 (5).

[244] Minsky Hyman P.. The Financial Instability Hypothesis: An Interpretation of Keynesandan Alternativeto "Standard" Theory [J]. Nebraska Journal of Economics and Business, 1977, 16 (1).

[245] Patrick Bolton, Gérard Roland, Enrico Spolaore. Economic Theories of the Break-up and Integration of Nations [J]. European Economic Review, 1996, 40 (3).

[246] Paul Krugman. A Model of Innovation, Technology Transfer, and the World Distribution of Income [J]. Journal of Political Economy, 1979, 87 (2).

[247] Ronald I. Mc Kinnon. Exchangerateco – Ordination for Surmounting the East Asian Currency Crises [J]. Journal of International Development, 1999, 11 (1).

[248] Samuel D. Porteous. Economic/Commercial Interests and the World's intelligence Services: A Canadian Perspective [J]. International Journal of Intelligence and Counter Intelligence, 1995, 8 (3).

[249] Thomas Gehrig. Competing Markets [J]. European Economic Review, 1998, 42 (2).

[250] Tobin Hensgen, Kevin C. Desouza, George D. Kraft. Games, Signal Detection, and Processing in the Context of Crisis Management [J]. Journal of Contingencies and Crisis Management, 2003, 11 (2).